AI赋能尽职调查
写给尽职调查人员的AI使用手册

刘真 ◎ 著

人民邮电出版社

北 京

图书在版编目（CIP）数据

AI 赋能尽职调查：写给尽职调查人员的 AI 使用手册 / 刘真著. -- 北京：人民邮电出版社，2025. -- ISBN 978-7-115-67870-6

Ⅰ. F275.2-39

中国国家版本馆 CIP 数据核字第 20258ED657 号

内 容 提 要

本书是一本全面介绍 AI 在财务尽职调查中深度应用的实务指南。书中详细阐述了 AI 如何通过自动化和智能化手段提升财务尽职调查的效率和准确性，如在数据采集与清洗、风险识别、财务比率分析、关联交易审查等多个关键环节的应用。书中不仅介绍了 AI 赋能财务尽职调查的基本方法和工具，还提供了丰富的案例，帮助读者理解和掌握 AI 在财务尽职调查中的具体应用。此外，书中还介绍了 AI 在融资、投资以及其他常见尽职调查中的应用，展示了 AI 在商业决策中的巨大潜力。通过本书，读者可以深入了解 AI 如何助力财务尽职调查，提升决策支持能力，规避潜在风险，实现商业价值的最大化。

◆ 著　　　　刘　真
　　责任编辑　李士振
　　责任印制　彭志环

◆ 人民邮电出版社出版发行　　北京市丰台区成寿寺路 11 号
　　邮编　100164　　电子邮件　315@ptpress.com.cn
　　网址　https://www.ptpress.com.cn
　　北京市艺辉印刷有限公司印刷

◆ 开本：700×1000　1/16
　　印张：18　　　　　　　　2025 年 10 月第 1 版
　　字数：313 千字　　　　　2025 年 10 月北京第 1 次印刷

定价：89.80 元

读者服务热线：(010)81055296　印装质量热线：(010)81055316
反盗版热线：(010)81055315

前言：一场效率与洞察力的革命

在数字经济高速发展的今天，财务尽职调查（Financial Due Diligence，FDD）正经历一场由人工智能（Artificial Intelligence，AI）驱动的深刻变革。传统的财务尽职调查依赖人工核查、抽样分析和经验判断，耗时长、成本高且易受主观因素干扰。而 AI 技术通过自动化数据处理、智能风险识别和动态建模分析，不仅将财务尽职调查效率提升数倍，更以精准性和前瞻性重塑了财务分析的边界。

一、编写本书的源起：回应行业痛点，填补实践空白

财务尽职调查的重要性毋庸置疑，但在实践中，从业者常面临三大挑战。

数据过载与效率瓶颈：企业财务数据体量呈指数级增长，传统方法难以快速提取有效信息。

风险识别的局限性：人工核查易遗漏隐蔽风险（如关联交易、隐性负债），且主观判断偏差较大。

技术应用门槛高：AI 技术的复杂性导致多数从业者缺乏系统化学习路径，难以将其转化为实操能力。

基于此，本书旨在填补理论与实践之间的鸿沟，成为将 AI 技术与财务尽职调查实务深度融合的专业指南。我们希望通过系统性梳理 AI 赋能的场景、方法和工具，帮助读者突破传统财务尽职调查的局限，掌握数字化时代的核心竞争力。

二、本书想告诉读者什么：从理论到实践的全方位赋能

本书围绕"AI 如何重构财务尽职调查"这一核心命题，构建了完整的知识体系，旨在帮助读者从理论到实践全面掌握 AI 赋能财务尽职调查的方法与技能。

AI 赋能的理论基础与原则框架：通过解析 AI 在财务尽职调查中的核心价值，如效率提升、精度优化和成本控制，帮助读者理解 AI 如何突破传统财务尽职调查的局限。同时，明确 AI 应用的基本原则，包括独立性、全面性、重要性及合规性，确保技术赋能与专业判断相辅相成。

AI 赋能的具体场景与工具：从数据自动化采集与清洗，到风险智能识别与合规审查，结合 NLP、机器学习等技术，详解 AI 在财务数据清洗、异常检测、动态估值等场景的应用逻辑，并提供可落地的工具清单与操作指南。

AI 赋能的流程优化与案例实践：通过全流程再造，展示 AI 如何嵌入业务承接、财务尽职调查执行及报告生成等环节，提升资源分配效率与风险预警能力。同时，结合新能源企业并购、制造业企业关联交易等实战案例，解析 AI 在复杂场景中的解决方案。

三、本书亮点与特点：兼具专业性与实操性

本书从理论到实践，全面赋能财务尽职调查的数字化转型，本书具有以下的特点。

结构化知识体系，覆盖全生命周期：本书以"理论—方法—工具—案例"为主线，构建从基础认知到高级应用的完整闭环，确保读者既能掌握底层逻辑，又能快速上手实操。

技术解读深入浅出，降低学习门槛：针对 AI 技术的复杂性，本书采用"概念解析 + 场景映射"的方式，将机器学习、自然语言处理等术语转化为财务场景中的具体问题，帮助非技术背景读者轻松理解。

实战导向，强调可操作性：本书以解决实际问题为核心，注重工具、方法和流程的可操作性。在工具层面，系统梳理了主体信息查询、涉诉信息查询、财产信息查询等高频应用场景，不仅列出具体工具清单，还附有操作指南和注意事项，能帮助读者快速上手。在模板与流程设计上，提供财务尽职调查工作底稿模板、风险预警指标体系等标准化工具，便于读者直接复用。同时，针对 AI 技术应用的边界与风险，本书特别设置风险提示与合规指引章节，明确数据隐私保护、算法透明度等关键合规要求，确保技术应用合法合规，助力读者在实践中平衡效率与风险。

跨领域融合，拓展应用边界：突破传统财务尽职调查的局限，探讨 AI 在融资、投资等关联领域的协同效应，助力读者构建多维分析能力。

AI 赋能财务尽职调查的时代已经到来，我们期待本书成为您探索数字化转型的指南针，助力您在变革中把握机遇，赢得未来。

编　者

2025 年 9 月

目录

第 1 章　AI 全面赋能财务尽职调查

在数字化浪潮席卷全球的今天，财务尽职调查（简称为财务尽调）正经历一场前所未有的变革。传统耗时数月的人工审查，如今被 AI 以惊人的速度和精度重新定义——从数据清洗到风险预警，从关联交易挖掘到智能决策支持，AI 正在彻底重塑财务尽调的边界与价值。本章将带您深入这场变革的核心，如何识破隐藏的财务陷阱，又如何成为投资决策中的"超级智囊"。

1.1　财务尽职调查目的与原则

1.1.1　初识财务尽职调查

1. 定义与内涵

财务尽职调查（Financial Due Diligence，FDD）是指投资者、收购方或金融机构在交易（如并购、股权投资、IPO）前，对目标企业的财务状况、经营成果和潜在风险进行的系统性审查与分析。其核心目标是透过财务报表和数据表象，揭示企业真实的财务健康度、盈利质量及潜在风险，为交易决策提供关键依据。

与传统审计不同，财务尽调更注重商业实质而非单纯合规性，两者具体的异同点，详见表 1-1。

表 1-1　尽职调查和财务审计的比较

对比维度	尽职调查	财务审计	异同点说明
目的	评估目标企业价值、风险及潜在问题（如并购、投资等）	对财务报表的真实性、公允性发表审计意见	不同：尽调侧重交易决策支持，审计侧重合规性验证
范围	全面（财务、法律、业务、人力资源等）或专项调查	仅聚焦财务报表及相关会计记录	不同：尽调范围更广，审计专注财务数据

续表

对比维度	尽职调查	财务审计	异同点说明
依据标准	无强制标准，根据需求定制	必须遵循会计准则（如 GAAP/IFRS）及审计准则	不同：审计需严格合规，尽调灵活性高
时间范围	通常覆盖历史 3~5 年，甚至未来预测	一般针对特定会计年度（如 1 年）	不同：尽调时间跨度更大，可能包含前瞻性分析
方法	访谈、行业分析、财务模型、现场考察等	抽样检查、函证、重新计算、观察等固定程序	部分相同：均涉及财务数据核查，但尽调方法更多样
报告对象	委托方（如投资方、收购方）	股东、监管机构、公众（如上市公司）	不同：尽调报告保密，审计报告可能公开
结果形式	分析性报告（含风险提示、建议）	标准审计意见（无保留/保留/否定等）	不同：尽调无固定格式，审计结果标准化
责任方	通常由买方或第三方顾问开展	由独立注册会计师（CPA）执行	不同：审计需持证机构，尽调无强制资质要求
强制性	自愿行为（依交易需求决定）	上市公司/特定企业必须按法律要求审计	不同：审计具法律强制性，尽调为商业自愿
关键差异总结	交易导向：关注风险与价值，支持商业决策	合规导向：确保财务信息真实、合规	核心区别：目的和导向不同，但两者在财务数据核查部分可能重叠（如尽调中的财务尽职调查）

2. 发展历程

财务尽调的演进与商业风险事件紧密相关，其主要发展阶段，如图 1-1 所示。

图 1-1　财务尽调的主要发展阶段

（1）1938 年麦克森·罗宾斯案：审计史上的分水岭。

1938 年，美国上市公司麦克森·罗宾斯（McKesson & Robbins）曝出重大财务丑闻。该公司药材部门通过伪造仓库单据、虚构供应商及交易流水，虚增存货价值高达 1 900 万美元，占公司总资产的 25%。尽管审计机构普华永道前身 Price Waterhouse 核查了账面数据，但未进行实地存货验证，导致舞弊未被及时发现。这一事件彻底暴露了传统审计方法的局限性，尤其是对实物资产和交易真实性的核查不足。

美国证券交易委员会（SEC）随后介入调查，并推动两项关键改革：一是强制要求审计必须包括存货实地盘点和应收账款函证程序；二是强化审计师的独立性原则，避免利益冲突。这一案件被视为现代尽职调查体系的开端，并直接促成了美国公认审计准则（GAAS）的建立，奠定了后世审计标准的基础。

（2）21 世纪数字化浪潮：效率提升与人工瓶颈。

进入 21 世纪后，SAP、Oracle 等企业资源计划（ERP）系统的普及极大提升了财务数据的整合效率。企业能够实时生成财务报表，合并报表的时间从过去的数周缩短至几小时。然而，数字化虽提升了数据获取速度，但人工分析仍成为尽调流程的瓶颈。

（3）AI 时代尽调革命：从"人主导"到"人机协同"。

近年来，人工智能（AI）技术的应用正在彻底改变尽职调查的模式，大幅提升效率与准确性。机器学习（ML）可快速清洗和分析海量数据。例如，在 2023 年某私募基金对东南亚电商平台的尽调中，AI 模型仅用 72 小时就完成了 50 万条销售数据的清洗工作，识别出重复和异常交易的准确率达 98.7%，并发现 4.2% 的跨期收入误差，远超人工核查效率。

自然语言处理（NLP）技术则能自动解析合同文本，提取关键条款。德勤 2022 年推出的"合同 AI"工具可精准识别税务条款、竞业限制等内容，错误率低于 2%。在某能源行业并购案中，NLP 仅用 48 小时就分析了 1 200 页合同，成功发现隐藏的地域销售限制条款，帮助买方规避了 3.4 亿美元的潜在违约风险。

3．核心目标

财务尽调在交易全周期中扮演"财务显微镜"角色，财务尽调的目标，如表 1-2 所示。

表 1-2　财务尽调的目标

目标维度	关键问题	AI 赋能案例
风险识别	是否存在收入虚增、成本隐藏？	AI 通过 Benford 定律发现某企业销售数据异常
价值评估	盈利是否可持续？资产是否高估？	算法剔除非经常性收益后 EBITDA 下调 25%
决策支持	交易价格是否合理？条款如何设计？	动态模型模拟协同效应，优化对赌协议

4．财务尽调的边界

尽管技术大幅提升效率，财务尽调仍有明确的局限性，财务尽调的边界如表 1-3 所示。

表 1-3　财务尽调的边界

调查维度	AI/自动化适用场景	人工主导场景	限制与风险提示
财务数据验证	自动化清洗超 50 万条交易数据（72 小时内）；跨期收入/费用匹配分析；银行流水与账簿 AI 比对	异常交易动机分析；关联方交易实质判断	依赖企业 ERP 数据质量，若系统混乱可能输出错误结论
合同审查	NLP 自动提取税务条款、竞业限制；1 200 页合同 48 小时解析（准确率 >98%）	商业条款合理性评估；模糊条款法律解释	AI 无法完全替代律师对复杂条款的专业判断
存货/资产核查	无人机盘点 + 图像识别库存固定资产 AI 折旧测算	存货减值迹象评估；生物资产公允价值判断	需配合实地抽样，AI 难以识别人为篡改标签行为
管理层诚信评估	AI 舆情分析（诉讼/负面新闻扫描）	管理层访谈交叉验证；商业道德综合判断	AI 仅提供辅助信息，最终判断需依赖尽调团队经验
行业政策分析	自动抓取 200 + 监管文件更新	政策趋势解读；许可证续期风险预判	AI 无法理解政策灰色地带或地方性执行差异
数据合规性	自动识别 GDPR/CCPA 敏感字段	数据跨境传输合法性确认	AI 不得访问未脱敏原始数据（如客户身份证号）
现金流预测	机器学习模拟 100 种经营场景	管理层提供预测的合理性挑战	模型假设需人工校准，避免"过度拟合"历史数据

1.1.2　财务尽职调查目的

财务尽职调查主要有 3 个目的，如图 1-2 所示。

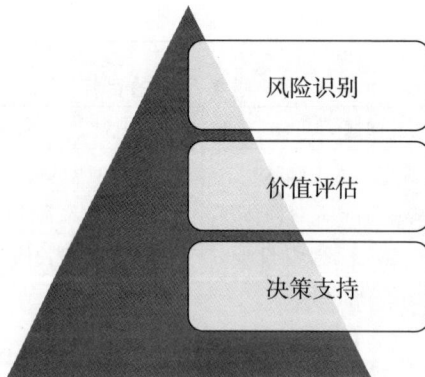

风险识别

价值评估

决策支持

图 1-2　财务尽职调查的目的

1．风险识别

财务尽职调查的首要目的是发现潜在风险，避免交易后踩坑。比如，企业可能虚增收入、隐藏负债，或者存在不合规的关联交易。通过分析财务数据，可以识别这些"财务陷阱"。

AI 技术在这方面作用很大，它能快速扫描海量数据，发现人工容易忽略的异常。例如，某次并购中，AI 系统发现目标公司的成本率突然下降，进一步调查发现是延迟确认费用造成的，及时避免了错误估值。

2．价值评估

尽调不仅要发现问题，还要判断企业的真实价值，这包括核实财务数据是否准确，盈利是否可持续，以及未来增长潜力如何。

传统方法依赖抽样检查，可能遗漏重要信息。AI 可以分析全部数据，更准确地调整估值。比如，某电商企业尽调时，AI 剔除刷单数据后，发现实际收入比报表低 15%，直接影响交易价格。

3．决策支持

最终，尽调要为交易决策提供依据。这包括定价、条款设计，以及投后管理计划。好的尽调能让买方在谈判中占据主动。

AI 可以模拟不同交易方案的影响。例如，在收购谈判中，通过分析历史数据预测协同效应，帮助确定合理的对赌条款。某制造业并购就通过这种方式，成功将支付条款与未来业绩挂钩，降低了投资风险。

财务尽调的核心就是"发现问题—判断价值—支持决策"。AI 让这个过程更快、更准，但最终决策仍需结合商业判断。

1.1.3　财务尽职调查基本原则

1．独立性原则

财务尽调必须保持独立客观。调查方不能与被调查企业有利益关系，比如不能是关联方或存在业务往来。获取数据时要优先使用银行流水、税务报表等第三方凭证，而不是仅依赖企业提供的资料。

2．全面性原则

调查要覆盖所有重要财务信息，包括资产负债表、利润表、现金流量表三大报表及其附注。同时还要关注非财务信息，比如供应商关系、高管从业背景等可能影响财务数据的因素。

3．重要性原则

要重点检查大额异常交易，比如单笔超过总收入 5% 的交易。使用 AI 工具可以自动标记高风险项目，把有限的人力用在最关键的地方，提高调查效率。

4．谨慎性原则

做判断时要保守一些，比如估值时采用较高的折现率；重要数据必须多方验证，比如用银行流水核对收入，用客户合同确认销售真实性。

5．合规性原则

必须遵守数据保护法规，对涉及的客户个人信息要做脱敏处理。同时要符合监管要求，比如跨国并购时要同时满足不同国家的会计准则。

6．AI 应用的附加原则

使用 AI 时要确保算法透明，能解释判断依据。AI 负责初步筛查，但最终判断要由专业人员做出。还要持续优化 AI 模型，比如通过案例反馈提高识别财务舞弊的准确率。

1.2　AI 全面赋能财务尽职调查的具体表现

1.2.1　AI 赋能财务尽职调查的核心价值

1．效率革命

AI 技术彻底改变了财务尽调的速度和广度。在某新能源企业跨境并购案例中，AI 系统仅用 72 小时就完成了传统团队需要 2 个月才能完成的数据分析工作，处理了超过 50 万条财务数据。通过全量数据分析替代传统的抽样检查，AI 实现了 100% 数据覆盖，在某零售企业尽调中发现了人工 5% 抽样可能遗漏的 3 家持续亏损门店。此外，AI 系统可以 7×24 小时不间断工作，实现了对标的公司财务状况的实时监控，这在传统人工尽调中是完全无法实现的。

2．精度突破

AI 在风险识别准确率上显著优于传统方法。统计显示，AI 识别财务异常的准确率达到 98%，而传统方法仅为 75%。知识图谱技术能够挖掘复杂的关联关系，在某制造业尽调中成功发现了通过多层嵌套隐藏的关联交易网络。机器学习模型还展现出强大的预测能力，在某金融科技公司案例中，AI 提前 6 个月预警了现金流危机，为投资方争取了宝贵的应对时间。

3．成本优化

AI 应用带来了显著的成本节约。某跨国并购项目使用 AI 后节省了 2 000 个人工小时，相当于减少了一个 10 人团队近 3 个月的工作量。更重要的是，AI 帮助规避潜在损失，在某 PE 投资案例中提前发现风险避免了 1.2 亿元的投资损失。随着 AI 系统的持续使用，边际成本呈现明显递减趋势，同一套系统在不同项目中的复用率可达 70% 以上，使得单次尽调的平均成本大幅下降。

1.2.2　AI 赋能的重点应用场景

1. 数据采集与处理

AI 技术实现了财务数据采集与处理的全面升级。通过智能接口，系统可自动对接 ERP、银行、税务等 30 多个数据源，在某跨国并购案例中仅用 48 小时就完成了原本需要 3 周的数据整合工作。基于 NLP 的智能清洗技术表现突出，在合同审查中关键信息提取准确率达到 95%，大幅优于人工 85% 的水平。图像识别技术的应用也取得突破，某制造业企业使用 AI 进行固定资产盘点，通过识别设备铭牌照片自动匹配台账，将盘点效率提升 5 倍。

2. 风险识别与分析

AI 在风险识别领域展现出强大能力。针对财务粉饰行为，AI 系统可同时分析收入确认时点、客户集中度和回款周期等 7 个维度特征，在某 Pre – IPO 项目中发现企业通过提前确认收入虚增利润 23%。LSTM 模型在现金流预测中表现优异，6 个月预测期的平均误差率控制在 3% 以内。合规审查方面，智能系统可自动匹配 5 000 余条法规条款，在某金融机构尽调中识别出 12 处监管不合规事项。

3. 决策支持

AI 为投资决策提供了智能化支持工具。动态估值模型能实时响应市场变化，在某科技公司并购案例中，系统根据行业波动自动调整折现率参数，使估值更贴近市场实际。基于历史数据训练的对赌协议生成器，可智能推荐最优条款组合，帮助某 PE 机构将谈判周期缩短 40%。交互式可视化仪表盘成为决策利器，投资委员会可通过多维度的动态图表直观把握标的公司关键指标，大幅提升决策效率。

1.2.3　AI 赋能的实施原则

1. 技术落地原则

AI 技术的应用必须贴合实际业务需求，避免"为 AI 而 AI"。优先选择成熟度高、可解释性强的算法，如规则引擎辅助的机器学习模型，而非过度复杂的黑箱系统。例如，在财务数据清洗中，采用预设逻辑的异常值检测比深度学习更易审计。同时，需确保企业 IT 基础设施（如 ERP 数据接口、云计算能力）能支撑 AI 运行，避免技术脱节。

2．合规风控原则

AI 应用必须严格遵守数据隐私（如 GDPR）、行业监管（如 SEC 审计准则）及商业伦理。关键措施包括：输入数据自动脱敏（如隐藏客户身份证号）、AI 决策留痕（可追溯每步分析逻辑）和设置人工否决权（如 AI 识别的高风险交易需强制复核）。例如，在跨境并购中，AI 不得直接扫描未经授权的个人数据，即使该数据可能影响尽调结论。

3．人机协同原则

明确 AI 与人工的分工边界：AI 处理结构化、高重复性任务（如合同条款提取），人类专注需专业判断的环节（如管理层舞弊风险评估）。建立"AI 初筛—人工复核—反馈优化"的闭环流程。例如，德勤的 AI 尽调工具会将识别出的异常交易按风险等级分类，仅推送前 20% 的高风险案例给分析师，效率提升 50% 以上。

4．持续优化原则

AI 模型需动态迭代：通过历史项目反馈（如人工修正的 AI 误判案例）优化算法，并定期测试模型在新场景（如新兴行业并购）中的适用性。

1.3 AI 在财务尽职调查中的具体应用场景

1.3.1 财务数据自动化采集与清洗

1．数据来源多样化：多渠道汇聚财务信息

在财务尽职调查中，数据来源的多样性至关重要。数据可以从多个渠道获取，包括企业内部的 ERP 系统、CRM 系统以及外部的数据库和公开报告。例如，一家制造企业在进行财务尽调时，可以通过其内部的 ERP 系统获取详细的采购、生产和销售数据。此外，还可以通过外部数据库如 Wind、Bloomberg 等获取行业数据和宏观经济指标。对于公开报告，企业年报、季报和投资者关系网站上的信息也是重要的数据来源。

为了自动获取这些数据，企业通常会使用 API 接口或爬虫技术。API 接口允许系统之间直接交换数据，而爬虫技术则可以从网站上抓取所需的信息。例如，通过 API 接口，企业可以实时获取股票市场的交易数据，而爬虫技术则可以用

来抓取竞争对手的社交媒体活动。

2．数据清洗流程：确保数据的准确性和可靠性

数据清洗是财务尽调中的关键步骤，旨在确保数据的准确性和可靠性。数据清洗流程通常包括以下 3 个步骤，如图 1-3 所示。

图 1-3　数据清洗流程的步骤

数据去重：去除重复的记录，以避免在分析中出现偏差。例如，如果一份财务报告中有多次重复的销售数据，清洗过程会识别并删除这些重复项。

异常值处理：识别并处理异常值，这些值可能是由于数据录入错误或系统故障导致的。例如，如果某个月的销售额突然异常高或低，可能需要进一步核实其准确性。

缺失值填充：对于缺失的数据，可以使用统计方法或机器学习算法进行填充。例如，如果某项成本数据缺失，可以通过历史数据的平均值或预测模型来估算。

机器学习算法在识别和处理错误数据方面发挥着重要作用。例如，通过训练模型识别特定的数据模式，可以自动检测并纠正数据中的错误。这种方法不仅提高了数据清洗的效率，还减少了人为干预的需要。

3．数据整合与标准化：构建统一的数据平台

为了确保不同来源和格式的数据能够有效整合，企业通常会建立一个统一的数据库。这个数据库可以存储来自企业内部系统和外部数据源的所有财务数据。

数据标准化是确保数据一致性和可比性的关键步骤。标准化方法包括数据格式转换、单位统一和数据分类等。例如，将所有货币数据转换为统一的货币单位，或将所有日期数据转换为统一的日期格式。

为了实现数据标准化，企业可以使用各种工具和软件，如 ETL（提取、转换、加载）工具和数据仓库系统。这些工具可以帮助企业高效地处理和管理大量数据。

1.3.2 财务风险智能识别

1. 风险识别模型：工具与原理

在财务风险管理中，风险识别模型是不可或缺的工具，这些模型帮助我们发现可能影响公司财务健康的潜在风险。

基于规则的模型：这种模型依赖于一组预定义的规则来识别风险。例如，设定一个规则：当公司的负债比例超过一定阈值时，系统就会发出警告。这种方法简单直观，能够快速响应已知的财务风险。

机器学习模型：与基于规则的模型不同，机器学习模型能够从大量数据中学习并识别风险模式。例如，通过分析历史数据，模型可以发现公司现金流异常与市场波动之间的关系，这种方法更为灵活，能够发现未知的风险。

利用这些模型，财务尽调人员可以更准确地识别和预测潜在的财务风险，从而提前采取措施。

2. 异常检测技术：捕捉不寻常的财务信号

异常检测技术能够帮助我们发现财务数据中不寻常的模式或趋势，这些往往可能是潜在风险的信号。

Benford 定律指出，在自然产生的数据集中，数字的首位数并不是均匀分布的。例如，1 出现的概率大约是 30%，而 9 仅为 4.6%。通过对比财务数据与 Benford 定律的预测，我们可以发现可能的财务操纵。

时间序列分析，这种方法通过分析财务数据随时间的变化来预测未来的趋势。如果某公司的销售额连续数月大幅下降，时间序列分析可能会揭示出销售策略需要调整，或者市场环境发生了不利变化。

3. 风险预警系统：构建智能防线

风险预警系统能够实时监测公司的财务状况，并在发现风险时立即发出警告。

系统构建：系统通过实时收集和分析财务数据，利用前面提到的风险识别模型和异常检测技术，自动评估风险水平。

工作原理：例如，系统可以设定一系列的风险指标和阈值，一旦数据超过这些阈值，系统就会自动触发报警机制，通知相关负责人。

实际效果：在实际应用中，风险预警系统大大提高了财务风险管理的效率和准确性，帮助公司在风险初期或潜在问题阶段提前介入，减少损失。

1.3.3　财务比率与趋势分析

1. 财务比率计算：洞察企业的财务健康

财务比率是评估企业财务状况的重要指标，它们通过简单的数学计算揭示了企业资产、负债、盈利能力等多个方面的信息。常用的财务比率如表 1-4 所示。

表 1-4　常见财务比率

财务比率	计算公式	指标含义	分析要点	行业参考标准
流动比率	流动资产÷流动负债	衡量企业短期偿债能力，反映流动资产覆盖流动负债的能力	>2.0：偿债能力强 1.5~2.0：正常水平 <1.0：可能存在流动性风险	制造业：1.5~2.0 零售业：1.2~1.8
速动比率（酸性测试比率）	（流动资产－存货）÷流动负债	剔除存货后的短期偿债能力指标，更严格反映企业即时变现偿债能力	>1.0：安全边际高 <0.5：短期偿债压力大	快消行业：≥1.0 房地产：≥0.6
资产负债率	总负债÷总资产	评估企业长期财务风险，显示资产中有多少比例由负债支撑	<40%：低风险 40%~70%：适中 >70%：高风险	科技企业：<50% 公用事业：≤65%

利用 AI 技术，这些比率的计算和分析变得更加高效。AI 系统能够自动从企业的财务报表中提取相关数据，进行快速准确的计算。此外，AI 还能对这些比率的历史数据进行分析，发现潜在的趋势和异常。

2. 趋势分析方法：洞察财务的过去与未来

趋势分析帮助我们理解企业财务状况的变化轨迹，并预测其未来可能的发展方向。两种常用的趋势分析方法是时间序列分析和回归分析。

时间序列分析：通过分析财务数据随时间的变化来识别趋势。例如，一家公司的销售收入在过去五年中每年以 5% 的速度增长，时间序列分析能够帮助我们确认这种增长趋势是否可持续。

回归分析：通过确定财务指标与其他变量之间的关系来预测未来值。例如，通过分析广告支出与销售收入之间的关系，可以预测增加广告投入可能带来的销售增长。

AI 技术利用这些方法，不仅能够处理和分析大量数据，还能识别出数据中隐藏的复杂关系和模式，从而提供更精准的财务预测。

3. 可视化工具：让数据"说话"

数据可视化是将复杂的数据以图形或图表的形式展现出来，使信息一目了然。常见的可视化工具包括折线图、柱状图、饼图和仪表盘等，具体如表 1-5 所示。

表 1-5　常见的数据可视化工具

可视化工具	适用场景	核心优势	局限性	典型案例
折线图	趋势分析（如收入增长率、股价波动）	清晰展示时间序列变化趋势	数据点过多时易显得杂乱	上市公司 5 年营收趋势分析
柱状图	数据对比（如各季度利润、地区销售额）	直观比较不同类别数值差异	类别超过 10 组时阅读性下降	各分公司年度 KPI 达标率对比
饼图	占比分析（如市场份额、成本结构）	快速识别核心组成部分占比	超过 6 个分类时效果急剧恶化	企业营销费用构成分解
仪表盘	综合监控（如财务健康度、实时运营）	多指标集成＋交互式钻取分析	开发成本高，需专业 BI 工具支持	并购项目风险指标实时监控平台

在实际应用中，可视化工具能够直观地展示财务比率和趋势分析的结果，帮助决策者快速把握关键信息和趋势。

4. 案例分析：智能财务分析的成功实践

以一家科技创业公司为例，在快速扩张的过程中，公司面临着激烈的市场竞争和不断变动的市场需求。为了保持竞争力，公司决定引入 AI 技术进行财务分析。

通过自动计算和分析关键财务比率，如流动比率和资产负债率，AI 系统发现公司的偿债能力在逐渐减弱。同时，时间序列分析揭示了公司收入增长放缓的趋势。AI 系统进一步通过回归分析，确定了影响收入增长的关键因素，包括广告支出和市场推广策略。

基于这些分析结果，公司调整了营销预算，增加了对高转化率广告渠道的投入，并优化了产品定价策略。通过实施这些措施，公司在接下来的季度中实现了收入增长，恢复了健康的财务状态。

通过这一案例，我们可以看到 AI 技术如何通过财务比率与趋势分析，帮助企业在快速变化的市场环境中做出精准决策，推动企业的持续发展。

1.3.4　关联交易与合规审查

1. 关联交易识别：揭开隐藏的交易网络

在财务尽职调查中，识别和分类关联交易是至关重要的环节。关联交易是指企业与关联方之间的交易，这些交易可能涉及利益输送或其他不当行为，利用 AI 技术，可以更有效地识别和分类这些交易。

数据挖掘技术：通过分析大量的财务数据，AI 系统能够识别出交易双方是否存在关联关系。例如，通过分析交易双方的股东结构、管理层成员等信息，系统可以发现潜在的关联交易。

风险发现：AI 系统不仅能识别关联交易，还能通过数据挖掘技术发现潜在的风险。例如，如果某项交易的价格明显偏离市场价格，系统会将其标记为高风险交易，提醒尽调人员进行进一步审查。

通过这些技术，企业能够更早地发现和防范关联交易中的风险，确保财务数据的真实性和合规性。

2．合规性审查：确保财务数据的合法合规

合规性审查是确保财务数据符合相关法律法规的重要步骤。AI 技术在合规性审查中的应用，可以帮助企业自动匹配和验证法规要求。

法规匹配：AI 系统能够自动识别财务数据中的各项指标，并与相关的法律法规进行匹配。例如，系统可以自动检查企业的财务报告是否符合会计准则和税法要求。

验证过程：通过机器学习和自然语言处理技术，AI 系统能够自动验证财务数据的合规性。例如，系统可以分析企业的财务报告，确保所有披露的信息都符合监管要求。

通过这些技术，企业能够确保其财务数据的合规性，避免因违规操作而面临的法律风险。

3．风险提示与报告：及时预警潜在风险

为了帮助企业及时发现和应对关联交易和合规审查中的风险，AI 系统可以生成风险提示报告。

报告生成：系统会根据识别出的风险，自动生成详细的报告。报告内容包括风险类型、风险等级和应对建议。

应用效果：通过生成风险提示报告，企业能够迅速采取行动，降低潜在风险。例如，如果系统发现某项关联交易存在违规风险，企业可以立即停止该交易并进行整改。

第 2 章　AI 赋能财务尽职调查基本方法与工具

2.1　基本调查方法

尽职调查的方法主要分为基本调查方法和非常规调查方法，国内外的非常规调查方法有所差异。

国内外尽职调查方法众多，但在尽职调查过程中的基本调查方法是国内外尽职调查常用的手段。基本调查方法主要有现场调查、搜寻调查、官方调取、通知调查、秘密调查和委托调查。

1. 现场调查

现场调查主要有现场交谈和实地考察两种方式。现场调查因具有直观性、有效性、线索可循性等特点，成为常规尽职调查中常用的方法。现场交谈也称现场会谈或者现场参观，调查人员可以在条件允许的情况下自由选择约见人员。约见人员原则上选择企业不同部门不同层级岗位的主管人员，例如调查企业财务情况时可以选择财务经理、审计主管、人力资源部门主管、纳税筹划主管等。如果需要调查企业市场销售情况，可以选择约见公关部门经理、营销部门主管、客户售后部门一线员工、广告部门经理等。约见尽可能多的企业职工能在很大程度上保证调查信息的全面性和真实性。现场交谈的目的在于深入了解企业发展状况，明确企业发展战略目标以及未来发展的方向和思路，通过现场交谈可以从侧面了解企业文化、企业员工满意度、企业管理层控制等详细情况，有利于调查人员对企业高管的评价和认识。

实地考察也叫实地调研，这一调查方法又包括观察法、实验法和问卷法三种常用方法。实地调查收集到的资料等需要进一步整理分析才能转化为有参考价值的材料。

2. 搜寻调查

搜寻调查主要运用于政府工作以及法律询证过程，该调查方法主要通过有形渠道和无形渠道获得调查内容。有形渠道包括图像、影音资料等，媒介传播是十分有效的有形渠道。报纸杂志、图书文摘、新闻广播、录像、录音、微博、微信、峰会、论坛等都是搜寻调查获取信息的渠道。搜寻调查的优点在于信息来源广泛、信息量大，缺点是信息较为分散、难以系统全面地收集信息，同时很多所搜集的信息不具权威性。

3. 官方调取

我国法律规定当事人在客观条件下无法自行收集证据时可通过向官方申请调取所需证据。例如调查一家企业经营状况时可以向人民法院递交调查函进入市场监督部门、税务管理部门及质量管理部门、环保部门等政府职能部门获得相关资料。

4. 通知调查

通知调查是一种较为直接和便捷的调查方式，调查者口头或书面通知被调查人，向其说明调查目的和调查内容，要求其在一定时间内将所需信息收集整理后通报给调查者。

5. 秘密调查

秘密调查是指在非公开、不为被调查对象所知的环境下展开的调查方式。秘密调查主要通过对企业内部人员、外部竞争对手、产业链中存在供给关系的商业群体调查取证，获得所需信息。

6. 委托调查

当调查者与被调查企业或个人在空间上相距较远时，可以委托第三方机构进行调查。例如对某一客户进行现金和不动产情况的调查，可以向会计师事务所提出申请，并支付一定金额作为调查费用。由于委托调查需要签写调查令，调查令审核又需要一定时间，因此委托调查存在延误调查时机的不足。

2.2　国内外非常规的调查方法

国内外对非常规调查方法的使用侧重点有所不同，国内非常规调查将注意力放在被调查主体内部，主要使用非常规手段进入目标企业内部进行尽职调查，国外则注重对外部环境信息的收集和研究，通过一些特殊手段获得信息。

1. 国内的非常规调查方法

（1）潜伏调查。潜伏调查是一种为了获得真实、准确、完整的信息，将调查人员或企业外部人员安置到被调查企业内部，深入获得隐秘信息的非常规调查方法。潜伏调查较直接的方式是通过应聘将调查人员放置到目标部门，这一方式的优点是获得信息高效且及时，缺点是存在调查人员被收买或被识破的风险。

（2）关键人员暗中调查。若进入被调查企业有难度，可以采用关键人员暗中调查法。这一方法的要点在于通过多种方式在企业投资收购之前，找到被投资企业的"重要人物"，获得第一手资料。这样一方面提高了调查效率，节约了时间，另一方面省去诸多不必要的调查工作。使用这一调查方法也存在一定的风险，事先约定好的互利关系可能因为重要人物道德约束而破裂，同时被调查企业内部人员可能因担心受到法律制裁而放弃合作，拒绝配合投资方开展尽职调查。

（3）相关企业调查。针对被调查企业的生产、销售、运营等状况，可以通过与其产业链相关的上下游企业接触获得调查信息。相关企业调查避免了直接从目标企业内部获取信息，降低了信息失真的风险；如运用得当，从相关企业渠道获得的信息可以大大提高调查结果的全面性和真实性。

（4）商请调查。对于隐瞒重大信息、涉嫌欺诈的企业，调查阶段可根据线索的疑难和复杂程度，商请专门机关、专职机构开展专业化调查。例如商请工商、审计、国资等部门调查涉嫌事实，商请有关部门调查应当说明原委，注意沟通，取得理想的效果。

2. 国外的非常规调查方法

外围调查。外围调查多见于国外研究案例，主要通过对被调查企业外部环境及人员进行调查收集信息，从而被动获得被调查企业的内部信息。美国亚利桑那大学雷兹教授提倡的"垃圾研究"就是典型的外围调查。他认为垃圾桶绝不会说谎，什么样的人丢什么样的垃圾，从而有效地完成了市场调查。日本的常磐百货公司专门收集主妇丢掉的购物备忘录；有的公司派专人在顾客电梯中听公众谈话；有的企业在假期为员工配备相机、胶卷，以便拍下服装、鞋帽和有开发价值的日用品等。在尽职调查中，尽职调查人员除了直接进入目标企业获取所需信息，也可以通过外围调查的方式获取直接资料所无法反映的信息。这一方法的缺陷在于被加工后的信息可能带有主观性，其真实性有待验证。

2.3 查询工具

随着计算机技术和互联网的发展，信息化时代来临。以往很多难以实现的信息收集和整理，现在只需要通过在计算机前"点点鼠标，敲敲键盘"就能完成相应的查询和资讯获取。信息的透明化、公开化，是法治社会的必然要求，在此情势下越来越多的信息都可供公众无条件查询。

2.3.1　主体信息查询

1. 国家市场监督管理总局"全国企业信用信息公示系统"

全国企业信用信息公示系统于 2014 年 3 月 1 日正式运行，可查询全国企业、农民专业合作社、个体工商户等市场主体的工商登记基本信息。依据国务院《企业信息公示暂行条例》，市场主体的下列信息应当自产生之日起 20 个工作日在该系统内予以公示：（1）注册登记、备案信息，具体包括公司统一社会信用代码（注册号）、法定代表人、类型、注册资本、成立日期、住所地、营业期限、经营范围、登记机关、经营状态、投资人信息、公司主要备案的高管人员名单、分支机构、清算信息、行政处罚信息等；（2）动产抵押登记信息；（3）股权出质登记信息；（4）行政处罚信息；（5）其他依法应当公示的信息。

企业年度报告也将通过该系统予以公示，年度报告内容包括：（1）企业通信地址、邮政编码、联系电话、电子邮箱等信息；（2）企业开业、歇业、清算等存续状态信息；（3）企业投资设立企业、购买股权信息；（4）企业为有限责任公司或股份有限公司的，其股东或发起人认缴和实缴的出资额、出资时间、出资方式等信息；（5）有限责任公司股东股权转让等股权变更信息；（6）企业网站以及从事网络经营的网店的名称、网址等信息；（7）企业从业人数、资产总额、负债总额、对外提供保证担保、所有者权益合计、营业总收入、主营业务收入、利润总额、净利润、纳税总额信息。第（1）项至第（6）项规定的信息应当向社会公示，第（7）项规定的信息由企业选择是否向社会公示。

企业的下列信息也应自形成之日起 20 个工作日通过该系统公示：（1）有限责任公司股东或者股份有限公司发起人认缴和实缴的出资额、出资时间、出资方式等信息；（2）有限责任公司股东股权转让等股权变更信息；（3）行政许可取得、变更、延续信息；（4）知识产权出质登记信息；（5）受到行政处罚的信息；（6）其他依法应当公示的信息。

目前公示系统的部分功能已经开放查询，部分信息模块已经建成但需要由各地工商管理局配套跟进后逐步开放查询。

2. 各省、市级工商局网站

各省、市级工商局网站提供了全国企业信用信息公示系统包含的主要信息，如果用户不能在国家级的网站上查到，说不定在这些地方性的网站上查询会有所发现。

3. 各省、市级信用网

这些网站是地方机构主导的，一般以企业信用体系建设推进办为主，如北京市企业信用信息网、浙江省企业信用网、信用浙江等。这些网站提供基本信息，但如需要更全面的信息，如年检信息、对外投资信息等，则可能需注册会员等。基本上各个地方都有类似的网站，优点在于在有些网站上可以通过法定代表人姓名查询到各企业信息。

建议大家到各省、市级的信用网看看，可能会有不少的收获。比如信用浙江，该网站除了提供上面提到的企业信息，还汇总了除工商信息之外的其他二十多个部门的一些公示信息、纳税信息、企业资质等各种信息，还提供个人、事业单位、社会组织的相关信息或信用的查询和公示。

4. 全国建筑资质查询系统

全国建筑资质查询系统包括设计、勘察、造价、监理、建筑、房产开发等资质信息的查询，对于需要查看主体特殊要求的可以登记查询。

2.3.2 涉诉信息查询

1. 最高人民法院"中国裁判文书网"

根据《最高人民法院关于人民法院在互联网公布裁判文书的规定》，自2014年1月1日起，除涉及国家秘密、个人隐私、未成年人犯罪、调解结案以外的判决文书，各法院判决文书均应在中国裁判文书网上公布。因该网站为"裁判文书网"，故仅适用于已届判决阶段的案件。

2. 各省级高级人民法院网站

2014年之前的判决文书或未判决的到哪里查询呢？一般省级高级人民法院都建有自己的网站，通过这些网站可以查询2014年之前的部分判决书、开庭公告、执行信息、开庭信息等，如北京法院网、浙江法院网等。

因为最高人民法院"中国裁判文书网"仅限于已判决文书的查询，且2014年1月1日之后才试行，而且数据取决于地方上报，而地方法院网站已经建立很多年了，部分法院的法律文书早就在网上公示，因此全国网查不到的，在地方法院网站或许可以查到。

3. 中国法院网

按我国法院管辖的现状和公告要求，需要公告送达的，如果被告不属于本省的，一般要求在全国的报纸公告，一般是《人民法院报》，据此可以查询大量公告信息，了解调查对象的涉诉情况。

对于被告是省内的，到地方的法制网站查询公告，也可以了解到一些在地方法院的涉诉情况。

4．人民法院诉讼资产网

在人民法院诉讼资产网上可以查询全国范围内人民法院正在执行拍卖的资产情况，通过这个网站可以侧面了解涉诉当事人的一些信息。

5．阿里拍卖·司法

网上拍卖减少了拍卖费用，竞价方便，越来越多的法院把没有争议的资产通过这个方式进行拍卖，据此也可以侧面了解一些涉诉信息。目前全国绝大部分法院已经通过"阿里拍卖·司法"进行拍卖。

6．其他网站

如北大法宝、威科先行、律商网、无讼网、OpenLaw 裁判文书网等网站都有案例信息的收录，有些网站公布的信息甚至比官方网站更新、公布速度更快。

2.3.3　财产信息查询

1．自然资源部子网站的中国土地市场网

除自然资源部所示的全国范围内土地抵押、转让、招拍挂等信息外，可于中国土地市场网查询全国范围内的供地计划、出让公告、大企业购地情况等。用户无须注册即可查询。

2．国家知识产权局的中国专利信息网

中国专利信息网收录了 103 个国家、地区和组织的专利数据，以及引文、同族、法律状态等数据信息，可查询专利申请人、专利权利人、代理机构等的案件基本信息、审查信息及中国专利公布公告的信息。其中检索功能中还有多个分类：常规检索、表格检索、药物专题检索、检索历史、检索结果浏览、文献浏览、批量下载等。除了基础的检索功能，该网站还有数据分析功能，但是要使用数据分析功能时需要注册。

网站包括 1985 年 9 月 10 日以来公布公告的全部中国专利信息，包括：（1）发明公布、发明授权（1993 年以前为发明审定）、实用新型专利（1993 年以前为实用新型专利申请）的著录项目、摘要、摘要附图，其更正的著录项目、摘要、摘要附图（2011 年 7 月 27 日及之后），及相应的专利单行本（包括更正）；（2）外观设计专利（1993 年以前为外观设计专利申请）的著录项目、简要说明及指定视图，其更正的著录项目、简要说明及指定视图（2011 年 7 月 27

日及之后），及外观设计全部图形（2010 年 3 月 31 日及以前）或外观单行本（2010 年 4 月 7 日及之后）（均包括更正）；（3）事务数据。

3. 国家市场监督管理总局的中国商标网

在中国商标网上，根据查询提示可确定拟查询商标的商品分类。具体可查注册商标信息及申请商标信息。"商标注册信息查询"又分为商标相同或近似信息查询、商标综合信息查询和商标审查状态信息查询三类。

需要注意的是，该网站的查询内容仅供参考，具体的商标注册信息还应以国家知识产权局商标局编辑出版的《商标公告》为准。

4. 中国版权保护中心

通过中国版权保护中心，可以查询计算机软件著作权的登记情况、著作权人、撤销情况、质押情况等信息。

5. 企业域名

（1）ICP/IP 地址/域名信息备案管理系统。

可以通过 ICP/IP 地址/域名信息备案管理系统查询网站名称、域名、网站首页网址、备案/许可号、网站 IP 地址、主办单位等已经备案的网站或域名的所有人信息等情况。

（2）可通过其他一些域名注册的网站查询域名持有人的情况，比如通过中国万网，输入域名即可看到域名持有人信息及到期时间等信息。

6. 各地住房保障和房产管理局、住房和城乡建设局网站

针对房地产开发企业，可以通过各地住房保障和房产管理局网站查询其预售许可证、楼盘在售情况、总面积、可售总面积、预定面积、已售套数、成交毛坯均价等开发楼盘的情况。

7. 人民法院诉讼资产网/阿里拍卖·司法

之所以再次列举这两个网站，是因为其也是非常重要的企业财产信息的获取网站。

8. 中国电子口岸官网

中国电子口岸是一个公众数据中心和数据交换平台，依托国家电信公网，实现工商、税务、海关、外汇、外贸、质检、银行等部门以及进出口企业、加工贸易企业、外贸中介服务企业、外贸货主单位的联网，将进出口管理流信息、资金流信息、货物流信息集中存放在一个集中式的数据库中，随时提供国家各行政管理部门进行跨部门、跨行业、跨地区的数据交换和联网核查，并向企业提供应用互联网办理报关、结付汇核销、出口退税、网上支付等实时在线服务。

2.3.4　投融资信息查询

1．中国人民银行征信中心

中国人民银行征信中心可供查询企业应收账款质押和转让登记信息，具体包括质权人名称、登记到期日、担保金额及期限等，以及租赁登记、所有权保留登记、保证金质押登记、存货/仓单登记、农业设施登记、林木所有权抵押登记等信息。

2．提供融资信息的相关网站

（1）中国证监会指定信息披露网站巨潮资讯网；

（2）中国外汇交易中心；

（3）和讯网；

（4）部分地方股权交易中心或产权交易中心网站，如浙江股权交易中心。

2.4　AI 赋能的新工具与新方法

2.4.1　AI 驱动的财务尽职调查新工具

智能财务数据分析系统正在成为审计师的"数字显微镜"。这类系统整合机器学习算法和可视化工具，能自动扫描海量财务数据，识别异常模式。例如某零售企业部署的 AI 分析系统，每小时处理 10 万条交易记录，自动标记价格异常波动和供应商重复付款行为。当系统发现某门店的生鲜损耗率超出行业均值 3 倍时，立即生成风险报告，提示库存管理漏洞。如图 2-1 所示，该系统使财务数据分析效率提升 4 倍，异常交易识别准确率达 92%。

自然语言处理（NLP）工具赋予计算机"阅读理解"能力。如图 2-2 所示，某会计师事务所的 NLP 系统，能解析合同条款、邮件沟通记录等非结构化文本。当审计人员需要核查供应商合同中的付款条件时，系统可在 3 分钟内完成 500 页文档的关键词检索，并标记出与标准条款不一致的段落。例如某制造企业通过该工具，发现 23 份采购合同中存在"货到付款"与"预付 30%"的条款冲突，避免潜在损失 180 万元。

AI 增强的查询工具让财务人员能通过自然语言获取数据洞察。某企业财务总监只需输入"过去半年差旅费超预算的部门"，系统立即生成动态图表，显示销售部门差旅支出超出预算 27%。该工具还能自动关联历史数据，例如当询问

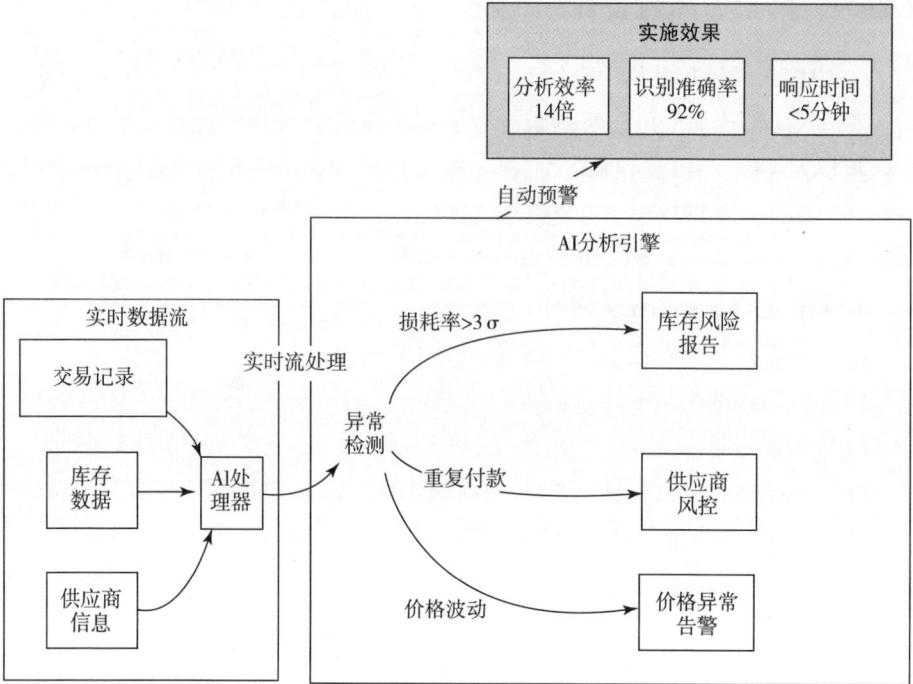

图 2-1 某零售企业 AI 的分析系统

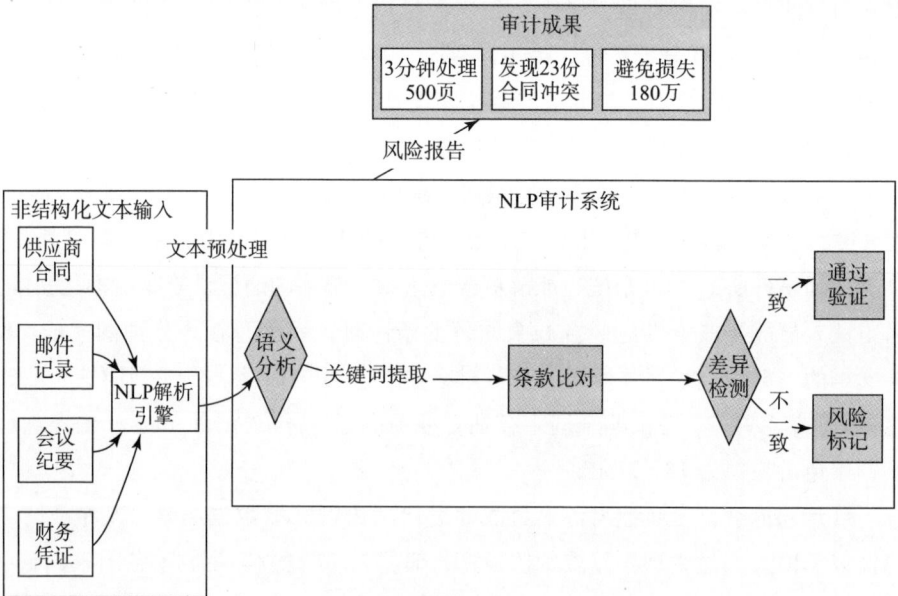

图 2-2 某会计师事务所的 NLP 系统

"应收账款账龄超过 90 天的客户特征"时，系统会聚类分析客户行业、交易频率等维度，揭示高风险客户的共同特征。

2.4.2　AI 赋能的财务尽职调查新方法

全量数据审计彻底改变抽样检查模式。传统审计如同"盲人摸象"，仅抽查 10% 的交易数据；而 AI 系统能分析全部交易记录。某汽车零部件企业采用全量审计后，发现传统方法遗漏的 32 笔小额重复报销，累计金额达 86 万元。系统通过比对员工考勤记录、发票日期和 GPS 定位，自动识别异常报销模式，如图 2-3 所示。

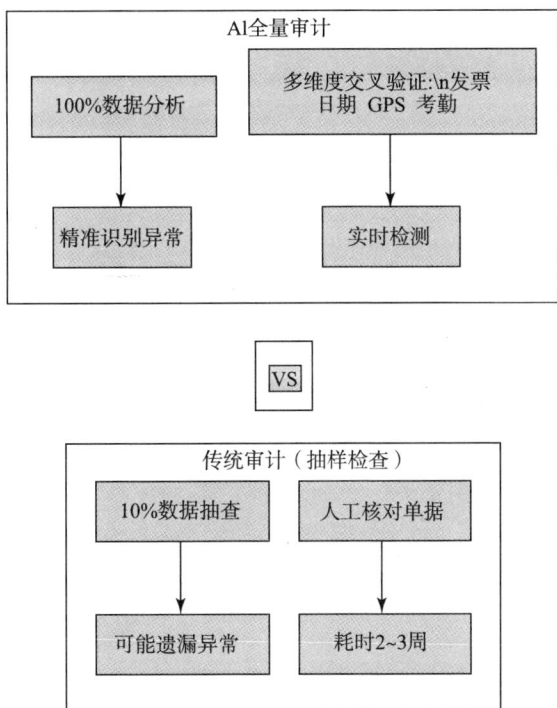

图 2-3　汽车零部件企业的 NLP 系统

动态财务健康度监测实现实时预警。如图 2-4 所示，某上市公司的 AI 监测系统，每 15 分钟分析现金流、应收账款周转率等 18 项指标。当发现经营活动现金流连续 3 天低于安全阈值时，立即触发黄色预警，建议管理层调整付款计划。这套系统在 2023 年帮助该企业提前 2 个月发现流动性风险，避免债务违约。

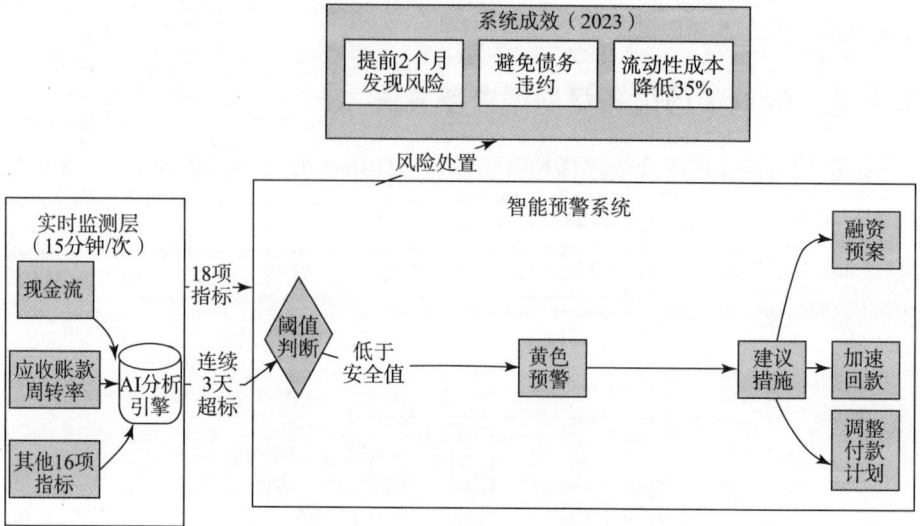

图 2-4 某上市公司的 AI 监测系统

生成式 AI 辅助尽调开创报告生成新模式。基于自然语言生成（NLG）技术，AI 系统可自动整合供应商财务报表、新闻舆情及历史交易记录等 12 类数据源，在 3 分钟内生成结构化风险评估报告初稿。某跨国银行的实践显示，该工具不仅将报告撰写时间从 8 小时压缩至 45 分钟，更通过交叉验证数据逻辑，将关键风险点遗漏率从 12% 降至 3%。系统还能自动生成可视化数据看板，例如当检测到供应商存货周转率异常时，自动嵌入行业对比曲线图。某金融机构客户反馈显示，AI 辅助报告的决策采纳率提升 65%，人工复核工作量减少 70%。

反舞弊智能调查结合暗数据挖掘技术。某审计团队利用 AI 分析员工行为日志、邮件附件和报销凭证中的"暗数据"，发现某采购经理通过虚构供应商套取资金的行为。系统通过语义分析识别出异常沟通记录（如"加急处理""私下结算"等关键词），并关联银行流水数据，最终锁定资金流向异常账户。

2.4.3 AI 工具与方法的实施原则

数据质量优先原则是 AI 系统有效运行的基石。企业需建立三级数据治理体系：首先通过自动化工具完成数据去重（如某跨国集团利用哈希算法识别重复凭证，日均清理冗余数据 2.3 万条）；其次执行逻辑校验（如检查会计科目借贷平衡、合同金额与发票一致性），某制造企业借此发现 3% 的账务异常；最后对接第三方数据源交叉验证（如海关报关数据匹配贸易合同），使某金融机构的客户信息准确率从 78% 提升至 99.2%。某零售企业实施该原则后，AI 模型错误率下降 60%，反欺诈规则触发准确率提高 45%，每年节省人工复核成本超 1 200 万元。

人机协同原则强调人与 AI 的分工协作。某会计师事务所的实践表明，AI 更适合处理标准化任务（如数据核对），而人类专家应聚焦战略判断。例如在反洗钱调查中，AI 筛选出 200 个可疑账户，人类分析师再通过背景调查排除误报，最终锁定 23 个高风险客户。

动态迭代原则要求系统具备持续进化的"数字生命力"。以某零售企业为例，其 AI 反欺诈系统采用在线学习架构，每天自动吸收最新交易数据并更新模型参数。当监测到虚假交易出现"虚拟货币洗钱"新手法时，系统通过影子模式测试对比新旧模型效果，在 72 小时内完成算法优化，将新型诈骗识别率从 68% 提升至 93%。这种动态优化机制使欺诈交易识别率连续 12 个月保持在 98.6% 以上，累计帮助企业拦截可疑交易 2.3 万笔，避免潜在损失超 1.8 亿元。该案例印证了动态迭代不是简单的版本升级，而是通过数据反馈闭环实现的智能进化。

合规透明原则通过技术创新实现监管与效率的双重平衡。欧盟某银行在部署 AI 审计系统时，不仅配置了可解释性模块，更创新采用"决策溯源树"技术，将模型判断拆解为可验证的逻辑链条。例如当系统拒绝贷款申请时，除展示收入证明模糊、负债率超标等表层原因外，还可追溯底层数据特征权重——如"近半年交易流水波动率"占比 35%，"行业景气指数"占比 28%。该模块采用自然语言生成技术，自动生成符合 GDPR 要求的决策说明书，使客户投诉率下降 42%。监管机构通过 API 接口可直接调取全量决策依据链，审计效率提升 60%，合规审查一次通过率达 99.3%。

第 3 章　AI 赋能财务尽职调查流程优化

3.1　财务尽职调查的基本流程

根据完成财务尽职调查工作的时间顺序，当财务尽职调查项目小组在实施对目标公司的调查事务时，可将财务尽职调查的一般过程分为三个阶段，即业务承接和计划阶段、执行尽职调查程序阶段和财务尽职调查报告阶段。

3.1.1　业务承接和计划阶段

业务承接和计划阶段的主要工作是熟悉投资方或委托方的战略目标和收购目标，以期在今后的项目尽职调查过程中获得准确科学的尽职调查重点信息。此阶段需了解的内容包括投资方或委托方的组织架构、决策机制、人员配合、资金安排等重要信息；同时在安排尽职调查时，应重点梳理投资方或委托方与目标企业达成的框架协议的内容，并将重要的内容与委托方或投资方进行多轮确认。需要注意的是，调查机构与投资方或委托方达成委托财务尽职调查的协议，应将最终的评价尽职调查的标准描述清楚。协议中应明确初步调查目标、调查时间和调查范围等基本情况，并对项目目标、项目工作过程、重点调查领域和预计调查费用等做出说明和安排。由于各个企业性质不同，有些财务尽职调查需要对提供的数据、报表、图表等保密，因此部分委托方或投资方需要签订保密协议，这样不论投资是否成功，都可以保护自身的商业秘密和商业利益。同时，财务尽职调查小组也应当要求参与人员签署内部保密文件，以明确相关法律责任和义务。在以上准备阶段的法律文件准备好后，应建立财务尽职调查的内部文档管理制度，包括发文号、发文规范、组织机构图、职责清单、时间控制表、目标任务分解等，并安排专人负责文档的管理和资料的归档工作。

3.1.2　执行尽职调查程序阶段

在展开项目行动前，需要发函至目标公司，函件应说明委托关系或内部事务关系，进行本项财务尽职调查使用的方法和措施，如采取的是面谈、调查、查阅、实盘，还是其他的方法，并尽量在发函时一次性将后续行动阶段的内容与时间、分项任务负责人等信息传递至目标公司。具体的做法是提交财务尽职调查清单及需要目标公司提交的文件名、时间、递交人等，如果有特殊情况，可以安排与目标公司决策层会谈，编制和发放企业财务尽职调查问卷或调查资料清单等；如果有可能，可以专门解释本行动计划内容。在此基础上，按前期准备的行动计划召开内部或目标公司的澄清会或说明会。

双向交流过程中，可能会修订项目工作计划，包括修正项目目标、财务尽职调查程序、财务尽职调查重点、调查内容、财务尽职调查项目人员（含小组负责人和普通员工）、财务尽职调查项目的时间和地点安排、项目组组织人员的联系方式等。项目行动小组需要在修订计划得到委托方或者投资方以及目标公司共同批准后再实施修订后的计划，具体执行调查时，首先需要收集和分析目标公司的业务、财务、法律等资料，在此过程中，一般需要从四条基本途径获得关于目标公司的基本信息。一是由目标公司按清单内容提供如财务报表、业务合同、记账凭证、重要政府文件等正式材料，对于未明确的内容可以采取问卷或者会谈形式进行再确认。二是从法律尽职调查专业机构处取得分析目标公司的信息，比如法律尽职调查中在工商行政管理机构查询获得的目标公司工商注册信息、股东变更信息、注册资本的实缴信息等。三是通过对目标公司营业场所，包括办公室、厂房、生产线或其他主要实物资产的实地考察，进行实证、实账等核实和确认工作。四是通过目标公司的客户、供应商、行业主管部门、工商行政机构、税务机关、检察院、法院、房地产主管部门、技术监督部门、人民银行、基本户开户行等，搜集有关目标公司的各种信息。

行动准备阶段，财务尽职调查小组应当安排专门的信息分析师结合本次调查的目的进行重点外部资料的收集工作，并针对收集的信息进行分类整理，即将信息分为真实信息、冲突信息、待审核信息、错误信息四类，以便于后期工作的开展。该信息分析师应由本行业的专业财务人员担当，以进行专业的行业财务类的分析和研究，并按文档管理的规范进行工作日志的记录和每日的研讨工作，以保证更有效地开展财务尽职调查工作。

项目行动阶段，财务尽职调查小组、投资方或委托方与目标公司应参与本次财务尽职调查的全体人员要召开定期协调会，首次会议应将行动计划书的内容交由协调会研讨，以三方达成的一致意见作为后续工作开展的基础。根据行动计划书的安排，项目各子任务负责人应根据行动计划书和目标公司的实际情况，合理安排时间和人员，并按每日例会制度提交财务尽职调查项目负责人工作日志和工作底稿，以保证项目负责人可以全面完整地了解项目的进程。各子任务的负责人遇到无法解决的问题，如财实不符、报表失误等问题时，应先与委托方或投资方及目标公司的对接人员进行交涉和现场确认，以保证程序畅通、信息准确，此类重大问题的汇报应采取书面形式，以确认工作凭证的合规性。

在现场的财务尽职调查结束前，财务尽职调查小组的负责人应根据文档记录和信息分析师的意见及各子任务负责人的工作底稿，向目标公司一次性提交《未决事项清单》，清单中应注明提交资料或核实事实的具体内容、提交时间、接收人姓名和限期补充的日期和不予提交的后果等。

3.1.3 财务尽职调查报告阶段

财务尽职调查报告中的关键内容，包括对目标公司财务情况全面的介绍、分析、比较，其重要性体现在对财务风险的确认与揭示方面。财务风险的确认与揭示是分析和结论，也是前期工作底稿的结论性意见，是建立在合规的工作底稿上的，即项目报告的每一份数据和信息都是有凭证支撑和证明的。提供的财务尽职调查报告，应包含以下四个部分：目标公司的背景介绍、重大发现、财务报表分析和收购风险提示。

整个财务尽职调查团队应当根据委托方或投资方的战略目标、投资策略，有针对性和选择性地陈述本次财务尽职调查的重点内容，包括财务事项的主要内容、形成的主要原因和过程，以及对投资、并购所产生的影响等；特殊情况下可以提出对主要投资、并购条款的建议和意见等，以供投资方或委托方决策时使用。财务尽职调查小组也可以根据委托方或投资方的要求，增加和省略某些部分，但不应当影响整个报告的完整性，切记不可提供虚假的报告内容。在撰写报告初稿时，应当将各子任务的项目负责人提交的子任务内容进行汇总，并结合各子任务之间的联系，充分吸收各子任务的调查成果。初稿中的结论性意见应当由各子任务负责人研讨确定，在充分咨询意见和建议后，可以采取二审制度进行表决，以便充分吸收各子任务负责人的意见。初稿完稿后，可以请第三方机构对其内容进行外审，也可以由内部各子任务负责人互审，依据咨询和审核的质量保证制度安排，对初稿内容进行复核。当初稿内容基本定稿时，财务尽职调查的总负责人应按协调会的制度安排，向委托方或投资方正式发函组织一次研讨会，研讨会应有投资方或委托方专业的财务人员、专业的业务人员、专业的法律人员，主要研讨结论性的意见和风险提示内容，并根据相关调整或关注的内容修订初稿，以期满足投资方或委托方的投资策略要求。其中，如果结论性的意见与投资方或委托方的意见有冲突，那么应该保证财务尽职调查的独立性和客观性，在事实的基础上，全面、完整、清楚地总结财务尽职调查报告工作，以维护投资方或委托方的权益。当财务尽职调查报告完成时，总负责人还应当根据文稿管理的要求，开展文稿管理中各程序性文件的签收工作以及各协调会的会议记录工作，做到有迹可循，有据可查。

在报告阶段，应该建立一套全面而灵活的报告制度，以既能规范报告的内容，也能满足不同客户的需要。在提供报告时，要严格遵守委托协议书所明确的范围，未经委托方书面授权许可，不得向任何第三方发放财务尽职调查报告。财务审慎调查报告要明确委托方和受托方所承担的责任。

以上就是财务尽职调查的基本流程，可以将三个阶段进行简单概括，如图 3-1 所示。

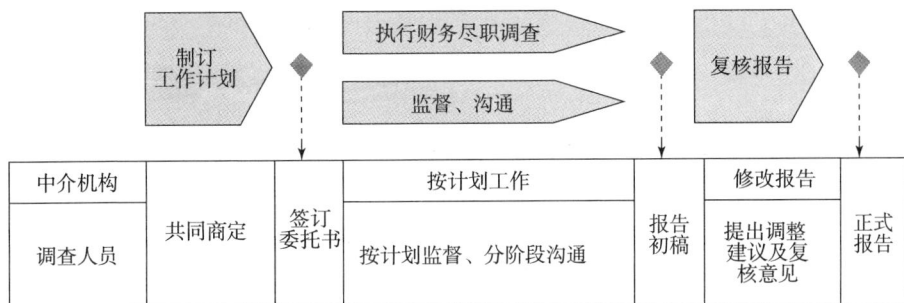

图 3-1　财务尽职调查的基本流程

3.2　财务尽职调查方法

3.2.1　基本方法

（1）审阅：通过审阅财务报表及其他法律、财务、业务资料，发现关键及重大财务因素。

（2）分析性程序：对各种渠道取得的资料进行分析，以发现异常及重大问题，如采用趋势分析、结构分析等。

（3）访谈：与企业内部各层级、各职能人员，以及中介机构充分沟通。

（4）小组内部沟通：调查小组成员拥有不同背景及专业知识，相互沟通也是达成调查目的的方法。例如，在进行某企业基本情况的调查中，财务调查人员查阅了目标企业的营业执照及验资报告，注册资本为 3 600 万元，但通过与律师的沟通，得知该企业在工商登记的注册资本仅为 1 000 万元。又如，与业务调查人员沟通应收账款的信息、设备利用的信息等。

3.2.2 其他方法

（1）望：看生产的饱和程度、商品的装卸、厂区工作的秩序、办公区人员的工作情况、工位的饱和度等。

（2）闻：感受厂区员工的工作情绪、厂区办公区的卫生整洁程度、各类公示牌、走廊宣传栏的更新频率及张贴的内容、员工的精神面貌等。

（3）问：员工是否能清晰地表达出企业经营发展的历史、市场定位、战略和发展的吻合度、战略目标的包容度和完成度。

（4）切：现金流量的结构分析、现金流量对战略的支持满足度、现金流量的弹性。

3.3 财务尽职调查资料清单

3.3.1 公司成立和历史沿革的相关资料

1. 公司的有关文件

（1）公司最初设立时的营业执照、有效并标明通过最近一年工商年检的营业执照和历次变更的营业执照。

（2）公司章程及历次修改情况。

（3）验资报告和变更注册资本的验资证明，及公司向投资者签发的出资证明书和资产评估文件（如以资产出资）。

（4）公司成立以来历次董事会/高层管理部门的重大事项决议。

（5）公司历年经注册会计师审计的财务报告。

（6）公司股本结构图以及自成立至最近历次股份变动的情况。

（7）公司股本转让及质押的情况说明和相关文件（如有）。

（8）公司股东名单、所持股份及变动情况（如有）。

（9）公司董事和高级管理人员所持股份说明及变动情况说明（如有）。

（10）与公司股份变更工商登记有关的文件（如有）。

（11）对于合资公司，中方如果是国有资产占有单位，需提供中方投入公司的资产评估报告、国有资产管理部门的立项批复、对评估结果的确认批复或国有资产管理部门对评估结果的核准文件或备案文件。

（12）公司分支机构的营业执照及设立分支机构的政府批准文件（如适用）。

（13）国有资产产权登记证（如适用）。

（14）公司投资者的营业执照、章程等组织文件或身份证明文件（就自然人股东而言）。

（15）公司的《企业名称预先核准通知书》及历次更名的《企业名称预先核准通知书》。

（16）国家有关部门给予公司的任何形式的补贴或优惠政策的批文。

2．政府及行业主管部门的批文

（1）公司成立时政府和主管机关批文，包括但不限于以下几项。

a. 项目建议书及有关政府部门对项目建议书的批复（立项审批）。

b. 可行性研究报告及有关政府部门对可行性研究报告的批复。

c. 审批机关对合资或合作合同和公司章程的批复。

d. 审批机关颁发的外商投资企业批准证书等。

（2）公司变更注册资本时政府和主管机关的批文。

（3）公司变更或增加经营范围时政府和主管机关的批文。

（4）政府对公司合同和章程历次变更的批准函（批复）。

（5）公司股份变动时涉及的所有批准文件。

（6）公司的外汇登记证、海关登记证、财政登记证。

（7）其他与公司历史有关的文件。

a. 有关公司兼并、重组的审批及确认情况。

b. 有关公司改制的批准及确认、变更登记情况。

c. 其他。

3.3.2 公司组织机构和经营管理的相关资料

（1）公司董事会。董事会组成情况，包括董事长、董事的姓名、任期，以及董事的兼职情况。

（2）公司内部组织结构图及其说明。

（3）公司高层人员名单及情况简介（包括人事关系、行业经验等）、公司总经理的职责范围、总经理和副总经理及其他高级管理人员名单以及选举决议/委派书。

（4）公司所有分支机构的名单、与公司关系的情况说明。

（5）公司附属公司名单（如适用）。

（6）公司与下属公司关系说明（包括内部划拨价格、盈亏冲销、共用设备、公司内部的租赁与安排等）（如适用）。

（7）除合资或合作合同和公司章程以外，公司股东之间签订的与公司或公司的经营有关的意向书、备忘录、合同或协议。

（8）公司获得的政府部门颁发的，与公司的运营、产品、生产、出口和服务有关的全部执照、许可、批文和登记备案文件，包括但不限于以下几项。

a. 与产品生产有关的生产许可证、备案证明。

b. 所有关于外汇账户和外汇交易的政府批准和许可。

c. 所有关于进出口业务的政府批准和许可。

d. 公司拥有的其他资质证明文件。

（9）与公司业务相关的证书及奖项（如适用）。

a. 高科技企业、高新技术企业或其他政府认定、资助或扶持项目的证书/批复。

b. 其他与公司业务相关的证书及奖项。

3.3.3 公司资产和对外投资情况的相关资料

1. 公司重大资产状况

（1）公司资产清单和资产评估文件以及其他证明资产属于公司的文件。

（2）如公司股东对实物资产或其他非现金资产作价出资，证明此类资产完备的权属证书。

（3）公司对其他资产以分期付款、信贷、租赁等方式拥有或使用的全部合同文件。

（4）公司资产抵押清单及相关协议。

（5）租赁资产清单及协议。

（6）土地、房屋及在建工程资料。

（7）设备资料。

（8）所有固定资产取得的发票情况统计（包括列示于往来账项、存货等非固定资产及在建工程项目中的发票）。

2．公司对外投资情况（如适用）

（1）公司对外投资的股权结构图。

（2）公司持有其他公司股份或资产的全部权属证明文件，包括但不限于公司拥有股权的子公司或参股公司的章程、验资报告、其经最新年检的营业执照等。

（3）公司与其持股公司经营性与非经营性往来的文字说明及有关文件。

（4）公司长期投资清单，包括证明对其拥有股份或资产所有权的公司的成立时间、运营及筹建情况、公司对上述公司的持股比例等文件（包括成立时的批准文件、有效的并标明通过工商年检的营业执照、章程、合同、验资报告、资金担保等）。

（5）公司从其持股公司获取利润或为其提供资金担保等情况的有关文件。

（6）公司资产结构图（包括公司股东、公司下属企业、挂靠企业）及产权关系。

（7）公司的其他投资的相关文件。

3.3.4　公司土地使用权、房产的相关资料

1．土地使用权

（1）公司所有的土地/场地使用权证清单，包括土地/场地使用权证证号、土地/场地位置、获得方式、面积、用途、期限等。

（2）所有土地的不动产权证、租赁登记证明、抵押登记证明等。

（3）土地/场地使用权出让、租赁、转让所涉及的出让金、租金、转让费和土地使用费的付款收据。

（4）全部转让土地的批准文件、合同和国有土地使用证。

（5）与土地/场地使用权有关的协议和批准文件（如土地使用权出让合同、转让合同、租赁协议、抵押协议、划拨土地的划拨文件等）。

（6）上述土地使用权的评估文件。

（7）上述土地使用权的抵押和任何载有约束性条款的文件。

2．房产

（1）公司所有的房屋所有权证清单，包括房屋所有权证证号、房屋坐落、面积、用途、所有权人、幢数。

（2）公司房屋所有权和使用权证书或其他证明文件。

（3）与房屋有关的协议（如房屋购买、租赁协议及与房屋租赁相关的租赁

登记文件、业主的租赁许可及不动产权证、房屋抵押协议和抵押登记证明）。

（4）支付房屋房款或租金的收据。

（5）公司拥有、占有或使用土地和房屋的示意图。

（6）上述房产的评估文件。

（7）上述房产权利的抵押和任何载有约束性条款的文件。

（8）确认提供的房屋所有权证上所列的内容与现状是否相符。如有变更（如房屋已拆除，或出售）而未在房屋所有权证上做记录的，需以列表的方式证明变更情况，包括幢号、面积、变更原因、变更时间。

（9）公司目前是否有在建工程，如有，需提供相关建设用地规划许可证、建设工程规划许可证、不动产权证、开工许可证及竣工验收证明等相关文件。

3.3.5　公司财务状况及重大债权债务的相关资料

（1）公司开设账户（包括外汇账户）的银行清单，包括银行名称、地址及所提供贷款的全部合同文件及上述贷款担保人的情况及担保文件。

（2）公司债权总额及清单，具体包括以下内容。

①重大债权清单（金额为人民币 50 万元以上，包括欠款方名称、欠款额、到期日、追讨情况和有无抵押、担保）及相关合同，包括但不限于未在账目中披露的所有债权。

②公司重大债务清单（金额为人民币 50 万元以上，包括债权方名称、到期日、尚未清偿的数额、债权人追讨情况和有无抵押、担保）及有关合同，包括但不限于以下情况。

a. 如有目前尚未清偿完毕的银行或其他金融机构（包括境内外金融机构和企业）的借款，需提供所有借款合同（包括人民币或外币借款）或相关非正式协议、文件，并提供一份这些合同或文件的清单。

b. 公司作为担保方而且目前尚未解除担保义务的，就公司的全部或部分资产、财产、业务订立或设立的可能影响公司全部或部分资产、财产、业务的所有抵押、留置、质押或其他担保协议和文件，担保合同所对应的所有主合同，及有关上述担保权益在政府机构登记的有关文件。另外，需列出担保合同清单。

c. 未在公司账目中显示的其所欠的所有债务的详情。

（3）公司债权债务文件清单及相关文件。

（4）公司提供担保总额、清单及相关文件。

（5）公司设定抵押总额、清单及相关文件。

（6）公司国外贷款合同文件。

（7）国家外汇管理局对公司外汇担保和贷款的批文。

（8）公司有关债权债务争议的有关文件（如有）。

（9）独立注册会计师就公司财务管理制度、会计制度、外汇支出及其他有关重大财务问题的信函，以及公司相应的回复（如有）。

（10）近三年经审计后的公司财务报告（包括资产负债表、利润表等）及利润分配和亏损弥补方案等。如果没有，则提供未经审计的财务报告及相关资料。

（11）公司拥有的所有相关的不动产及其他有形或无形资产的评估报告（如有）。

（12）外债登记证（包括外债签约情况表及外债变动反馈表）、对外担保登记书、对外担保反馈表及外汇（转）贷款登记证（如有）。

3.3.6　公司合同的相关资料

（1）公司正在履行的重大合同清单（金额在 50 万元以上的）。

（2）已履行完毕但存在争议的合同清单（包括签约方、合同名称、标的）。

（3）金额、合同期限、重大事项、合同履行情况、相关争议等主要情况说明及合同副本。

（4）有关租赁、信贷、担保、抵押或赔偿的合同、其他财务协议。

（5）有关提供设施和服务的合同。

（6）有关代理、经销、专营权、特许或限制性交易的合同。

（7）任何载有非正常条款（包括非正常负担或非正常市场价格）的合同。

（8）以分期付款方式购买资产或重大设备的采购（或购置）合同。

（9）保险合同、保单、付款凭证。

（10）公司近三年前十名交易对象的清单及交易情况说明。

（11）一般/标准销售、采购合同样本。

（12）有关进出口业务的文件、进出口代理商的名称及与该等代理商签订的有关合同、有关产品或原料的资料及大致年销售额。

（13）近三年前十大供应商（及其各自所占总供应量的百分比）、前十大客户（及其各自所占总销售额的百分比）及所有经销商和代理商和其他代理人的名单。

（14）与同业竞争方签订的有关定价协议或其他合作、联盟协议。

（15）战略合作协议（投资协议、代购协议、合作协议或联营协议）清单及所有合同（如有）。

（16）近三年公司与代工企业签署的购销合同清单及典型合同样本（如有）。

（17）承包、管理、顾问协议。

（18）原材料供应及基础服务协议。

（19）现行有效的与水、电、气、热等公共设施管理部门签订的公共设施服务协议。

（20）运输协议。

（21）技术转让、技术合作、技术研究和开发、技术服务等合同或协议。

（22）现行有效的技术许可或技术进出口合同及登记/备案文件。

（23）知识产权（著作权、商标、专利、域名、非专利专有技术）实施、许可、使用、转让或其他相关协议。

（24）保密协议。

（25）重大建设/建筑合同。

（26）收购、合并或出售公司权益、业务或资产的合同或协议。

（27）其他含有非正常条款的合同或协议。

（28）其他对公司有重大影响的合同、协议或其他书面文件及公司认为应提供的其他文件。

（29）公司在非正常业务营运中订立的重大合同、协议和意向书；公司的合同管理制度说明和有关文件。

3.3.7 公司无形资产的相关资料

（1）公司专利权、非专利技术、商标权、著作权、特许权等无形资产的取得文件或资料（包括各项证书、受让或许可协议等）。

（2）企业合并形成的商誉的相关资料。

3.3.8 公司业务情况

（1）公司主要产品所在行业国际国内情况及发展前景。

（2）公司所在行业的国际国内主要竞争对手及各自的市场占有率情况。

（3）公司主要业务的核心技术及公司的竞争优势。

3.3.9 公司税务的相关资料

（1）公司适用的税种、税率及缴纳和欠税情况说明。

（2）过去三年中公司所做的纳税或减免税证明的详细情况（包括外国和我国中央及地方征收的一切税种）。

（3）适用于公司的有关税务待遇、协定条例、政策声明、指示或通知等。

（4）税务机关关于公司过去三年完税的证明。

（5）公司过去三年因税务问题而受到的任何处分和处罚的情形。

（6）公司享受税收优惠待遇的详情及有关批文，以及对近期已进行或将进行的国家税制改革已经或将对公司税务产生的影响及分析。

3.3.10　关联交易和同行竞争的相关资料

（1）公司与其关联企业的关联交易的内容、数量和金额。

（2）公司为其董事或关联方做出的贷款、承诺或担保。

（3）任何董事或关联方可享受到任何利益的公司合同。

（4）过去三年与任何董事或关联方之间转让资产的详细情况。

（5）公司向其董事、子公司或联营公司所做的任何贷款或担保的详细情况。

（6）过去三年中公司与任何董事和各子公司之间的任何资产或财产转让的详细情况。

（7）过去三年中公司与各子公司之间签订的任何委托、买卖、许可、租赁等方面的协议。

（8）公司与股东、公司内部各子公司之间同业竞争情况的书面说明。

（9）公司对可以预见到的、公司上市后将持续进行的关联交易作了详细说明。

3.3.11　信息披露文件

（1）公司历年经审计的财务报告。

（2）其他信息披露文件。

3.3.12　环境保护的相关资料

（1）公司的环境影响评价报告书/表及环境保护主管部门对环境影响评价报告的批复。

（2）公司的下列证件。

①排污许可证。

②环境保护设施合格证。

③排污标准合格证。

④环境监测报告。

⑤排污费缴纳凭证。

⑥大气污染、噪声污染、工业固体废物申报登记文件（如有）。

（3）如公司最近三年有新建或改建项目，需提供环境保护部门对这些项目的环境影响报告书/表的审批文件。如前述项目中有已完工的，需提供有关环保部门对该项目环保设施的验收文件。

（4）如公司在最近三年改装或拆除有关防治污染设施、设备，需提供有关环保部门的批准验收文件。

（5）确认公司最近三年是否有因违反环保法律、法规或涉及环保问题而已经发生、正在发生或有明显迹象表明可能发生诉讼、仲裁、行政调查或罚款。如有，需提供有关文件（如行政处罚通知书、判决书、裁决书）。

3.3.13 产品生产的相关资料

（1）公司产品质量认证证明及证书（如有）。

（2）产品生产许可证或其他类似许可或登记证明（如有）。

（3）公司生产经营所遵循的强制性或自愿性的产品质量标准或其他生产性标准（包括国际、国内和行业标准等），并列出该标准的清单。

（4）确认公司最近三年是否受过技术监督部门的行政处罚。如有，需提供有关文件。

（5）公司产品的流程图，并详细说明产品的生产和制造的整个程序（从原材料的采购到产品出厂）。

（6）公司主要生产设施的清单，并说明其主要功能。

（7）公司产品需遵守国家或行业的定价政策。

3.3.14 竞争与前景的相关资料

公司已面临和将面临的国内外市场上的主要同业竞争对手的名单、情况及其经营资料。

3.3.15 其他资料

（1）公司劳动和人事管理制度，包括职工工资管理、医疗保险、养老保险、职工劳动合同、各项规章制度等文件。

（2）公司社会保险缴纳证明及支付凭证。

（3）关于环保政策或法律法规执行的情况及环保主管部门的批文或处罚。

（4）公司受到有关部门行政处罚的文件（如有）。

（5）公司及其下属企业的完整结构图，包括所有子公司、分公司及其法定代表人，以及非法人企业和组织。结构图应标明控股及持股关系、持股份额、其他持股人名称及持股数量（如有）。

（6）公司的介绍性资料，包括其历史发展、重大事件，公司的生产制度、品质控制制度、管理制度、销售途径、市场营销策略、客户情况、产品定价策略、原材料的采购政策、研发政策、培训制度、产品介绍、公告及公司评级或排行等资料。

（7）确认公司是否加入任何强制性或自愿性质的行业协会或类似组织，如有，请说明详情并提供相关的资料。

（8）公司正在进行或将进行的主要投资项目的详情（包括项目立项批文、意向书、可行性研究报告及相关合同）。

（9）公司所知的可能会对其未来业务或前景产生实质性影响（不论积极或消极的）的将出台的国家政策、法律法规或其他信息。

（10）公司过去三年以及未来三年的营业计划，包括公司的规模、资产及业务的拓展计划和可行性探讨。

（11）公司股东的有关情况（如果其为公司），包括但不限于各股东的营业执照、重要批准文件、公司章程及其历次修改、股东间的协议、股东公司的董事名单等。

（12）公司与其直接股东及其最终获益股东之间的股权关系结构图。

3.3.16　财务报表的相关资料

（1）资产负债表。

（2）利润表。

（3）现金流量表。

（4）所有者权益变动表（或股东权益变动表）。

（5）财务报表附注。

3.4　AI 赋能财务尽职调查流程优化

3.4.1　AI 在业务承接和计划阶段的赋能

1. 智能客户筛选与风险评估

在项目启动初期，AI 系统已能完成传统需要 3~5 天的客户背景调查：

NLP 客户画像构建：某平台对目标企业的新闻报道、裁判文书等非结构化数据进行深度挖掘。当分析某新能源企业时，系统自动识别出其供应商集中度风险——前五大供应商占比超过 80%，这个关键指标未被企业招股书充分披露。

历史案例智能匹配：通过机器学习模型，系统可将目标企业与过去 500 个尽调案例进行特征比对。某金融机构在收购科技公司时，AI 发现标的公司与历史爆雷案例存在 7 项相似特征，包括研发投入资本化率异常、关联交易占比高等，促使审计团队启动深度调查。

动态风险评分模型：整合 200 + 风险因子的评分系统，可输出从 A 到 F 的六档风险评级。某案例显示，AI 对某零售企业的财务粉饰概率评分达 89%，经人工复核确认其存在收入跨期确认问题，涉及金额超千万元。

两者之间的效率比较，如表 3-1 所示。

表 3-1　传统人工筛选与 AI 筛选效率对比

指标	传统方式（小时）	AI 方式（小时）	提升幅度
客户背景分析	72	45	37.5%
风险评分	24	15	37.5%
历史案例匹配	48	30	37.5%

2. 自动化项目规划

AI 正在将项目计划制定从经验驱动转向数据驱动，AI 项目规划流程如图 3-2 所示。

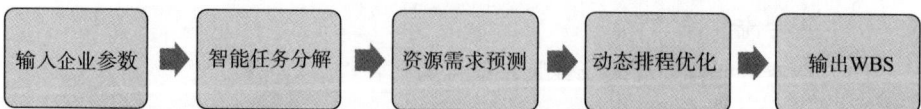

输入企业参数 ➡ 智能任务分解 ➡ 资源需求预测 ➡ 动态排程优化 ➡ 输出WBS

图 3-2　AI 项目规划流程

智能任务分解：输入企业行业、规模等参数后，系统可自动生成包含 50~

80 个标准任务的尽调清单。某跨行业并购项目中，AI 生成的 WBS 与资深项目经理制定的方案吻合度达 92%，耗时从 72 小时缩短至 45 分钟。

资源需求预测：通过历史工时数据库，系统可预测各任务所需人力。某金融机构的跨境尽调中，AI 准确预估出需要 3.5 名税务专家，与实际配置完全一致。

动态排程优化：考虑人员技能矩阵与任务依赖关系，系统生成最优排程方案。某项目应用后，尽调周期压缩 22%，同时避免出现 5 名会计师同时处理同一份报表的资源配置失衡。

3．文档自动预处理

在正式工作启动前，AI 已完成 60% 的基础文档处理：

智能文件分类：某系统可在 1 小时内完成 5 000 份文件的自动归类，准确率达 98%。当处理某集团合并报表时，系统自动将 36 份子公司财报按行业特性分入不同分析池。

完整性智能校验：通过比对行业标准模板，AI 可识别缺失文件。某 IPO 尽调中，系统发现缺少关键设备采购合同，促使审计团队提前要求补充资料，避免后期返工。

文档处理效率的提升，如表 3-2 所示。

表 3-2　文档处理效率提升

任务类型	传统方式（小时）	AI 方式（小时）	效率提升
文件分类	8	1	87.5%
完整性检查	6	0.5	91.7%
数据提取	12	2	83.3%

3.4.2　AI 在执行尽职调查程序阶段的赋能

1．财务数据分析智能化

传统需要 2 周的财务分析，AI 系统可在 3 天内完成深度挖掘，AI 财务分析功能模块具体如图 3-3 所示。

图 3-3　AI 财务分析功能模块

自动化比率计算：某平台可实时计算 200 余项财务指标，并生成动态趋势图。当分析某制造业企业时，系统自动标记出存货周转率同比下降 37% 的异常波动，提示潜在减值风险。

异常交易识别：应用 Benford 定律检测财务数据异常。某案例显示，系统从 20 万条费用报销记录中，锁定 37 笔首数字不符合统计规律的可疑记录，经查实涉及虚假差旅费报销，金额达 85 万元。

现金流预测模型：整合宏观经济指标的企业专属预测模型。某零售企业在 AI 预警库存周转天数将增加 45 天后，及时调整采购策略，避免存货减值损失 1 200 万元。

2. 非结构化数据处理

AI 正在打开"文件黑箱"，释放非结构化数据的价值，具体的流程如图 3-4 所示。

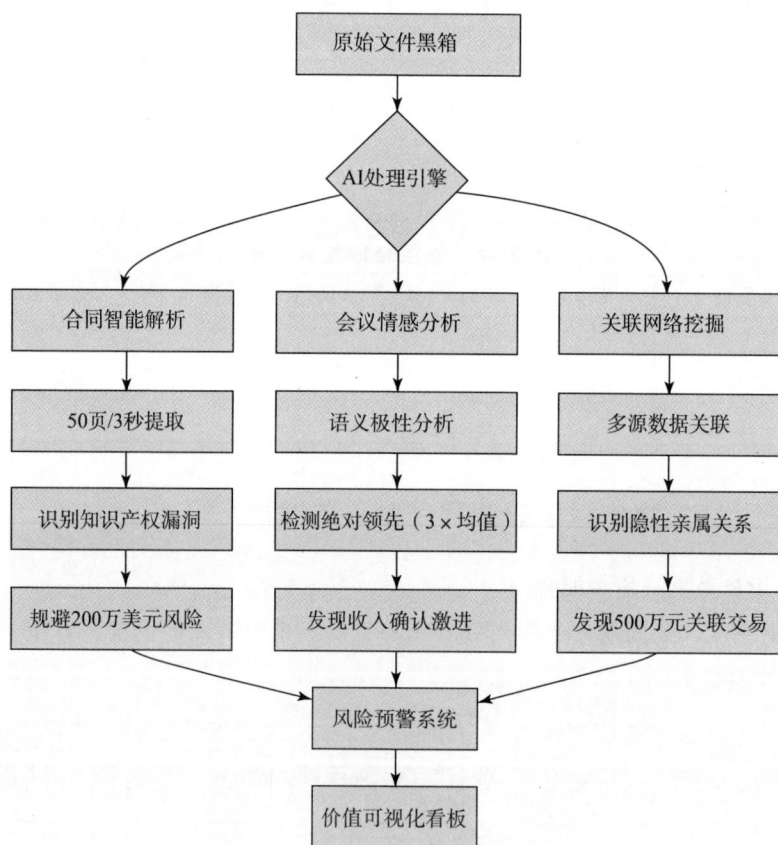

图 3-4　AI 释放非结构化数据流程

合同条款智能解析：某 NLP 系统可 3 秒提取 50 页合同中的关键条款。在并购某科技企业时，系统发现知识产权归属条款存在地域限制漏洞，避免潜在的跨境法律风险，涉及赔偿金额可能达 200 万美元。

会议纪要情感分析：通过语义极性判断管理层风险偏好。某案例中，系统预警某企业 CFO 在电话会议中过度使用乐观表述（如"绝对领先"出现频次达行业均值 3 倍），后续证实其存在收入确认激进问题。

关联方网络构建：从邮件、通话记录中挖掘隐性关系。某调查发现，某企业财务总监与供应商法定代表人存在亲属关系，这条线索未被传统尽调发现，涉及关联交易金额达 500 万元。

3．实时动态调整机制

AI 使尽调过程具备"自动驾驶"能力。

进度智能监控：实时显示任务完成度热力图。某跨国项目应用后，团队负责人可随时查看 23 个并行走访城市的进度偏差，及时调配资源。

风险预警联动：当检测到重大异常时自动升级处理。某案例中，系统发现企业银行存款存在 23 笔未达账项，立即触发高级别复核流程，最终发现 380 万元资金挪用。

资源动态调配：基于工作量预测的智能调度。某项目在发现应收账款函证耗时超预期时，系统自动从低优先级任务抽调 2 名人员，确保整体进度不受影响。

3.4.3　AI 在报告阶段的赋能

1．智能报告生成体系

AI 正在重塑报告生产范式。

可视化自动生成：某系统可将财务数据转化为交互式仪表盘，用户点击营收柱状图即可查看区域分布详情。某跨国企业年报生成时间从 15 天缩短至 3 天，图表错误率下降 90%。

多语言智能转换：支持中英日等 8 种语言的自动互译，专业术语准确率达 95%。某海外并购项目中，AI 生成的英文版尽调报告通过律所审核，节省翻译成本 8 万美元。

模板智能适配：根据企业类型自动匹配监管要求。某科创板企业尽调报告生成时，系统自动增加研发投入归集合规性说明模块，避免监管问询。

报告生成流程的对比，如表 3-3 所示。

表 3-3　报告生成流程的对比

环节	传统方式（小时）	AI 方式（小时）	效率提升
数据整理	20	2	90%
报告撰写	30	5	83.3%
校对审核	15	1	93.3%

2. 自动化质控体系

AI 构建起三重质量防线：

数据一致性检查：某系统发现企业合并报表中少数股东损益计算错误，误差金额达 380 万元，这个差异未被传统审计发现。

逻辑矛盾检测：当资产负债表与现金流量表间接法存在 1.2% 的勾稽差异时，系统自动触发预警，避免监管处罚风险。

合规性自动验证：比对最新会计准则与监管要求。某案例中，AI 发现企业收入确认时点早于控制权转移节点，涉及调整金额超千万元。

质控体系的三层架构如图 3-5 所示。

数据层校验　➡　逻辑层检测　➡　合规层验证

图 3-5　质控体系的三层架构

3. 智能问答系统

报告使用效率因 AI 获得质的飞跃：

摘要自动生成：100 页报告可浓缩为 3 页关键结论，重要风险标注准确率达 93%。某投资者使用该功能后，决策时间缩短 60%。

问题快速定位：用户询问"关联交易风险点"时，系统自动跳转至第 17 页相关段落，并提示 4 项需重点关注的合同条款。

假设情景模拟：输入"如果毛利率下降 5 个百分点"的假设，系统可实时展示对净利润、现金流等指标的级联影响，支持管理层决策。

3.4.4　AI 赋能的流程优势总结

1. 效率跃升的量化证据

时间成本压缩：全流程耗时从传统平均 92 天缩短至 38 天（某会计师事务所年度对比数据），项目交付速度提升 142%。

人力配置优化：初级人员工作量减少 60%，专家资源集中用于战略风险研判，人均产出提升 3 倍。

响应速度提升：临时增加分析维度所需时间从 3 天降至 4 小时，客户满意度提高 40%。

2. 质量改进的实证数据

分析深度倍增：某系统可处理的数据维度是人工的 23 倍，发现隐性关联交易的概率提升 78%。

错误率断崖下降：基础计算错误率从 1.2% 降至 0.03%，复杂判断类错误减少 45%。

合规达标率提升：监管问询回复准确率从 88% 提升至 99.2%，避免潜在法律风险。

3. 价值创造的乘数效应

商业洞察增强：某系统通过行业对标分析，发现客户流失率与应收账款账期存在 0.73 的相关性，促使企业调整信用政策，坏账率下降 22%。

决策支持升级：AI 预警的供应商集中度风险，使某企业提前 6 个月启动供应链重构，避免断供损失 4 500 万元。

知识沉淀加速：系统自动生成的尽调案例库，使新人培训周期从 6 个月缩短至 1.5 个月，知识传递效率提升 75%。

4. 现实局限与突破路径

技术边界警示：当前 AI 对商业实质的理解仍存在局限，如无法判断关联交易定价是否公允，这类问题仍需人工介入。

人机协作范式：最佳实践显示，AI 处理数据验证类任务效率是人工的 17 倍，但在会计估计（如减值测试）领域仍需专家主导。

伦理风险防控：某案例显示，算法对中小企业的风险评分存在地域偏见，经修正后准确率提升 19 个百分点，需持续优化算法公平性。

技术局限与突破路径矩阵如表 3-4 所示。

表 3-4　技术局限与突破路径矩阵

局限领域	突破路径	进度
商业实质理解	行业知识图谱嵌入	65%
会计估计判断	人机协同决策模型	40%
算法公平性	偏见检测与修正算法	78%

第 4 章　AI 对财务尽职调查内容的变革与赋能

4.1　公司基本情况

4.1.1　设立与发展历程

1．设立的合法性

取得公司设立时的政府批准文件、营业执照、公司章程、合资协议、评估报告、审计报告、验资报告、工商登记文件等资料，核查其设立程序、工商注册登记的合法性、真实性。

2．历史沿革情况

查阅公司历年营业执照、公司章程及历次修改情况、工商登记与工商年检等资料，了解其历史沿革情况。

3．股东出资情况

（1）了解公司名义股东与实际股东是否一致。

（2）关注自然人股东在公司的任职情况，以及其亲属在公司的投资、任职情况。

（3）查阅股东出资时的验资资料，调查股东的出资是否及时到位，出资方式是否合法，是否存在出资不实、虚假出资、抽逃出资等情况。

（4）核查股东是否合法拥有出资资产的产权、出资资产权属是否存在纠纷或潜在纠纷，以及其出资资产的产权过户情况。对以实物、知识产权、土地使用权等非现金资产出资的，应查阅资产评估报告；对以高新技术成果出资入股的，应查阅相关管理部门出具的高新技术成果认定书。

4．主要股东情况

（1）了解股东直接持股和间接持股的情况。

（2）了解主要股东（公司股东）的主营业务、股权结构、生产经营等情况；

主要股东之间的关联关系或一致行动情况及相关协议；主要股东所持公司股份的质押、冻结和其他限制权利的情况；控股股东和受控股股东、实际控制人支配的股东持有的公司股份重大权属纠纷情况；主要股东和实际控制人最近三年内变化情况或未来潜在变动情况。

（3）调查主要股东是否存在影响公司正常经营管理、侵害公司及其他股东的利益、违反相关法律法规等情形。

5．重大股权变动情况

（1）查阅与公司重大股权变动相关的股东会、董事会、监事会（以下简称"三会"）的文件以及政府批准文件、评估报告、审计报告、验资报告、股权转让协议、工商变更登记文件等，核查公司历次增资、减资、股东变动的合法、合规性。

（2）核查公司股本总额、股东结构和实际控制人是否发生重大变动。

6．重大重组情况

（1）了解公司设立后发生的合并、分立、收购或出售资产、资产置换、重大增资或减资、债务重组等重大重组事项。

（2）取得重大重组事项三会决议、重组协议文件、政府批准文件、审计报告、评估报告、中介机构专业意见、债权人同意债务转移的相关文件、重组相关的对价支付凭证和资产过户文件等资料。

（3）分析重组行为对公司业务、控制权、高管人员、财务状况和经营业绩等方面的影响，判断重组行为是否导致公司主营业务和经营性资产发生实质变化。

4.1.2　组织结构、公司治理及内部控制

1．公司章程

（1）查阅公司章程，调查其是否符合《中华人民共和国公司法》（以下简称《公司法》）、《中华人民共和国证券法》（以下简称《证券法》）及证监会和交易所的有关规定。

（2）关注董事会授权情况是否符合规定。

2．组织结构

（1）取得公司内部组织结构图。

（2）考察总部与分（子）公司、董事会、专门委员会、总部职能部门与分（子）公司内部控制决策的形式、层次、实施和反馈的情况，分析评价公司组织

运作的有效性。

（3）判断公司组织机构是否健全、清晰，其设置是否体现分工明确、相互制约的治理原则。

3．三会设立及职责履行

取得公司治理制度规定，包括三会议事规则、董事会专门委员会议事规则、总经理工作制度、内部审计制度等文件资料；核查公司是否依法建立了健全的股东大会、董事会、监事会、独立董事、董事会秘书制度；了解公司董事会、监事会，以及战略、审计、提名、薪酬与考核等专门委员会的设置情况，及公司章程中规定的上述机构和人员依法履行的职责是否完备、明确。

4．独立性情况

（1）查阅公司的相关资料，结合公司的生产、采购和销售记录实地考察其供、产、销系统，调查分析公司是否具有完整的业务流程、独立的生产经营场所以及独立的采购、销售系统，调查分析其对供、产、销系统和下属公司的控制情况。

（2）计算公司关联采购额和关联销售额分别占其同期采购总额和销售总额的比例，分析是否存在影响公司独立性的重大或频繁的关联交易，判断其业务独立性。

（3）对于商标权、专利权、版权、特许经营权等无形资产以及房产、土地使用权、主要生产经营设备等主要财产，调查公司是否具备完整、合法的财产权属凭证以及是否实际占有；调查商标权、专利权、版权、特许经营权等的权利期限情况，核查这些资产是否存在法律纠纷或潜在纠纷；调查金额较大、期限较长的其他应收款、其他应付款、预收及预付账款产生的原因及交易记录、资金流向等；调查公司是否存在资产被控股股东或实际控制人及其关联方控制和占用的情况，判断其资产独立性。

（4）调查公司高管人员是否在控股股东、实际控制人及其控制的其他企业中担任除董事、监事以外的其他职务，公司财务人员是否在控股股东、实际控制人及其控制的其他企业中兼职，高管人员是否在公司领取薪酬，是否在控股股东、实际控制人及其控制的其他企业领取薪酬；调查公司员工的劳动、人事、工资报酬以及相应的社会保障是否独立管理，判断其人员独立性。

（5）调查公司是否设立独立的财务会计部门、建立独立的会计核算体系，具有规范的财务会计制度和对分公司、子公司的财务管理制度，是否独立进行财务决策、独立在银行开户、独立纳税等，判断其财务独立性。

（6）调查公司的机构是否与控股股东或实际控制人完全分开且独立运作，是否存在混合经营、合署办公的情形，是否完全拥有机构设置自主权等，判断其机构独立性。

5．独立董事制度

（1）核查公司是否建立独立董事制度，并判断公司独立董事制度是否合规。

（2）核查公司独立董事的任职资格、职权范围等是否符合相关部门的有关规定。

6．业务控制

（1）与公司相关业务管理及运作部门进行沟通，查阅公司关于各类业务管理的相关制度规定，了解各类业务循环过程，评价公司的内部控制措施是否有效实施。

（2）调查公司是否接受过政府审计及其他外部审计，如有，核查该审计报告所提问题是否已得到有效解决。

（3）调查公司报告期及最近一期的业务经营操作是否符合监管部门的有关规定，是否存在因违反工商、税务、审计、环保、劳动保护等部门的相关规定而受到处罚的情形及对公司业务经营、财务状况等的影响，并调查该错误是否已改正，不良后果是否已消除。

（4）对公司已发现的由风险控制不力导致的损失事件进行调查，了解事件发生过程及对公司财务状况、经营业绩的影响，了解该业务环节内部控制制度的相关规定及有效性，事件发生后公司所采取的紧急补救措施及效果，追踪公司针对内控的薄弱环节所采取的改进措施及效果。

7．会计管理控制

（1）核查公司以下内容：会计管理是否涵盖所有业务环节；是否制定了专门的、操作性强的会计制度；各级会计人员是否具备了专业素质；是否建立了持续的人员培训制度；有无控制风险的相关规定；会计岗位设置是否贯彻"责任分离、相互制约"原则；是否执行重要会计业务和电算化操作授权规定；是否按规定组织对账等。

（2）评价公司会计管理内部控制的完整性、合理性及有效性。

4.1.3　同业竞争与关联交易

1．同业竞争

分析公司、控股股东或实际控制人及其控制的企业的财务报告及主营业务构成等相关数据，必要时取得上述单位的相关生产、库存、销售等资料，并通过询问公司及其控股股东或实际控制人、实地走访生产或销售部门等方法，调查公司控股股东或实际控制人及其控制的企业实际业务范围、业务性质、客户对象、与公司产品的可替代性等情况，判断是否构成同业竞争，并核查公司控股股东或实际控制人是否对避免同业竞争做出承诺以及承诺的履行情况。

2. 关联方与关联方关系

（1）通过与公司高管人员谈话、咨询中介机构、查阅公司及其控股股东或实际控制人的股权结构和组织结构、查阅公司重要会议记录和重要合同等方法，按照《公司法》和企业会计准则的规定，确认公司的关联方及关联方关系，调档查阅关联方的工商登记资料。

（2）调查公司高管人员及核心技术人员是否在关联方单位任职、领取薪酬，是否存在由关联方单位直接或间接委派等情况。

3. 关联交易

（1）核查关联交易是否符合相关法律法规的规定，是否按照公司章程或其他规定履行了必要的批准程序。

（2）核查定价依据是否充分，定价是否公允，与市场交易价格或独立第三方价格是否有较大差异及其原因，是否存在明显属于单方获利性交易。

（3）计算向关联方销售产生的收入占公司主营业务收入的比例、向关联方采购额占公司采购总额的比例，分析是否达到了影响公司经营独立性的程度。

（4）计算关联方的应收、应付款项余额分别占公司应收、应付款项余额的比例，关注关联交易的真实性和关联方应收款项的可收回性。

（5）分析关联交易产生的利润占公司利润总额的比例是否较高，是否对公司业绩的稳定性产生影响。

（6）调查关联交易合同条款的履行情况，以及有无大额销售退回情况及其对公司财务状况的影响。

（7）分析关联交易的偶发性和经常性。对于购销商品、提供劳务等经常性关联交易，分析增减变化的原因及是否仍将持续进行，关注关联交易合同重要条款是否明确且具有可操作性以及是否切实得到履行；对于偶发性关联交易，分析对当期经营成果和主营业务的影响，关注交易价格、交易目的和实质，评价交易对公司独立经营能力的影响。

4.1.4　业务发展目标

1. 发展战略

取得公司中长期发展战略的相关文件，包括战略策划资料、董事会会议纪要、战略委员会会议纪要、独立董事意见等相关文件，分析公司是否已经建立清晰、明确、具体的发展战略，包括战略目标，实现战略目标的依据、步骤、方式、手段及各方面的行动计划。

2. 经营理念和经营模式

了解公司的经营理念和经营模式，分析公司经营理念、经营模式对公司经营管理和发展的影响。

3. 历年计划执行及实现情况

取得公司历年发展计划、年度报告等资料，调查各年计划的执行和实现情况，分析公司高管人员制定经营计划的可行性和实施计划的能力。

4. 业务发展目标

（1）取得公司未来 2～3 年的发展计划和业务发展目标及其依据等资料，调查未来行业的发展趋势和市场竞争状况，并通过与高管人员及员工、主要供应商、主要销售客户谈话等方法，调查公司未来发展目标是否与公司发展战略一致。

（2）分析公司在管理、产品、人员、技术、市场、投融资、并购、国际化等方面是否制定了具体的计划，这些计划是否与公司未来发展目标相匹配，是否具备良好的可实现性。

（3）分析公司未来发展目标实施过程中存在的风险，如是否存在不当的市场扩张、过度的投资等。

（4）分析公司未来发展目标和具体计划与公司现有业务的关系。如果公司实现上述计划涉及与他人合作，核查公司的合作方及相关合作条件。

4.1.5　高管人员调查

1. 任职情况及任职资格

通过查阅有关三会文件、公司章程等，了解高管人员任职情况，核查相关高管人员的任职是否符合法律法规规定的任职资格，聘任是否符合公司章程规定的任免程序和内部人事聘用制度；调查高管人员相互之间是否存在亲属关系。对于高管人员任职资格需经监管部门核准或备案的，应获得相关批准或备案文件。

2. 经历及行为操守

（1）通过与多位高管人员谈话、查阅有关高管人员个人履历资料、查询高管人员曾担任其他上市公司的财务及监管记录、咨询主管机构、与中介机构和公司员工谈话等方法，调查了解高管人员的教育经历、专业资历以及是否存在违法、违规行为或不诚信行为，是否存在受到处罚和对曾任职的破产企业负个人责任的情况。

（2）取得公司与高管人员所签订的协议或承诺文件，关注高管人员做出的重要承诺，以及有关协议或承诺的履行情况。

3. 薪酬和兼职情况

（1）调查公司为高管人员制定的薪酬方案、股权激励方案。

（2）调查高管人员在公司内部或外部的兼职情况，分析高管人员兼职情况是否会对其工作效率、质量产生影响。关注高管人员最近一年从公司及其关联企业领取收入的情况，以及所享受的其他待遇、退休金计划等。

4. 报告期内高管人员变动情况

了解报告期内高管人员的变动情况，内容包括但不限于变动经过、变动原因，是否符合公司章程规定的任免程序和内部人事聘用制度、程序，控股股东或实际控制人推荐高管人选是否通过合法程序，是否存在控股股东或实际控制人干预公司董事会和股东大会已经做出的人事任免决定的情况等。

5. 高管人员持股及其他对外投资情况

（1）取得高管人员的声明文件，调查高管人员及其近亲属以任何方式直接或间接持有公司股份的情况，近三年所持股份的增减变动以及所持股份的质押或冻结情况。

（2）调查高管人员的其他对外投资情况，包括持股对象、持股数量、持股比例以及有关承诺和协议；核查高管人员及其直系亲属是否存在自营或为他人经营与公司同类业务的情况，是否存在与公司利益发生冲突的对外投资，是否存在重大债务负担。

4.1.6 风险因素及其他重要事项

1. 风险分析与评价

（1）多渠道了解公司所在行业的产业政策、未来发展方向。

（2）分析对公司业绩和持续经营可能产生不利影响的主要因素以及这些因

素可能带来的主要影响。对公司影响重大的风险，应进行专项核查。

（3）评估公司采购、生产和销售等环节存在的经营风险，分析公司获取经常性收益的能力。

（4）调查公司产品（服务）的市场前景、行业经营环境的变化、商业周期或产品生命周期、市场饱和或市场分割、过度依赖单一市场、市场占有率下降等情况，评价其对公司经营是否产生重大影响。

（5）调查公司经营模式是否发生变化、经营业绩不稳定、主要产品或主要原材料价格波动、过度依赖某一重要原材料或产品、经营场所过度集中或分散等情况，评价其对公司经营是否产生重大影响。

（6）调查公司是否存在因内部控制有效性不足导致的风险、资金周转能力较差导致的流动性风险、现金流状况不佳或债务结构不合理导致的偿债风险、主要资产减值准备计提不足的风险、主要资产价值大幅波动的风险、非经常性损益或合并财务报表范围以外的投资收益金额较大导致净利润大幅波动的风险、重大担保或诉讼等或有事项导致的风险等情况，评价其对公司经营是否产生重大影响。

（7）调查公司是否存在财政、金融、税收、土地使用、产业政策、行业管理、环境保护等方面法律法规变化引致的风险，评价其对公司经营是否产生重大影响。

（8）调查是否存在可能严重影响公司持续经营的其他因素，如自然灾害、安全生产、汇率变化、外贸环境变化、担保、诉讼和仲裁等情况，评价其对公司经营是否产生重大影响。

2．重大合同

核查公司的重大合同是否真实、是否均已提供，并核查合同条款是否合法、是否存在潜在风险。对于公司有关内部订立合同的权限规定，核查合同的订立是否履行了内部审批程序、是否超越权限决策，分析重大合同履行的可能性，关注不能履约、违约等事项对公司产生或可能产生的影响。

4.2　业务与技术情况

4.2.1　行业及竞争概况

1．行业类别

根据公司主营业务确定其所属行业。

2. 行业宏观政策

收集行业主管部门制定的发展规划、行业管理方面的法律法规及规范性文件，了解行业监管体制和政策趋势。

3. 行业概况及竞争情况

了解公司所属行业的市场环境、市场容量、市场细分、市场化程度、进入壁垒、供求状况、竞争状况、行业利润水平和未来变动情况，判断行业的发展前景及行业发展的有利和不利因素，了解行业内主要企业及其市场份额情况，调查竞争对手情况，分析公司在行业中所处的竞争地位及变动情况。

4. 行业经营模式

（1）调查公司所处行业的技术水平及技术特点，分析行业的周期性、区域性或季节性特征。

（2）了解公司所属行业特有的经营模式，调查该行业采用的主要商业模式、销售模式与盈利模式。

5. 行业产品链

（1）分析该行业在产品价值链中的作用，通过对该行业与其上下游行业的关联度、上下游行业的发展前景、产品用途的广度、产品替代趋势等进行分析论证，分析上下游行业变动及变动趋势对公司所处行业的有利和不利影响。

（2）根据财务资料，分析公司出口业务情况，如果出口比例较大，调查相关产品进口国的有关进口政策、是否存在贸易摩擦，以及进口国同类产品的竞争格局等情况，分析出口市场变动对公司的影响。

4.2.2 采购情况

1. 市场供求

通过与采购部门人员、主要供应商沟通，查阅相关研究报告和统计资料等方法，调查公司主要原材料、重要辅助材料和所需能源动力的市场供求状况。

2. 采购模式

调查公司的采购模式，查阅公司产品成本计算单，定量分析主要原材料、所需能源动力价格变动、可替代性、供应渠道变化等因素对公司生产成本的影响，调查其采购是否受到资源或其他因素的限制。

3. 主要供应商

（1）取得公司主要供应商（至少前10名）的相关资料，计算最近三个会计年度公司向主要供应商的采购金额，及向其采购金额占公司同类原材料采购金额和总采购金额的比例（属于同一实际控制人的供应商，应合并计算采购额），判断是否存在严重依赖个别供应商的情况，如果存在，是否对重要原材料的供应做出备选安排。

（2）取得公司同前述供应商的长期供货合同，分析交易条款，判断公司原材料供应及价格的稳定性。

4．采购与生产的衔接

（1）调查公司采购部门与生产计划部门的衔接情况、原材料的安全储备量情况，关注是否存在严重的原材料缺货风险。

（2）计算最近几期原材料类存货的周转天数，判断是否存在原材料积压风险，实地调查是否存在残冷背次原材料。

5．存货相关制度

通过查阅制度文件、实地考察等方法，调查公司的存货管理制度及其实施情况，包括但不限于存货入库前是否经过验收、存货的保存是否安全，以及是否建立存货短缺、毁损的处罚或追索等制度。

6．关联采购

（1）与公司主要供应商沟通，调查公司高管人员、核心技术人员、主要关联方或持有公司 5% 以上股份的股东在主要供应商中所占权益的情况，判断是否发生关联采购。

（2）如果存在影响成本的重大关联采购，抽查不同时点的关联交易合同，分析不同时点的关联采购价格与当时同类原材料市场公允价格是否存在异常，判断关联采购的定价是否合理，是否存在大股东与公司之间的利润输送或资金转移情况。

4.2.3　生产情况

1．生产流程

取得公司生产流程资料，结合生产核心技术或关键生产环节，分析评价公司生产工艺、技术在行业中的领先程度。

2．生产能力

取得公司主要产品的设计生产能力和历年产量等有关资料并进行比较，与生产部门人员沟通，分析公司各生产环节是否存在瓶颈制约。

3．主要无形资产

（1）取得公司专利、非专利技术、土地使用权、水面养殖权、探矿权、采矿权等主要无形资产的明细资料，分析其剩余使用期限或保护期情况，关注其对公司生产经营的重大影响。

（2）取得公司许可或被许可使用资产的合同文件，关注许可使用的具体资产内容、许可方式、许可年限、许可使用费，分析未来对公司生产经营可能造成的影响；调查上述许可合同中，公司所有或使用的资产是否存在纠纷或潜在纠纷的情况。

（3）取得公司拥有的特许经营权的法律文件，分析特许经营权的取得、期限、费用标准等，关注对公司持续生产经营的影响。

4．成本优势分析

（1）查阅公司历年产品（服务）成本计算单，计算主要产品（服务）的毛利率、贡献毛利占当期营业利润的比重，与同类公司数据比较，分析公司较同行业公司在成本方面的竞争优势或劣势。

（2）分析公司主要产品的盈利能力，分析单位成本中直接材料、直接人工、燃料及动力、制造费用等成本要素的变动情况，计算公司产品的主要原材料、动力、燃料的比重，存在单一原材料所占比重较大的，分析其价格的变动趋势，并分析评价可能给公司销售和利润带来的重要影响。

5．生产质量管理

（1）与公司质量管理部门人员沟通、取得质量控制制度文件、实地考察，了解公司质量管理的组织设置、质量控制制度及实施情况。

（2）获取质量技术监督部门的文件，调查公司产品（服务）是否符合行业标准，报告期是否因产品质量问题受过质量技术监督部门的处罚。

6．生产安全管理

（1）取得公司安全生产及以往安全事故处理等方面的资料，调查公司是否存在重大安全隐患、是否采取保障安全生产的措施。

（2）调查公司成立以来是否发生过重大的安全事故以及受到处罚的情况，分析评价安全事故对公司生产经营、经营业绩可能产生的影响。

7．环保情况

（1）调查公司的生产工艺是否符合环境保护的相关法规，调查公司历年来在环境保护方面的投入及未来可能的投入情况。

（2）现场观察三废的排放情况，核查公司有无污染处理设施，若有，则分析其实际运行情况。

（3）调查公司是否存在因环保问题受到处罚的情况。

4.2.4　销售情况

1．销售模式及品牌情况

（1）了解公司的销售模式，分析其采用该种模式的原因和可能引致的风险。

（2）了解公司的市场认知度和信誉度，评价产品的品牌优势。

（3）了解市场上是否存在假冒伪劣产品，如有，调查公司的打假力度和维权措施实施情况。

2．产品的市场地位

（1）调查公司产品（服务）的市场定位、客户的市场需求状况，分析是否有稳定的客户基础等。

（2）搜集公司主要产品市场的地域分布和市场占有率资料，结合行业排名、竞争对手等情况，对公司主要产品的行业地位进行分析。

（3）搜集行业内产品定价的普遍策略和行业龙头企业的产品定价策略，了解公司主要产品的定价策略，评价其产品定价策略合理性。

（4）调查报告期公司产品销售价格的变动情况。

（5）获取或编制公司报告期按区域分布的销售记录，调查公司产品（服务）的销售区域，分析公司销售区域局限化现象是否明显，产品的销售是否受到地方保护主义的影响。

3．主要客户

（1）获取或编制公司报告期对主要客户（至少前 10 名）的销售额（属于同一实际控制人的销售客户，应合并计算销售额）占年度销售总额的比例及回款情况，分析是否过分依赖某一客户。

（2）分析公司主要客户的回款情况，是否存在以实物抵债的现象。

（3）如果存在会计期末销售收入异常增长的情况，追查相关收入确认凭证，判断是否属于虚开发票、虚增收入的情形。

4．关联销售

（1）调查主营业务收入、其他业务收入中是否存在重大的关联销售，关注高管人员和核心技术人员、主要关联方或持有公司 5% 以上股份的股东在主要客户中所占的权益。

（2）抽查不同时点的关联销售合同，分析不同时点销售价格的变动，并与同类产品当时市场的公允价格比较；调查上述关联销售合同中，产品最终实现销售的情况。如果存在异常，分析其对收入的影响，分析关联销售定价是否合理，是否存在大股东与公司之间的利润输送或资金转移现象。

4.2.5　技术及研发情况

1. 研发模式和机制

取得公司研发体制、研发机构设置、激励制度、研发人员资历等资料，调查公司的研发模式和研发系统的设置和运行情况，分析是否存在良好的技术创新机制，是否能够满足公司未来发展的需要。

2. 技术水平

（1）调查公司拥有的专利、非专利技术、技术许可协议、技术合作协议等，分析公司主要产品的核心技术，考察其技术水平、技术成熟程度、同行业技术发展水平及技术进步情况。

（2）对公司未来经营存在重大影响的关键技术，应当予以特别关注和专项调查。

3. 研发潜力

（1）取得公司主要研发成果、在研项目、研发目标等资料，调查公司历年研发费用占公司主营业务收入的比重、自主知识产权的数量与质量、技术储备等情况，对公司的研发能力进行分析。

（2）与其他单位合作研发的，应取得合作协议等相关资料，分析合作研发的成果分配、保密措施等问题。

4.3　财务情况

4.3.1　财务报告及相关财务资料

1. 财务报告核查及总体评价

（1）取得最近两年及一期的资产负债表、利润表及现金流量表。

（2）对财务报告及相关财务资料的内容进行审慎核查。

2. 合并、分部、参股事项的核查

（1）对于公司财务报表中包含的分部信息，应获取相关分部资料，进行必要的核查。

（2）对于纳入合并范围的重要控股子公司的财务状况，应同样履行充分的审慎核查程序。

（3）对于公司披露的参股子公司，应获取最近一年及一期的财务报告及审计报告（如有）。

3. 存在重要并购事项的特殊核查

如公司最近收购兼并其他企业资产或股权，且被收购企业资产总额或营业收入或净利润超过收购前公司相应项目 20% 的，应获得被收购企业收购前一年的利润表，并核查其财务情况。

4.3.2　会计政策与会计估计

1. 政策选择

通过查阅公司财务资料，并与相关财务人员和会计师沟通，核查公司的会计政策和会计估计的合规性和稳健性。

2. 变更影响

如公司报告期内存在会计政策或会计估计变更，重点核查变更内容、理由及对公司财务状况、经营成果的影响。

4.3.3　财务比率分析

1. 盈利能力分析

计算公司各年度毛利率、资产收益率、净资产收益率、每股收益等，分析公司各年度盈利能力及其变动情况，分析母公司报表和合并报表的利润结构和利润来源，判断公司盈利能力的持续性。

2. 偿债能力分析

计算公司各年度资产负债率、流动比率、速动比率、利息保障倍数等，结合公司的现金流量状况、在银行的资信状况、可利用的融资渠道及授信额度、表内负债、表外融资及或有负债等情况，分析公司各年度偿债能力及其变动情况，判断公司的偿债能力和偿债风险。

3. 营运能力分析

计算公司各年度资产周转率、存货周转率和应收账款周转率等，结合市场发展、行业竞争状况、公司生产模式及物流管理、销售模式及赊销政策等情况，分析公司各年度营运能力及其变动情况，判断公司经营风险和持续经营能力。

4. 综合评价

通过上述比率分析，与同行业可比公司的财务指标比较，综合分析公司的财务风险和经营风险，判断公司财务状况是否良好，是否存在影响持续经营的问题。

4.3.4 与损益有关的项目

1. 销售收入

（1）了解实际会计核算中该行业收入确认的一般原则以及公司确认收入的具体标准，判断收入确认具体标准是否符合企业会计准则的要求，是否存在提前或延迟确认收入或虚计收入的情况。

（2）核查公司在会计期末是否存在突击确认销售的情况，期末收到销售款项是否存在期后不正常流出的情况。

（3）分析公司经营现金净流量的增减变化情况是否与公司销售收入变化情况相符，关注交易产生的经济利益是否真正流入企业。

（4）取得公司收入的产品构成、地域构成及其变动情况的详细资料，分析收入及其构成变动情况是否符合行业和市场同期的变化情况。

（5）如公司收入存在季节性波动，应分析季节性因素对各季度经营成果的影响；参照同行业其他公司的情况，分析公司收入的变动情况及其与成本、费用等财务数据之间的配比关系是否合理。

（6）取得公司主要产品报告期价格变动的资料，了解报告期内的价格变动情况，分析公司主要产品价格变动的基本规律及其对公司收入变动的影响。

（7）关注公司销售模式对其收入核算的影响及是否存在异常，了解主要经销商的资金实力、销售网络、所经销产品对外销售和回款等情况。

（8）核查公司的产品销售核算与经销商的核算是否存在重大不符。

2. 销售成本与销售毛利

（1）根据公司的生产流程，搜集相应的业务管理文件，了解公司生产经营各环节成本核算的方法和步骤，确认公司报告期成本核算的方法是否保持一致。

（2）获取报告期主要产品的成本明细表，了解产品单位成本及构成情况，包括直接材料、直接人工、燃料和动力、制造费用等。如果报告期内主要产品单位成本大幅变动，应进行因素分析并结合市场和同行业企业情况判断其合理性。

（3）对照公司的工艺流程、生产周期和在产品历史数据，分析期末在产品余额的合理性，关注期末存货中在产品是否存在余额巨大等异常情况，判断是否存在应转未转成本的情况。

（4）计算公司报告期的利润率指标，分析其报告期内的变化情况并判断其未来变动趋势；与同行业公司进行比较分析，判断公司产品毛利率、营业利润率等是否正常，若存在重大异常，应进行多因素分析并进行重点核查。

3．期间费用

（1）取得销售费用明细表，结合行业销售特点、公司销售方式、销售操作流程、销售网络、回款要求、售后承诺（如无条件退货）等事项，分析公司销售费用的完整性、合理性。

（2）对照各年营业收入的环比分析，核对与营业收入直接相关的销售费用变动趋势是否与前者一致。两者变动趋势存在重大不一致的，应进行重点核查。

（3）取得公司管理费用明细表，分析是否存在异常的管理费用项目，如存在，应通过核查相关凭证、对比历史数据等方式予以重点核查。

（4）关注控股股东、实际控制人或关联方占用资金的相关费用情况。

（5）取得财务费用明细表，对公司存在较大金额银行借款或付息债务的，应对其利息支出情况进行测算，结合对固定资产的调查，确认大额利息资本化的合理性。

4．非经常性损益项目

（1）取得经注册会计师验证的公司报告期加权平均净资产收益率和非经常性损益明细表，逐项核查是否符合相关规定，调查非经常性损益的来源、取得依据和相关凭证及相关款项是否真实收到、会计处理是否正确，并分析其对公司财务状况和经营业绩的影响。

（2）结合业务背景和业务资料，判断重大非经常性损益项目发生的合理性和计价的公允性。

（3）计算非经常性损益占当期利润的比重，分析由此产生的风险。

4.3.5　与资产状况有关的项目

1．货币资金

（1）取得或编制货币资金明细表。

（2）通过取得公司银行账户资料、向银行函证等方式，核查定期存款账户、保证金账户、非银行金融机构账户等非日常结算账户的形成原因及目前状况。对于在证券营业部开立的证券投资账户，还应核查公司是否及时完整地核算了证券投资及其损益。

（3）抽查货币资金明细账，重点核查大额货币资金的流出和流入，分析是否存在合理的业务背景，判断其存在的风险。

（4）核查大额银行存款账户，判断其真实性。

（5）分析金额重大的未达账项的形成原因及其影响。

（6）关注报告期货币资金的期初余额、本期发生额和期末余额。

2．应收款项

（1）取得应收款项明细表和账龄分析表、主要债务人及主要逾期债务人名单等资料，并进行分析核查。了解大额应收款的形成原因、债务人状况、催款情况和还款计划。

（2）抽查相应的单证和合同，对账龄较长的大额应收账款，分析其发生的业务背景，核查其核算依据的充分性，判断其收回风险；取得相关采购合同，核查大额预付账款产生的原因、时间和相关采购业务的执行情况。调查应收票据取得、背书、抵押和贴现等情况，关注由此产生的风险。

（3）结合公司收款政策、应收账款周转情况、现金流量情况，对公司销售收入的回款情况进行分析，关注报告期应收账款增幅明显高于主营业务收入增幅的情况，判断由此引致的经营风险和对持续经营能力的影响。

（4）判断坏账准备计提是否充分、是否存在操纵经营业绩的情形。

（5）分析报告期内与关联方之间往来款项的性质，是为正常业务经营往来，还是无交易背景下的资金占用。

3．存货

（1）取得存货明细表，核查存货余额较大、周转率较低的情况。结合生产情况、存货结构及其变动情况，核查存货报告期内大幅变动的原因。

（2）结合原材料及产品特性、生产需求、存货库存时间，实地抽盘大额存货，确认存货计价的准确性；核查是否存在大量积压或残冷背次情况，分析提取存货跌价准备的方法是否合理、提取数额是否充分；测算发出存货成本的计量方法是否合理。

4．对外投资

（1）查阅公司股权投资的相关资料，了解其报告期的变化情况；取得被投资公司的营业执照、报告期的财务报告、投资协议等文件，了解被投资公司的经营状况，判断投资减值准备计提方法是否合理、提取数额是否充分、投资收益核算是否准确。对于依照法定要求需要进行审计的被投资公司，应该取得相应的审计报告。

（2）取得报告期公司购买或出售被投资公司股权时的财务报告、审计报告及评估报告（如有），分析交易的公允性和会计处理的合理性。

（3）查阅与公司交易性投资相关的资料，了解重大交易性投资会计处理的合理性；取得重大委托理财的相关合同及公司内部的批准文件，分析该委托理财是否存在违法违规行为。

（4）取得重大项目的投资合同及公司内部的批准文件，核查其合法性、有效性，结合项目进度情况，分析其影响及会计处理合理性。

（5）了解集团内部关联企业相互投资，以及间接持股的情况。

5．固定资产

（1）取得固定资产的折旧明细表和减值准备明细表，通过询问生产部门、设备管理部门和基建部门，以及实地观察等方法，核查固定资产的使用状况、在建工程的施工进度，确认固定资产的使用状态是否良好，在建工程是否达到结转固定资产的条件，了解是否存在已长期停工的在建工程、长期未使用的固定资产等情况。

（2）分析固定资产折旧政策的稳健性以及在建工程和固定资产减值准备计提是否充分，根据固定资产的会计政策对报告期内固定资产折旧计提进行测算。

6．无形资产

（1）对照无形资产的有关协议、资料，了解重要无形资产的取得方式、入账依据、初始金额、摊销年限及确定依据、摊余价值及剩余摊销年限。

（2）无形资产的原始价值是以评估值作为入账依据的，应该重点关注评估结果及会计处理是否合理。

7．投资性房地产

（1）核查重要投资性房地产的种类和计量模式。采用成本模式的，核查其折旧或摊销方法以及减值准备计提依据；采用公允价值模式的，核查其公允价值的确定依据和方法。

（2）了解重要投资性房地产的转换及处置的确认和计量方法，判断公司现行的会计处理方法是否合理，分析其对公司经营状况的影响程度。

8．银行借款

查阅公司主要银行借款资料，了解银行借款状况，公司在主要借款银行的资信评级情况，是否存在逾期借款。有逾期未偿还债项的，应了解其未按期偿还的原因和预计还款期等。

9．应付款项

取得应付款项明细表，了解应付票据是否真实支付、大额应付账款的账龄和逾期未付款（若存在）的原因、大额其他应付款及长期应付款的具体内容和业务背景、大额应交税金欠缴（若存在）的情况等。

10. 对外担保

取得公司对外担保的相关资料，计算担保金额占公司净资产、总资产的比重；调查担保决策过程是否符合有关法律法规和公司章程等的规定；分析一旦发生损失，对公司正常生产经营和盈利状况的影响程度；调查被担保方是否具备履行义务的能力、是否提供了必要的反担保。

11. 资产抵押

调查公司重要资产是否存在抵押、质押等情况，分析抵押事项对公司正常生产经营情况的影响程度。

12. 诉讼及其他

调查公司是否存在重大仲裁、诉讼和其他重大或有事项，并分析该等已决和未决仲裁、诉讼与其他重大或有事项对公司的重大影响。

4.3.6　现金流量表

（1）取得公司报告期现金流量的财务资料，对公司经营活动、投资活动和筹资活动产生的现金流量进行全面分析。

（2）核查公司经营活动产生的现金流量及其变动情况，判断公司资产流动性、盈利能力、偿债能力及风险等。

（3）如果公司经营活动产生的现金流量净额持续为负或远低于同期净利润，应进行专项核查，并判断其真实盈利能力和持续经营能力。

（4）对最近三个会计年度经营活动产生的现金流量净额的编制进行必要的复核和测算。

4.3.7　税务信息

1. 税收缴纳

查阅公司报告期的纳税资料，调查公司及其控股子公司所执行的税种、税基、税率是否符合现行法律法规的要求及报告期是否依法纳税。

2. 税收优惠

取得公司税收优惠或财政补贴资料，核查公司享有的税收优惠或财政补贴是否符合财政管理部门和税收管理部门的有关规定；调查税收优惠或财政补贴的来源、归属、用途及会计处理等情况；关注税收优惠期或补贴期及其未来影响；分析公司对税收政策的依赖程度和对未来经营业绩、财务状况的影响。

4.4　AI 对财务尽职调查内容的赋能

4.4.1　在 AI 驱动的财务数据分析深化

　　财务数据分析是尽职调查的基础环节，AI 技术在这一领域的应用已经展现出革命性的优势。传统的手工分析不仅耗时费力，而且容易遗漏重要信息。AI 通过智能算法可以快速处理海量财务数据，发现人眼难以察觉的规律和异常。

　　在数据采集阶段，AI 系统可以自动对接企业的 ERP 系统、银行账户和各类财务软件，实时获取最新的财务数据。先进的 OCR（光学字符识别）技术能够准确识别扫描件和 PDF 文件中的财务信息，将非结构化数据转化为可分析的结构化数据。例如，某 AI 系统在处理发票数据时，准确率已达到 98% 以上，远超人工录入水平。

　　在数据分析层面，机器学习算法可以对企业多年的资产负债表、利润表和现金流量表进行纵向比较，自动计算数百个财务指标的变化趋势。更重要的是，AI 能够识别这些指标之间的关联关系。比如，当发现企业营业收入增长但应收账款周转率下降时，系统会自动标记这一异常现象，提示可能存在收入确认方面的问题。AI 财务数据分析流程如图 4-1 所示。

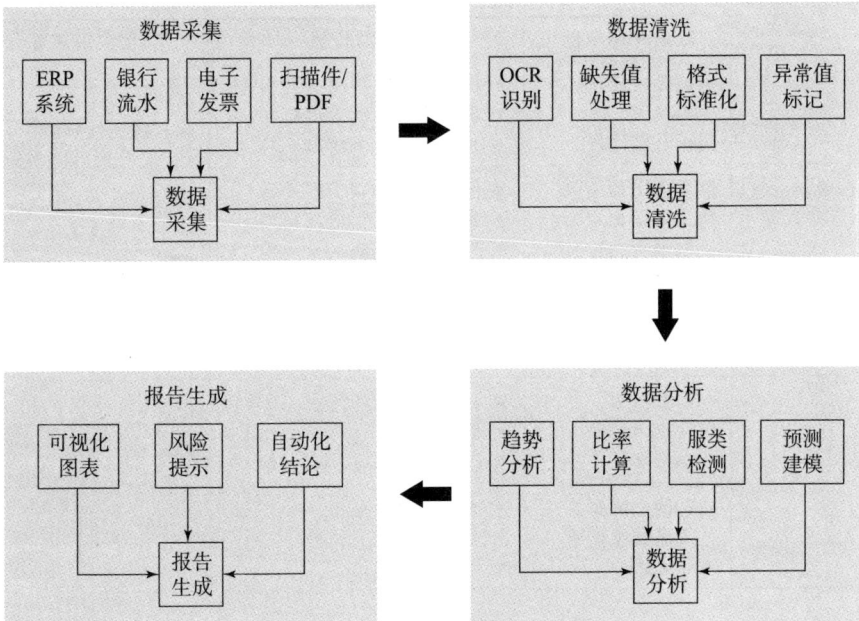

图 4-1　AI 财务数据分析流程

预测分析是 AI 的另一大优势。通过时间序列分析和回归模型，AI 可以预测企业未来 12 ～ 24 个月的财务状况。某私募股权基金在使用 AI 预测模型后，对被投企业的现金流预测准确率提高了 35%，大大降低了投资风险。

4.4.2　AI 增强的非财务数据整合

现代尽职调查越来越重视非财务数据的作用，这些数据往往能提前揭示企业的潜在风险。AI 技术特别擅长处理这类分散、非结构化的数据，从中提取有价值的商业洞察。

在客户分析方面，AI 可以抓取电商平台评论、社交媒体讨论和客户服务记录，通过自然语言处理技术分析客户满意度变化。例如，某 AI 系统在分析一家零售企业的数据时，发现虽然财务表现良好，但客户负面评价在过去半年增加了 200%，及时预警了潜在的市场风险。

供应链风险评估是另一个重要应用场景。AI 系统可以整合供应商的工商信息、海关数据、物流记录等多维信息，构建完整的供应链图谱。当某个重要供应商出现经营异常时，系统会立即发出警报。2023 年某知名车企就是通过 AI 系统提前 6 个月发现了关键零部件供应商的财务危机，避免了停产风险。

非财务数据类型及其分析价值举例如表 4-1 所示。

表 4-1　非财务数据类型及其分析价值举例

数据类型	数据来源示例	AI 分析价值	典型应用场景
客户数据	电商平台评价 客服录音 App 用户行为	• 情感分析识别满意度趋势； • 聚类分析发现客群特征； • 预测客户流失风险	品牌价值评估； 收入持续性判断
供应链数据	供应商工商信息 物流跟踪记录 质检报告	• 图谱分析识别关联交易； • 预警高风险供应商； • 模拟断供影响	供应链稳定性评估； 成本控制潜力分析
市场舆情	行业新闻 社交媒体 分析师报告	• 热点话题追踪； • 竞争态势可视化； • 政策影响量化评分	行业前景判断； 商誉减值风险预警
专利技术	专利数据库 研发投入记录 技术论坛	• 技术路线图构建； • 创新力指数计算； • 技术替代风险预测	核心技术估值； 研发效率评估
人力资源	招聘网站数据 员工满意度调查 离职记录	• 人才竞争力分析； • 关键岗位流失预警； • 团队能力图谱	管理层稳定性评估； 人力成本优化空间

数据类型	数据来源示例	AI 分析价值	典型应用场景
ESG 数据	环保处罚记录； 社会责任报告； 能源消耗	• 环境风险评分； • 治理效能矩阵； • 可持续发展指数	长期投资价值评估； 合规风险筛查

市场舆情监控同样受益于 AI 技术。通过实时扫描新闻媒体、行业报告和专家评论，AI 可以评估政策变化、市场竞争等外部因素对企业的影响。某医药企业在 IPO 前，其 AI 系统成功识别出即将出台的医保控费政策对其主打产品的潜在影响，为定价策略调整争取了宝贵时间。

4.4.3　AI 在会计政策与舞弊检测中的应用

会计政策选择和财务舞弊是尽职调查中的高风险领域，AI 通过模式识别和异常检测技术，大大提高了发现问题的概率。

在会计政策分析方面，AI 系统可以自动比对企业在不同时期、不同业务板块采用的会计政策，识别可能存在的调节利润的迹象。例如，某 AI 工具在分析一家制造业企业时，发现其第四季度突然变更了收入确认方式，导致当期利润虚增 15%，这一发现直接影响了最终的估值调整。

舞弊检测是 AI 的强项。通过训练包含历史舞弊案例的机器学习模型，AI 可以识别数十种常见的财务舞弊模式。典型的检测指标包括：应收账款增速异常、毛利率偏离行业平均水平、关联交易未充分披露等。某会计师事务所的 AI 系统在 2023 年成功识别出一宗通过虚构海外交易实施的舞弊案，涉及金额达 2.3 亿元。

常见财务舞弊信号及其 AI 检测方法如图 4-2 所示。

特别值得一提的是，AI 还能发现传统方法难以察觉的"舞弊网络"。通过分析企业及其关联方的资金流水、合同文本和高管社交关系，AI 可以描绘出潜在的舞弊网络结构。这种整体视角的舞弊风险评估，正在成为尽职调查的新标准。

4.4.4　AI 赋能税务与合规审查

税务风险可能给企业带来重大损失，AI 技术通过智能化税务分析，显著提升了尽职调查的全面性和准确性。

在税务合规性审查方面，AI 系统可以自动比对企业的纳税申报记录与实际经营数据。例如，通过分析增值税发票流、银行流水和物流信息的匹配程度，AI 能够识别潜在的虚开发票行为。某 AI 税务系统在分析一家商贸企业时，发现

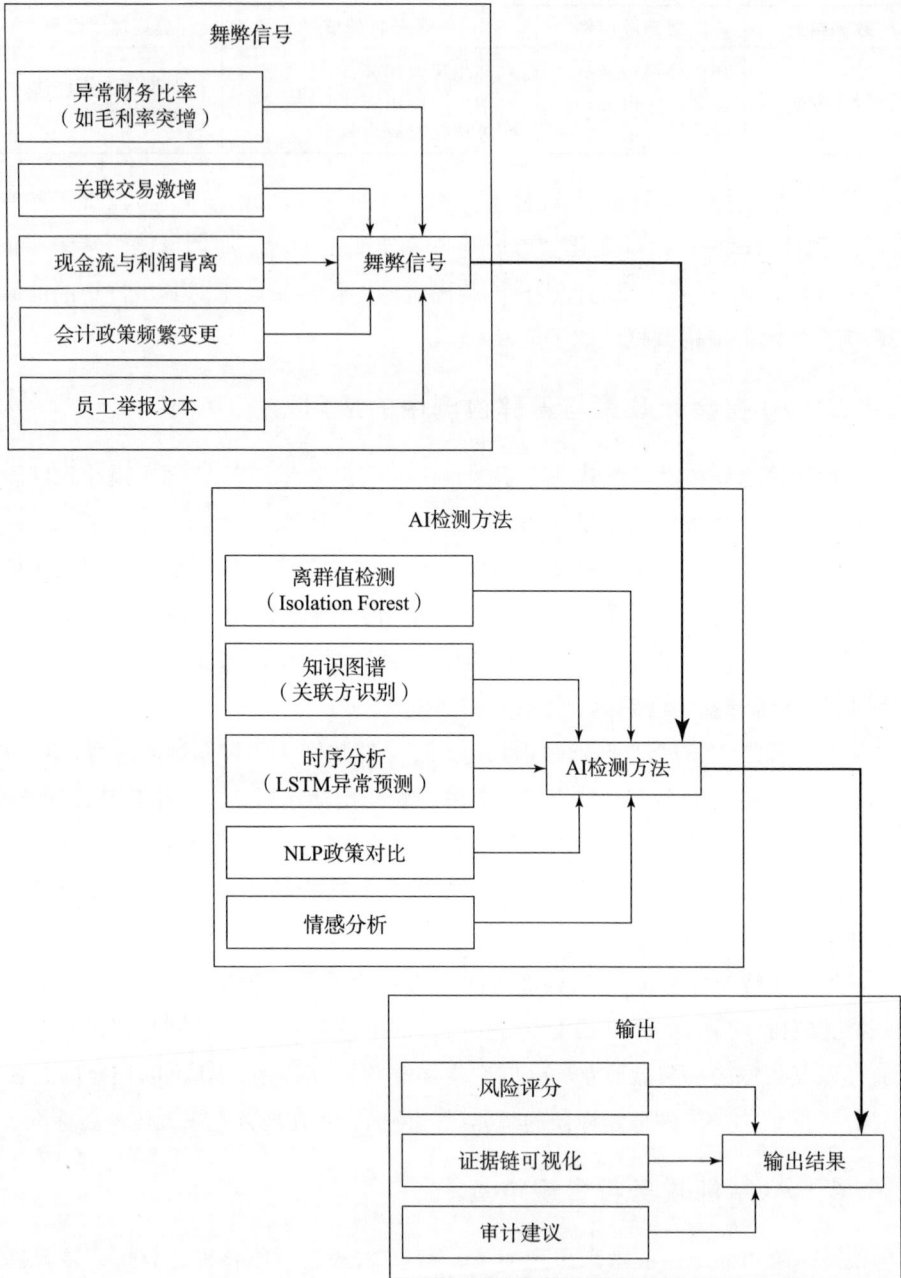

图 4-2　常见财务舞弊信号及其 AI 检测方法

其进项发票与物流记录存在 30% 的不匹配率，最终查实了虚开发票的行为。

转让定价是另一个重要审查领域。AI 可以自动分析跨国企业在各税收管辖区的利润分配情况,评估其是否符合独立交易原则。通过比对行业基准数据和税务机关的案例库,AI 能够识别异常的转让定价安排。2023 年,某跨国公司的中国子公司就因 AI 分析发现其利润率明显低于行业平均水平,最终调整了关联交易定价政策。

AI 税务审查重点领域及技术方法如表 4-2 所示。

表 4-2　AI 税务审查重点领域及技术方法

审查重点领域	AI 技术方法	典型应用场景	效果指标
增值税合规性	发票 OCR 识别; 进销项匹配算法; 交易网络图谱分析	检测虚开发票、阴阳合同 (如发现无真实交易的发票环开)	识别准确率>95%; 审查效率提升 80%
企业所得税调整	费用异常检测模型; 行业利润水平比对; 关联交易定价分析	识别异常费用列支 (如高管个人消费计入差旅费)	风险项目覆盖率提升 65%
跨境税收	BEPS(税基侵蚀)风险模型; 转让定价文档自动生成; 多国税法 NLP 解析	评估跨境支付合理性 (如特许权使用费占比异常)	合规成本降低 40%
税收优惠适用性	政策条款匹配引擎; 研发活动 AI 分类器; 资质条件动态核查	高新技术企业认定审查 (验证研发费用归集准确性)	误判率<3%
个税与薪酬福利	薪酬结构模式识别; 福利发放异常检测; 股权激励税务测算	发现私户发薪避税行为 (比对银行流水与个税申报差异)	抽查覆盖率从 20% →100%
实时监控与预警	税务健康度评分模型; 政策变动影响模拟; 风险仪表盘可视化	季度预缴税款风险预警 (如收入增长但税费下降的异常情形)	风险提前 3~6 个月预警

此外,AI 还能实时跟踪税收政策变化,评估其对企业税负的影响。某投资机构使用的 AI 系统在 2023 年及时捕捉到研发费用加计扣除政策的变化,为其被投企业节省了数千万元的税款。

4.4.5　AI 对高管与治理调查的辅助

高管团队和公司治理质量往往决定企业的长期价值,AI 通过大数据分析为这方面的评估提供了全新视角。

在高管背景调查方面,AI 系统可以扫描全球数百个公开数据库,包括法院记录、监管处罚、媒体报道等,构建完整的高管画像。某 PE 机构在使用 AI 系统后,发现其拟投企业的 CEO 在三年前曾担任过一家破产企业的董事,这一信息在传统尽调中未被发现。AI 还能分析高管团队的多元化程度、专业背景互补性等软性指标，评估团队的整体实力。

公司治理评估也因 AI 而变得更加全面。通过分析董事会构成、委员会设置、股东投票模式等数据，AI 可以量化评估企业的治理水平。例如，某 AI 系统开发的公司治理指数显示，独立董事占比低于 30% 的企业，发生重大决策失误的概率要高出 40%。AI 还能识别潜在的"一言堂"治理结构，即某个大股东或高管拥有不成比例的影响力。

特别值得注意的是，AI 可以分析高管团队的稳定性。通过追踪核心高管近五年来的任职变动情况，结合行业对标数据，AI 能够预警关键人才流失风险。某科技公司在 Pre – IPO 阶段，其 AI 系统发现 CTO 在过去三年发表了大量与公司技术路线相左的言论，成功预测了该高管在上市后的离职。

4.4.6　AI 赋能的综合价值评估

估值是尽职调查的最终输出，AI 通过整合财务和非财务因素，使估值结果更加准确、动态。

传统的估值方法如 DCF（现金流折现）或 PE（市盈率）法往往基于有限的假设，而 AI 可以处理更多变量，构建更复杂的估值模型。例如，某 AI 估值系统除了考虑财务数据外，还纳入了专利数量、客户满意度、品牌影响力等 30 多个非财务指标，使估值结果更贴近市场实际。

在风险调整方面，AI 可以实时整合宏观经济指标、行业竞争格局等外部因素，动态调整折现率。2023 年某并购案例中，AI 系统在交易过程中监测到行业政策收紧的信号，及时建议下调估值 15%，最终证明这一调整完全符合后续市场变化。

对于并购交易，AI 的协同效应分析尤为重要。通过模拟两家企业的业务整合场景，AI 可以量化评估成本节约、收入增长等协同效应。某上市公司在收购标的筛选阶段，使用 AI 系统对 10 个潜在标的进行了协同效应模拟，最终选择的标的确实在合并后实现了预期的协同效益。

传统估值与 AI 估值方法的对比，如表 4–3 所示。

表 4–3　传统估值与 AI 估值方法的对比

对比维度	传统估值方法	AI 赋能估值方法	优势对比
数据基础	● 历史财务报表数据； ● 有限市场数据	● 实时多源数据（财务/非财务）； ● 舆情/供应链等另类数据	数据广度 +300%

续表

对比维度	传统估值方法	AI 赋能估值方法	优势对比
分析技术	• 手工计算比率； • 简单时间序列分析	• 机器学习模型； • 自然语言处理； • 知识图谱关联分析	处理效率提升 5 ~ 10 倍
核心方法	• DCF 折现现金流； • PE/PB 乘数法	• 动态 DCF 模型； • 多因子智能定价； • 实时可比公司分析	参数数量增加 10 ~ 20 倍
风险调整	• 静态风险溢价； • 主观判断	• 实时风险监测； • 市场情绪量化调整； • 自动压力测试	风险敏感度提升超过 60%
协同效应评估	• 经验估算； • 简单成本节约假设	• 业务整合模拟； • 收入协同量化模型； • 智能敏感性分析	准确度提高 40% ~ 70%
输出形式	• 静态报告； • 单一估值区间	• 交互式仪表盘； • 动态情景模拟； • 自动化报告生成	决策支持维度增加 5 倍
典型耗时	2 ~ 4 周（中型企业）	1 ~ 3 天（同规模企业）	时效性提升 80%
适用场景	• 稳定行业； • 信息透明标的	• 复杂业务结构； • 数据碎片化场景； • 快速交易需求	覆盖场景增加 200%

　　预测性估值是 AI 的独特优势。通过机器学习历史交易数据，AI 可以预测企业在不同资本市场环境下的估值区间。某投行的 AI 系统在 2023 年成功预测了生物医药板块的估值回调，帮助客户选择了最佳的 IPO 时机。

　　总结来看，AI 正在重塑财务尽职调查的每个环节。从数据收集到分析洞察，从风险识别到价值评估，AI 不仅提高了工作效率，更带来了质的提升。虽然 AI 不能完全替代专业判断，但已经成为现代尽职调查不可或缺的智能助手。随着技术的持续发展，AI 在尽职调查中的应用广度和深度还将不断扩大。

第 5 章　AI 对常见财务尽职调查问题的变革与赋能

5.1　常见的财务粉饰问题及调查方法

5.1.1　虚增资产

对于虚增资产问题，应考虑：应收（其他应收）账款是否真实、有效，是否如实计提坏账准备，大额待处理财产损溢、长期待摊费用、开办费等是否存在应作为当期费用的情况。重点关注以下科目或行为。①存货：通过现场盘点确认实际存货价值。盘点存货前，应对存货进行截止测试，如对货到单未到、单到货未到的情况要重点关注，核查所有存货是否都已入账、所有在途存货是否都已进行了账务处理。②固定资产：现场查看固定资产现状，通过追溯核实固定资产购置原始发票等方式判断固定资产现值。③虚构采购：一般大额的采购都会有合同，先看合同是否真实合理，对应的存货入库是否有采购员、仓库保管员、公司管理层等相关人员的签字，是否有付款记录，运费是否支付。对那些无法执行或只能执行小部分的合同，则应予以剔除。

5.1.2　隐性负债

隐性负债又称民间融资，通常在财务上体现为股东的现金投入，针对隐性负债问题，可重点关注以下几个科目。①财务费用：通过该科目下的应付利息，查寻民间融资的可能性。②其他应付款——股东借款：企业大部分隐性负债是以股东的名义投入公司的，如果该科目股东往来金额比较大，并且余额经常变动，且股东在外并没有其他关联方，那么该款项为隐性负债的可能性较大。③资本公积：追踪核实资本公积的来源与去向。

5.1.3　抽逃注册资金

抽逃的注册资金一般挂在其他应收款、应收账款或预付账款科目。如果公司其他应收款或应收账款科目下股东往来频繁且余额较大、账期较长，又不能说明合理缘由，则存在抽逃注册资金的可能。

5.1.4　虚增收入

（1）报税收入，通过 ABC3000 电子申报缴税系统核查真实性，注意剔除关联方交易；非报税收入，应重点核实收入凭证附件是否真实。如是否有对方的收条、收款的记录（非现金）、运费的支付、仓库的出库记录、询证的回函等，还可通过大额款项支付方式估计收付款是否真实。如果大额款项通过现金方式支付，则要质疑其合理性，因为大额现金支付既不符合金融制度，也不安全。

（2）虚开增值税发票，一般通过增加应收账款来实现。应关注该款项是否长期没有收回，若是，则说明公司对该款项并不看重，虚开增值税发票的可能性较大。

（3）挂靠收入，代开发票、代收货款，再将款项支付给对方，一般支付款项时，将其反映在其他应收款中，或者通过报销费用的方式支付，该问题可通过对比业务收入和业务统计以进行核查。

5.1.5　隐瞒成本

在查证隐瞒成本的问题时，要关注成本的计算方法是否正确，如品种法、分步法、分批法的选用是否恰当，完工产品与在产品的分配是否合理，商业企业采用毛利率法时是否根据期末存货盘点调整成本，成本结转是否存在随意性。

5.1.6　隐瞒费用

通常公司因融资需要提供的财务报表反映的费用要比真实的少，而纳税申报中提供的财务报表，反映的费用一般比较真实，两者不一致时较大值更可信。另外，有些费用可能反映在其他科目中，比如业务员的提成、给客户的回扣等大额费用，一般计入其他应收款，应分情况进行处理。

5.2　剥离引发的思考

5.2.1　剥离的类型

剥离的主要类型包括两种，一是部分业务从交易范围内被剔除，二是收购方收购被剥离业务。剥离的主要类型如图 5-1 所示。

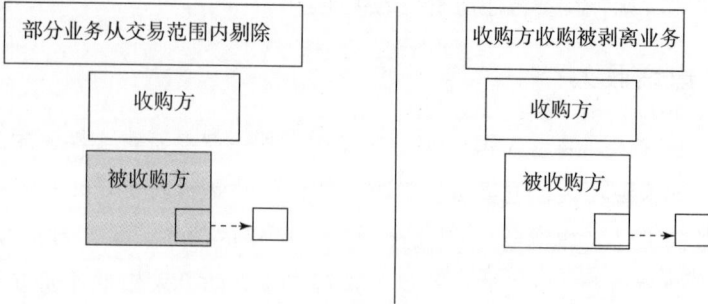

注：被剥离的有可能是公司、业务单元、资产和人员等。

图 5-1　剥离的主要类型

5.2.2　剥离带来的问题

剥离带来的问题具体如表 5-1 所示。

表 5-1　剥离带来的问题

问题	具体事项
产品开发	母公司提供特定系统的技术支持、与母公司共享的生产平台、未来开发能力的潜在限制
知识产权	对知识产权的所有权及使用条款的考虑、对知识产权转移到新公司的限制，对新公司未来潜在的销售目标公司业务所涉及的知识产权使用权条款的限制
采购和供应	目标公司从母公司的涵盖生产及间接支出等方面的集团采购合同中获益；潜在的由于购买力下降而丧失规模经济效益；由母公司提供采购支持；如继续向母公司供应原料或加工，需要和母公司协商供应和加工合同，母公司可能会希望弥补日常管理费用，并要求一定的毛利。因而，原料或加工价格可能高于历史水平。同时，结算条款的改变还影响营运资金
市场和销售	共享全国及区域销售营业部、市场营销活动及客户服务
基础设施	共享销售处、管理处，以及设计，测试生产、物流仓储及其他设施
后台支持	（1）母公司向目标公司提供的各种支持，如资金管理，财务（例如固定资产会计处理，应付账款及应收账款，工资，法定报告等），法务及税务 （2）与母公司共享关键系统（如技术、采购、生产和质量、财务等）、基础设施及硬件 （3）某些业务的处理是与母公司签约的第三方完成的
管理人员借调/派遣	（1）部分目标公司的管理人员是与母公司签订劳动合同的（因此可能并不需要转入新公司） （2）部分与目标公司签约的员工是服务于其他集团业务的（新公司未必保留这些员工）

5.2.3　实务中剥离调整事项处理的新发展

在以国际财务报告准则（International Financial Reporting Standards，IFRS）为基础编制的境外申报财务报表中反映剥离调整事项时，可能存在境内外会计准则执行差异。我国新企业会计准则实施以后改制上市的大型、特大型国有企业，在按照我国新企业会计准则编制的境内申报财务报表上，对于剥离调整事项的处理，已逐步采用 IFRS 下通常使用的处理方式。下面简要介绍 IFRS 下的境外申报财务报表（或会计师报告）中对剥离调整事项的一般处理原则。

将改制前的原国有企业所涉及的业务范围分为以下三类，分别采用不同的处理原则处理。

（1）拟注入拟上市公司的业务（一般是原国有企业的主营业务，以下简称"核心业务"）。

（2）与核心业务存在一定联系，主要为核心业务提供水电、原料供应等后勤支持性质的服务，但根据改制方案规定不纳入拟上市公司的业务和实体（以下简称"非核心业务"）；核心业务和非核心业务可统称为"相关业务"。

（3）与核心业务没有直接联系的业务和实体，例如"办社会"的学校、医院、公检法等辅助机构（以下简称"无关业务"）。但无关业务与核心业务之间也可能发生往来和交易。

上述各类业务中，无关业务和非核心业务不进入拟上市公司，通常留在改制后的存续企业，在改制基准日（或者拟上市公司和存续企业签订的其他协议规定的日期，下同），通常应由新成立的拟上市公司与存续企业签订服务协议。此时应注意：拟上市公司按照该协议接受存续企业的服务，在申报财务报表时应当将其作为关联方交易披露。

IFRS 下的境外申报财务报表对无关业务和非核心业务的剥离处理方法一般如下。

对于无关业务，通常其相关的资产、负债和损益均不纳入申报财务报表，视同在申报财务报表报告期中的最早一期期初已经被剥离出去。

对于非核心业务，可以在以下两种方法中选择一种。

（1）按照真实的交易和企业架构变化情况反映在申报财务报表中，即以改制方案规定的重组基准日（或重组实施日，即重组后的股份有限公司设立日）为界，该日期前非核心业务的相关资产、负债、收入、费用和损益仍应当反映在相应时点或时期的申报财务报表中，该日期后就不再列入申报财务报表。在申报财务报表中，与非核心业务相关的资产和负债在重组基准日（或重组实施日）移交（剥离）给改制后的存续企业，拟上市公司在该日期按照股东收回投资的方式进行非核心业务剥离的会计处理，即借记股东权益类科目，贷记相关剥出资产、负债科目，并将这一剥离事项按照其真实的发生情况反映在境外申报财务报表中。我国新企业会计准则实施以后改制上市的大型、特大型国有企业，在按照我国新企业会计准则编制的境内申报财务报表上，对于不纳入上市范围的非核心业务的剥离调整，多数也已采用这一方式处理，从而在很大程度上消除了此方面原先存在的境内外会计准则执行差异。

（2）在申报财务报表的整个报告期内均不将非核心业务的相关资产、负债、收入、费用纳入申报财务报表，视同非核心业务在申报财务报表报告期中的最早一期期初已经移交（剥离）给改制后的存续企业。这种方法目前在实务中比较罕见。

5.3　企业价值和价值调整需关注的情况

5.3.1　财务数据的准确性

常见的调整事项：收入确认的提前或延迟、经销商返利或奖励的完整性、存货的管理、研发费用的资本化和或有负债等。

方案：了解目标公司的产品和仔细阅读销售条款等。

5.3.2　盈利的可持续性

常见的调整事项：历史上实际发生但不可持续的价格成本因素；未来会发生但不适用历史的因素；一次性事项，如资产处置、大规模融资等。

方案：在会计调整的基础上，分析非经常性因素的影响，了解目标公司可持续的盈利能力。

5.3.3　盈利预测

常见问题：盈利预测缺乏充分的历史数据和相关文件支撑、新项目的利润增长不确定性较高、对成本节约过于乐观。

方案：就盈利预测中重要产品的市场前景和重要假设（价格、利润率、销量、市场规模、市场竞争和行业政策等）征询行业专家意见。建议在交易中引入附带股权调整或最低利润保障的条款。

5.3.4   视同借款事项

常见问题：财务报表上的负债通常只包括银行借款、债券等项目，而估值需要考虑的债务性事项相对广泛，包括未按照规定缴纳的社保费用、各种非贸易性的应付款、表外事项、或有负债或其他。

方案：关注视同借款项目，和管理层、律师沟通是否存在潜在或有负债等。

5.3.5   卖方在尽职调查过程中是否愿意提供关键性信息

常见问题：目标公司财务信息质量不足以提供可靠或足够详细的信息，卖方不愿意提供关键信息，尤其是当买卖双方存在竞争或依存关系时。

财务尽职调查是交易中不可或缺的一个环节，交易中的财务尽职调查应该与交易结构设计、估值模型和购买协议准备等关键交易因素紧密结合。财务尽职调查中发现的问题，只有最终在估值模型、交易结构或者购买协议中的保护性条款中反映才能保护购买方的利益。

5.4   新三板项目财务尽职调查中的典型问题

5.4.1   财务舞弊的问题

拟挂牌企业首先应是一个公众企业，对公众企业的基本要求就是真实，对公众企业管理层的基本要求就是诚信。在财务尽职调查过程中如果发现企业存在严重的财务舞弊行为，或者业绩造假、资质造假、专利造假等相关问题，项目组应该及时停止该项目。

5.4.2   财务规范的问题

运行规范，是企业挂牌新三板的一项基本要求，而财务规范是运行规范的重要内容。拟挂牌企业大多数是中小型的民营企业，在会计基础方面大多主要存在两个方面的问题：一方面是有"规"不依，记录、凭证、报表的处理不够规范，甚至出现错误，内容无法衔接或不够全面；另一方面是"内外"不一，由于存在融资、税务等多方面需求，普遍存在拥有几套账的情况。这不仅让企业的运行质量和外在形象大打折扣，还会影响企业的挂牌。财务尽职调查人员应该帮助拟挂牌企业对企业的财务工作进行规范，严格执行相关的会计准则，并使企业负责人充分认识到财务规范不是成本，而是收益。

5.4.3 关联交易的问题

新三板挂牌对企业的收入和利润没有硬性的指标要求，但是要求企业必须具备独立面向市场的能力，其盈利不能依赖于关联企业。

关联交易的财务尽职调查的关键是此类关联交易不能影响企业的独立性，不能影响企业的独立盈利能力。事实上，实务中很多关联交易难以避免，如拟挂牌企业已租赁关联方房产多年、用水用电由专业提供水电的关联方提供、多年从关联方采购一些特殊原材料等。此类关联交易难以消除，因此做到价格公允、程序合规也是完全可以的，在这种情况下，尽职调查人员要对相关问题进行充分的解释说明和披露。但是，如果企业的业绩，特别是主营业务的业绩严重依赖关联交易，项目组则应该及时终止该项目。

5.4.4 资金占用的问题

资金占用问题主要表现为两个方面：一是在实践中很多中小微民营企业很难从银行等金融机构获得外部融资，即使获得了也要花费相当高的成本；而调用关联企业暂时盈余的资金，对于实际控制人而言，则是更容易做到的事情，因而很多拟挂牌企业与其控股股东、关联企业之间资金往来会较为频繁。二是很多拟挂牌企业在发展的初期会存在"企业、个人不分"的问题，即企业的资产、账户与个人的财产、账户有一定的混用现象。从财务会计制度的角度讲，这一做法导致企业不具有清晰的财产边界，从企业治理的角度讲，这一做法导致企业不具备相对完善的治理结构。

从挂牌的角度来看，对于资金占用的问题，关键是规范和披露，不将问题带到挂牌后。财务尽职调查人员应该帮助拟挂牌企业建立相关的制度和措施，同时拟挂牌企业一定要遵守制定的相关制度而不能将这些制度当作摆设，杜绝不规范的资金拆借、资金占用的情况。拟挂牌企业对此一定要充分重视，在规范以后再发生类似问题将很难合理解释，会给挂牌企业和承做新三板项目的证券公司带来麻烦。

5.4.5 现金采购或现金销售占比较大的问题

现实中，现金采购或现金销售占比较大的企业不在少数，且集中于某几个行业，如涉农类行业、餐饮行业、部分以个人为主要客户的软件行业等，这些行业中的企业大多数会面临大量的现金交易，这不是一个企业的问题，而是由行业特点决定的。但问题是，如果这类企业要挂牌，其收入和成本确认、收入和成本的可追溯性、审计的可靠性应如何保证。虽然行业特点如此，但这又是挂牌过程中必须解决的问题。

从挂牌的角度看，在递交材料时，企业首先应该把自身的现实情况说清楚，即为什么现金采购或现金销售占比较大，有什么客观原因。其次证券公司要帮助拟挂牌企业设计切实可行的有利于降低现金收付比例的内控制度，并督促企业严格执行。

5.5　AI 对常见财务尽职调查问题的变革与赋能

5.5.1　AI 增强的财务粉饰识别

财务粉饰是企业通过调整会计政策、虚构交易或隐瞒负债等手段，使财务报表呈现不真实状况的行为。传统识别方法依赖人工分析，效率低且易受主观影响。AI 技术通过自动化数据挖掘、异常检测和模式分析，显著提升了识别准确性与效率。

1．多维度数据关联分析

AI 可同时处理结构化数据（如利润表、现金流量表）与非结构化数据（如合同文本、管理层讨论）。例如，通过自然语言处理（NLP）技术分析年报中的模糊表述（如"可能""预计"），结合同期财务指标波动，标记矛盾点。某案例显示，AI 在分析企业营收增长时，发现其应收账款增速异常高于行业均值，进一步追踪关联方交易记录，最终识别出虚构收入的粉饰行为。

2．动态异常检测模型

传统方法依赖静态阈值（如资产负债率超过 70% 视为风险），而 AI 通过机器学习动态学习行业特征。以零售业为例，AI 模型会基于历史数据训练，识别季节性收入波动规律。若某季度毛利率突然偏离预测区间，系统自动触发警报。实践表明，此类模型对虚增利润的识别准确率较人工提升 40% 以上。

3．基于图网络的关联方挖掘

企业常通过复杂股权结构或隐性关联方转移资金。AI 图计算技术可自动构建"企业—股东—供应商"网络，识别隐藏控制关系。例如，某上市公司通过多家空壳公司循环交易虚增营收，AI 通过股权穿透与交易流水分析，在 3 天内完成人工需数月调查的关联网络图谱，如图 5-2 所示。

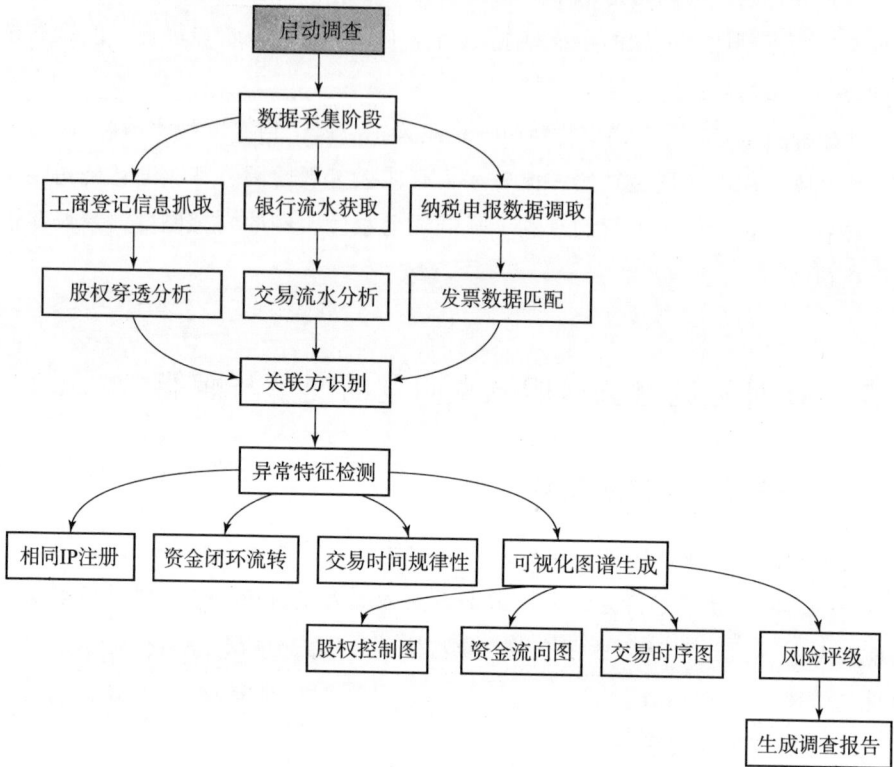

```
                        ┌──────────┐
                        │  启动调查  │
                        └────┬─────┘
                        ┌────┴──────┐
                        │ 数据采集阶段 │
                        └────┬──────┘
         ┌──────────────────┼──────────────────┐
┌────────┴────────┐  ┌──────┴──────┐  ┌──────────┴──────────┐
│  工商登记信息抓取  │  │  银行流水获取  │  │    纳税申报数据调取    │
└────────┬────────┘  └──────┬──────┘  └──────────┬──────────┘
┌────────┴────────┐  ┌──────┴──────┐  ┌──────────┴──────────┐
│   股权穿透分析    │  │  交易流水分析  │  │      发票数据匹配      │
└────────┬────────┘  └──────┬──────┘  └──────────┬──────────┘
         └──────────────────┼──────────────────┘
                        ┌───┴────┐
                        │ 关联方识别 │
                        └───┬────┘
                        ┌───┴────┐
                        │ 异常特征检测 │
                        └───┬────┘
      ┌──────────┬─────────┼───────────┬──────────────┐
┌─────┴────┐ ┌───┴────┐ ┌──┴──────┐ ┌──┴──────────┐
│ 相同IP注册 │ │资金闭环流转│ │交易时间规律性│ │ 可视化图谱生成 │
└──────────┘ └────────┘ └─────────┘ └──┬──────────┘
              ┌──────────┬──────────────┼──────────────┐
         ┌────┴────┐ ┌───┴────┐ ┌──────┴────┐ ┌──────┴────┐
         │ 股权控制图 │ │资金流向图│ │  交易时序图  │ │  风险评级  │
         └─────────┘ └────────┘ └───────────┘ └──────┬────┘
                                              ┌──────┴────┐
                                              │ 生成调查报告 │
                                              └───────────┘
```

图 5-2　AI 基于图网络的关联方挖掘流程

4. 实时监控与风险预警

AI 系统可对接企业 ERP 或税务系统，实时监控科目异常。例如，当"销售费用"与"营业收入"变动方向长期背离时，自动推送核查清单。某金融机构应用后，虚假贸易背景识别时间从两周缩短至 1 小时。

5.5.2　AI 驱动的资金占用与抽逃监测

1. 资金占用与抽逃的财务风险

资金占用是指企业资金被大股东、关联方或管理层违规占用，而未用于正常经营；抽逃资金则指股东或实际控制人通过隐蔽手段转移企业资产，损害债权人或小股东利益。这两类问题在财务尽职调查中至关重要，因为它们可能导致企业现金流断裂、债务违约，甚至引发法律风险。传统审计方法依赖人工抽查银行流水、合同和关联交易记录，但面对海量数据时，效率低且容易遗漏复杂违规行为。

2．AI 如何识别异常资金流动

AI 通过自动化分析交易数据，大幅提升资金监测的准确性和效率，主要采用以下技术：

自然语言处理（NLP）：解析银行流水中的交易备注，自动分类资金用途（如"采购款""借款"等），并标记"无业务背景""高频拆借"等异常交易。

机器学习模型：基于历史违规案例训练算法，识别可疑模式。例如，某企业频繁向同一家空壳公司转账，AI 可结合工商数据判断其是否为关联方，并计算风险评分。

图数据库分析：构建企业、股东、供应商和客户的资金往来网络，发现隐藏的循环交易或资金闭环。例如，A 公司向 B 公司转账，B 公司又通过 C 公司回流资金至 A 公司实际控制人账户。

3．实际应用案例

案例 1：关联方资金占用监测

某上市公司通过"预付账款"方式向关联方转移资金，传统审计耗时 3 周才发现问题。而 AI 系统在分析银行流水时，发现该企业近 80% 的预付款流向 3 家新成立且无实际业务的供应商，2 小时内生成风险报告。

案例 2：股东抽逃注册资本识别

一家初创企业在注册后短期内大额转账至个人账户，AI 模型结合《公司法》关于抽逃出资的规定，比对验资报告和资金流向，自动标记异常并提示尽调人员进一步核查。

5.5.3　AI 在关联交易与舞弊中的突破

1．关联交易与舞弊的风险特征

关联交易指企业与其股东、管理层或关联方之间的商业往来，虽然部分交易合法，但隐藏的舞弊行为可能损害企业利益。常见手段包括：虚增收入（关联方虚假采购）、转移定价（低价出售资产给关联方）、资金占用等。传统审计依赖人工核查合同、银行流水和股权结构，但面对复杂股权架构或跨境交易时，往往难以全面识别风险。

2．AI 如何识别异常关联交易

AI 通过多维度数据分析，提高关联交易监测的效率和准确性，主要采用以下方法：

企业股权图谱分析：利用图数据库（Graph Database）自动构建企业、股东、子公司及高管的关系网络，识别隐蔽的关联方。例如，某企业通过多层控股间接控制供应商，AI 可穿透股权结构发现实际关联性。

交易行为建模：机器学习算法分析历史交易数据，识别异常模式。如某公司与关联方的交易价格长期偏离市场价，AI 可标记为"异常定价风险"。

文本挖掘与合同分析：自然语言处理（NLP）技术解析合同条款，比对交易背景是否合理。例如，AI 发现某"技术服务费"支付给无相关资质的关联公司，自动触发预警。

3. 实际应用案例

案例 1：虚构收入识别

某上市公司通过关联方循环交易虚增营收，传统审计未发现异常。AI 系统在分析销售合同时，发现多家客户注册地址相同且交易金额高度相似，结合工商数据确认其为关联方，最终揭露舞弊行为。

案例 2：异常资金转移监测

一家集团企业以"借款"名义向高管控制的空壳公司转账，AI 通过分析资金流水频率、金额及收款方背景，识别出该交易无合理商业目的，并生成风险报告。

5.5.4　AI 解决盈利预测激进问题

1. 盈利预测激进问题的本质与风险

盈利预测激进是指企业在财务预测中过度乐观估计未来收益，通常表现为收入增长率远高于行业平均水平、成本费用占比异常偏低等。这种现象常见于企业融资、并购或上市过程中，可能导致投资者误判企业价值，最终引发估值泡沫或投资损失。传统预测方法依赖历史数据线性外推和人工经验判断，难以客观评估预测的合理性。

2. AI 预测模型的技术优势

AI 通过以下方式显著提升盈利预测的准确性：

多维度数据整合：同时分析企业财务数据、行业趋势、宏观经济指标等 300 + 影响因素，避免单一指标偏差。AI 预测模型的数据输入维度远超传统方法。

动态权重调整：机器学习算法自动识别不同时期各因素对盈利的影响程度。例如疫情期间自动提高供应链稳定性因素的权重。

异常值检测：通过离群点分析识别预测中的不合理假设，如某制造业企业预测次年毛利率突增 15%，AI 比对行业基准后标记预警。

3．典型应用场景

场景 1：IPO 盈利预测审核

某拟上市公司预测未来 3 年收入复合增长率达 45%，AI 系统通过分析其所在行业过去 10 年上市公司的实际增长率分布，发现该预测位于行业前 2% 分位，自动生成合理性分析报告。

场景 2：并购估值复核

在 A 公司收购 B 公司的交易中，AI 对比 B 公司预测的销售费用率（8%）与其历史水平（12%）及同行业均值（10.5%），识别出费用预测可能被低估，为交易谈判提供关键依据。

5.5.5　AI 应对信息不透明挑战

1．信息不透明问题的核心痛点

信息不透明是财务尽职调查中最棘手的难题之一，主要表现为：关键财务数据缺失或模糊（如未披露关联交易细节）、跨系统数据格式不统一（如不同子公司使用异构 ERP 系统）、非结构化数据占比高（如合同文本、会议纪要等重要信息以 PDF/图片形式存在）。这些问题导致传统调查方法效率低下，某并购案例显示，分析师平均需要花费 40% 的工作时间在数据收集和清洗上。

2．AI 破局的关键技术路径

AI 通过以下创新方式破解信息壁垒：

（1）智能数据抓取与清洗

基于 NLP 的文档解析引擎可自动从扫描件中提取表格数据；机器学习算法识别不同系统中的字段映射关系，实现自动对齐；异常值检测模型快速定位数据矛盾点（如不同报表间的勾稽关系异常）。

（2）多源数据融合分析

知识图谱技术整合工商登记、司法判决、舆情等 10 + 维度的公开数据；预测模型填补缺失数据（如通过行业均值补全缺失的毛利率数据）；区块链存证确保数据溯源真实性。

3．典型应用场景突破

场景 1：跨系统财务数据整合

某集团企业并购尽调中，AI 系统在 72 小时内完成：自动对接 7 种不同 ERP

系统；标准化 2000 余个会计科目；生成统一格式的合并报表；相较传统方法节省 80% 时间。

场景 2：非结构化信息挖掘

通过 CV + NLP 技术分析：董事会决议中的关键条款变更；供应商合同中的隐性关联关系；邮件往来中的风险信号；某案例发现合同中隐藏的"对赌条款"，避免重大估值失误。

4. 主流解决方案对比

当前市场典型 AI 工具对比，如表 5-2 所示。

表 5-2　当前市场典型 AI 工具对比

工具名称	核心功能	适用场景
德勤 Argus	多源数据智能匹配	跨国并购尽调
文因互联	中文合同解析	境内交易审查
Palantir	全链路数据溯源	复杂股权架构分析

5. 现存挑战与技术演进

（1）主要瓶颈：小语种文件解析准确率不足（如东南亚地区文档）；高度定制化报表的处理效率待提升；数据隐私与合规边界把控。

（2）前沿方向：多模态大模型提升文档理解能力；联邦学习实现"数据可用不可见"；智能问答系统支持自然语言查询。

第 6 章　AI 赋能财务尽职调查工作底稿的智能化变革

6.1　尽职调查工作底稿概述

尽职调查工作底稿包括工作记录和重要资料两部分。工作记录用于记录调查过程、调查内容、方法和结论等；重要资料是项目小组在尽职调查过程中取得或制作的、能够证明所实施的调查工作、支持调查结论的相关资料，是进一步说明工作记录的支撑性文件。

工作底稿要求内容完整、格式规范、记录清晰、结论明确。工作记录至少包括：公司名称、调查时间或调查期间、调查人员、调查日期、调查地点、调查过程、调查内容、方法和结论和其他应说明的事项等。对于从公司或第三方取得并经确认的相关资料，除注明资料来源外，调查人员还应实施必要的调查程序，形成相应的调查记录和必要的签字。

工作底稿可以以纸质文档、电子文档或者其他介质形式的文档留存，其中重要的工作底稿应采用纸质文档的形式。以纸质以外的其他介质形式存在的工作底稿，应以可独立保存的形式留存。

6.2　尽职调查工作底稿的撰写

工作底稿的撰写应当包括封面、目录、序言以及正文四个主要的部分。

1．封面

（1）反映调查报告的主题、调查的时间以及不同调查人的责任分工。

（2）封面应包括：项目名称、调查部门、调查时间、相关调查人员签字（手签）。

2．目录

（1）调查报告应列出主要标题（一般列至三级标题）及所在页码。

（2）调查报告较短的（5 页以下），可省略目录。

（3）调查报告的附件（表），排在目录的最后位置。

3．序言

序言通常包括以下几方面。

（1）出具本尽职调查报告的目的和范围。

（2）报告中使用的简称及定义项。

（3）尽职调查的方法和限制。

（4）本尽职调查报告所依据的文件及报告所反映情况的截止日期。

（5）假设。

（6）目标公司确保所提供资料和信息的真实、准确、完整、合法的郑重承诺。

（7）出具尽职调查报告的免责限制和声明。

4．正文

在撰写尽职调查报告正文的各部分内容时，应列举在尽职调查过程中获得的信息，对委托事项出具详尽明确的尽职调查报告。其主要包括：目标企业的设立与有效存续、业务经营情况、财务概况、资信状况、债权债务状况、公司治理状况、对外投资状况、关联情况、重大争议事项等。

尽职调查工作底稿是尽职调查工作小组在从事尽职调查工作中形成的完整的工作记录，是对所获信息的科学的整理和加工。工作底稿的质量可以反映尽职调查人员的工作态度。

总之，尽职调查人员可按照上述尽职调查内容各环节的实际调查情况形成工作底稿。工作底稿中的工作记录和重要资料均应标有索引编号。索引编号应该统一规范、清晰有序。工作底稿各章节之间应有明显的分隔标识。相关工作底稿之间，应保持清晰的勾稽关系。在相互引用时，相关工作底稿上应交叉注明索引编号。应有调查人员与调查相关人员的签字。尽职调查工作底稿包括但不限于以下内容：工作底稿编制、尽职调查过程所用到的附件内容，方便阐述尽职调查结果的有用的表格与文件等（置于附件）。

6.3 尽职调查工作底稿常见模板

为了加深读者对尽职调查工作底稿的了解和认识，本节列举了以下常见模板。

6.3.1　设立与存续

设立与存续的相关模板见表 6-1 至表 6-3。

表 6-1　设立与存续——公司登记基本资料

公司名称					调查人			
调查日期					起止时间			
调查地点					调查项目			
调查目的	调查目标公司主体是否合法成立							
调查内容和方法	No.	项目	有	无	调查方法		调查过程	备注
	1	营业执照（正本及副本）			要求公司提供，去工商行政管理部门查询			
	2	项目建议书			要求公司提供、要求目标公司开介绍信去有关部门查询；应将其内容与目标公司实际情况相对照			
	3	出资协议			要求公司提供，注意中外合资、合作企业体现为合资、合作合同，股份有限公司体现为发起人协议；应审查其内容是否合法，是否与营业执照、批准登记证书、章程一致			
	4	章程			要求公司提供，去工商行政管理部门查询；应审查其内容是否合法，是否与营业执照、批准证书、出资协议一致，特别注意历年公司章程修改情况			
	5	批准设立的文件			要求公司提供，去工商行政管理及各有关审批部门查询。外资企业为批准证书			
	6	法定代表人、董监高任命			要求公司提供相关资料，通过查阅有关会议文件、公司章程等方法，了解董监高任职情况			
调查结论								
附件目录	（此项调查所取得的文件或谈话笔录等原始资料直接附在本表格之后，使二者保持关联）							
调查人签字								

表 6-2　设立与存续——变更情况

公司名称	目标公司或其关联公司名称			调查人			
调查日期				起止时间			
调查地点				调查项目	关于登记变更事宜的资料		
调查目的							
调查内容和方法	No.	项目	有	无	调查方法	调查过程	备注
调查内容和方法	1	有无增、减资			要求公司提供，去工商行政管理部门查询注意事项：不要只看变更结果或相关申请表格等工商登记资料，还要关注相关的股东会决议、董事会决议、政府批准、章程修正案或修改后章程、增资验资报告与认缴增资协议、合并等的方案或协议。每个变更的每个环节都过一遍，确认合规		
调查内容和方法	2	有无经营范围变更					
调查内容和方法	3	有无法定代表人变更					
调查内容和方法	4	有无股权变更（股权转让、赠与、继承、被强制性执行等），股权转让协议					
调查内容和方法	5	有无合并、分立、改制、重组等重大变更					
调查内容和方法	6	有无其他登记、备案事项变更					
调查结论							
备注							
附件目录	（此项调查所取得的文件或谈话笔录等原始资料直接附在本表格之后，使二者保持关联）						
调查人签字							

表 6-3　设立与存续——分支机构

公司名称					调查人		
调查日期					起止时间		
调查地点					调查项目	分支机构	
调查目的							
调查内容和方法	No.	项目	有	无	调查方法	调查过程	备注
	1	分公司营业执照			要求公司提供，去工商行政管理部门查阅相关登记、变更资料		
	2	设立分公司的决议或其他批准文件					
	3	反映分公司营运资金拨付情况的文件					
	4	分公司负责人及管理团队的任命文件					
	5	分公司如系他人挂靠，相关的挂靠或承包协议					
	6	项目部或其他分支机构相关文件					
调查结论							
备注							
附件目录	（此项调查所取得的文件或谈话笔录等原始资料直接附在本表格之后，使二者保持关联）						
调查人签字							

6.3.2 股东与股权

股东与股权的相关模板见表 6−4 至表 6−6。

表 6−4 股东与股权——公司股权结构

公司名称					调查人			
调查日期					起止时间			
调查地点					调查项目		公司股权结构	
调查目的		什么人设立和运营目标公司						
调查内容和方法	No.	项目	有	无	调查方法		调查过程	备注
	1	公司目前的股东名册			要求公司提供、现场调查核实、走访工商行政管理部门，以及查阅营业执照、公司章程、财务报告及审计报告（如有），相互印证			
	2	出资证明书						
	3	股权结构图						
	4	股东身份资料，包括自然人股东身份证、法人股东营业执照			对于自然人股东身份证的真假可采用新旧程度观察来辨别，以及到公安部门户籍调查科核实			
	5	各股东的股东结构图（如为公司）			要求公司提供、现场调查核实、走访工商行政管理部门，以及查阅营业执照、公司章程、财务报告及审计报告（如有），相互印证			
	6	各股东股权性质一览表（国有/非国有）			要求公司提供、现场调查核实、走访工商行政管理部门，以及查阅营业执照、公司章程、财务报告及审计报告（如有），相互印证			
	7	股东行使权利情况			主要是选举权、决策权、分红权等			
	8	个人股东身份及履历介绍，法人股东简介			尽可能详尽，没有的要求补充			
调查结论								
附件目录		（此项调查所取得的文件或谈话笔录等原始资料直接附在本表格之后，使二者保持关联）						
调查人签字								

表 6-5　股东与股权——股东出资

公司名称			调查人	
调查日期			起止时间	
调查地点			调查项目	股东出资
调查目的				

	No.	项目	有	无	调查方法	调查过程	备注
调查内容和方法	1	各股东出资比例与数额一览表			咨询会计师事务所等中介机构、询问公司高管及其财务人员、前往工商行政管理部门查询档案、查阅验资报告、查阅公司与股东之间的资金往来和交易记录等。左列 1~6 项一览表可合并为一张表 注意事项：（1）出资是否及时到位、出资方式是否合法，是否存在出资不实、虚假出资、抽逃资金等情况；（2）出资资产（包括房屋、土地、车辆、商标、专利等）的产权是否清晰；（3）前述资产过户是否规范		
	2	各股东出资方式一览表					
	3	各股东出资期限（分期）一览表					
	4	各股东出资到位情况一览表					
	5	各类出资资产本身的移交或过户手续一览表					
	6	各类出资资产本身的权属清晰情况一览表					
	7	非货币出资不足值的情况					
	8	股东行使权利情况					

调查结论	
备注	
附件目录	（此项调查所取得的文件或谈话笔录等原始资料直接附在本表格之后，使二者保持关联）
调查人签字	

表 6-6 股东与股权——对外投资

公司名称			调查人	
调查日期			起止时间	
调查地点			调查项目	对外投资情况
调查目的				

调查内容和方法	No.	项目	有无	调查方法	调查过程	备注
	1	子公司情况		要求公司提供，到工商行政管理部门查询，取得公司的营业执照、财务报告、投资协议等文件，了解被投资公司经营状况。对于依照法定要求需要进行审计的被投资公司，应该取得相应的审计报告，取得重大项目的投资合同及目标公司内部的批准文件		
	2	其他关联公司（指直接或间接拥有 5% 以上的资本关系或有实际控制关系的公司）情况		通过与公司人员谈话，咨询中介机构，查阅公司及其控股股东或实际控制人的股权结构和组织结构、查阅重要会议记录和重要合同等方法，按照《公司法》和企业会计准则的规定，确认公司的关联方和关联方关系，调档查阅关联方的工商登记资料		

调查结论	
备注	
附件目录	（此项调查所取得的文件或谈话笔录等原始资料直接附在本表格之后，使二者保持关联）
调查人签字	

6.3.3　公司治理

公司治理的相关模板见表 6-7 至表 6-11。

表 6-7　公司治理——股东会

公司名称				调查人			
调查日期				起止时间			
调查地点				调查项目	股东会的相关资料		
调查目的				股东会运作情况			
调查内容和方法	No.	项目	有 无	调查方法		调查过程	备注
	1	股东会会议记录或股东会决议		要求公司提供，向相关人员了解情况；特别注意有关董事会组建以及对外投资、担保等重大决策的决议 注意事项：通过阅读股东会会议记录和决议所反映的公司经营事项评估股东会对公司经营管理的影响力。核实决议签名的真实性、完整性（应签的人都要签）；注意股东会议事规则执行情况；审查会议文件是否完整，会议记录中时间、地点、出席人数等要件是否齐备，会议文件是否归档保存。将股东会会议记录和决议内容与董事会、监事会、经理层相关会议内容相对比，分析是否一致			
	2	如有代理出席的情况，有无委托书					
	3	股东会议事规则					
	4	股东会的召集通知					
	5	股东会会议提案					
	6	股东会的召开频率统计表					
	7	股东会其他相关资料					
调查结论							
备注							
附件目录	（此项调查所取得的文件或谈话笔录等原始资料直接附在本表格之后，使二者保持关联）						
调查人签字							

表6-8 公司治理——董事会

公司名称			调查人	
调查日期			起止时间	
调查地点			调查项目	董事会的相关资料
调查目的			董事会运作情况	

	No.	项目	有	无	调查方法	调查过程	备注
调查内容和方法	1	董事长选任证明			要求公司提供，前往工商行政管理部门调阅登记资料；与董事、董事会秘书及其他高管谈话。注意有关经理层聘任以及对外投资、担保等重大决议。（1）通过阅读董事会会议记录和决议所反映的公司经营事项评估董事会对公司经营管理的影响力；（2）核实决议签名的真实性、完整性（应签的人都要签）；（3）注意董事会议事规则执行情况；（4）审查会议文件是否完整，会议记录中时间、地点、出席人数等要件是否齐备，会议文件是否归档保存；（5）将董事会会议记录和决议内容与股东会、监事会、经理层相关会议内容相对比，分析是否一致		
	2	董事选任证明以及董事变更的工商登记资料					
	3	董事会名册及各董事身份信息、个人简历					
	4	董事会会议记录或董事会决议（如有代理出席的情况，需提供代理出席的委任书）					
	5	董事会议事规则					
	6	董事会其他相关资料					

调查结论	
备注	若存在未设董事会的情况，此时仅需提供执行董事相关资料
附件目录	（此项调查所取得的文件或谈话笔录等原始资料直接附在本表格之后，使二者保持关联）
调查人签字	

表 6-9　公司治理——监事会

公司名称						调查人		
调查日期						起止时间		
调查地点						调查项目	监事会的相关资料	
调查目的								
调查内容和方法	No.	项目	有	无	调查方法		调查过程	备注
	1	监事选任证明			要求公司提供，前往工商行政管理部门调阅登记资料 注意事项：（1）通过阅读监事会会议记录和决议所反映的公司经营事项评估监事会对公司经营管理的影响力，特别注意监事会依法对损害股东利益、公司违反事项等行使监督权的事例；（2）核实决议签名的真实性、完整性（应签的人都要签）；（3）注意监事会议事规则执行情况；（4）审查会议文件是否完整，会议记录中时间、地点、出席人数等要件是否齐备，会议文件是否归档保存；（5）将监事会会议记录和决议内容与股东会、董事会、经理层相关会议内容相对比，分析是否一致			
	2	监事会名册及各监事身份信息、个人简历						
	3	监事会会议记录						
	4	监事会议事规则						
	5	监事（会）行使监督权情况						
	6	监事会其他相关资料						
调查结论								
备注	若存在未设监事会的情况，此时仅需提供监事相关资料							
附件目录	（此项调查所取得的文件或谈话笔录等原始资料直接附在本表格之后，使二者保持关联）							
调查人签字								

表 6-10 公司治理——经理团队

公司名称				调查人		
调查日期				起止时间		
调查地点				调查项目	经理团队	
调查目的						
	No.	项目	有 无	调查方法与注意事项	调查过程	备注
调查内容和方法	1	经理、副经理、财务负责人等的聘任文件		要求公司提供，前往工商行政管理部门调阅登记资料；与经理团队及其他高管谈话 注意事项：通过阅读相关会议记录和经营管理资料，评估经理层对公司经营管理的影响力，特别注意其与股东会、董事会的关系。（1）注意各自分工是否明确，是否存在内部纠纷或其他不团结情况；（2）将经理办公室会议记录和决议内容与股东会、董事会、经理层相关会议内容相对比，分析是否一致		
	2	经理团队名册及身份信息、个人简介				
	3	管理例会、经理办公室等类似会议记录				
	4	经理层内部分工（岗位职责）规定				
	5	经理团队其他相关资料				
调查结论						
备注						
附件目录	（此项调查所取得的文件直接附在本表格之后，使二者保持关联）					
调查人签字						

表 6-11 公司治理——董监高任职资格与忠实义务

公司名称				调查人		
调查日期				起止时间		
调查地点				调查项目	董监高任职资格与忠实义务	
调查目的						
	No.	项目	有 无	调查方法与注意事项	调查过程	备注
调查内容和方法	1	董监高有无任职资格		要求公司提供，前往工商行政管理部门调阅登记资料；与经理团队及其他高管谈话 注意事项：检查违规收入是否收缴归公司所有		
	2	董监高有无不忠实行为				
	3	董监高之间有无亲属关系				
调查结论						
备注						
附件目录						
调查人签字						

6.3.4　内部管理与经营风险控制

内部管理与经营风险控制的相关模板见表 6-12 至表 6-14。

表 6-12　内部管理与经营风险控制——组织结构与规章制度

公司名称				调查人			
调查日期				起止时间			
调查地点				调查项目	组织结构与规章制度		
调查目的							
调查内容和方法	No.	项目	有无	调查方法		调查过程	备注
	1	内部组织结构图		与公司相关管理人员沟通交流，要求提供相应的规章管理制度；调查以前是否发生过相关事件，如有，要求查阅当时的文件资料			
	2	各职位、岗位的职责描述		与公司相关管理人员沟通交流，要求提供相应的公司文件			
	3	规章制度汇编		与公司相关管理人员沟通交流，了解国内公司是否有相关知识产权的管理保护制度，如有，要求公司提供			
	4	最近三年经营管理情况的说明（报告），主要说明业务、人员的发展情况以及财务情况		与公司相关管理人员沟通交流，要求提供各分支机构的设立、变更文件，以及对分公司实行管控的相关文件			
调查结论							
备注							
附件目录							
调查人签字							

表6-13 内部管理与经营风险控制——合同管理

公司名称					调查人		
调查日期					起止时间		
调查地点					调查项目	合同管理	
调查目的							
调查内容和方法	No.	项目	有	无	调查方法	调查过程	备注
	1	是否每一次买卖、租赁及其他业务都与对方签订了书面合同			向相关人员了解；要求公司提供签订的书面合同、相关管理制度、相关协议与凭证等；关注制度执行情况		采用OA系统的，则查阅系统记录
	2	合同是否有审批权限规定和流程管理规定					
	3	合同签订是否事先经过专业法律人员审查					
	4	合同签订后是否统一保管和做好保密措施					
	5	每一份合同的执行是否落实到专人负责，确保及时、适当履行					
	6	合同履行过程中送货单、传货凭证、委托书、结算单、质量问题处理协议、发票、付款清单以及其他凭证原件是否保存完好					
	7	任何一方未按照合同履行，有无另行协议或协商的备忘录					
调查结论							
备注	此调查主要针对公司是否制定了上述主要规章制度，至于这些规章制度的合法性以及实施情况不在本调查之列						
附件目录	（此项调查所取得的文件直接附在本表格之后，使二者保持关联）						
调查人签字							

表 6-14　内部管理与经营风险控制——借贷、担保风险

公司名称				调查人			
调查日期				起止时间			
调查地点				调查项目		借贷、担保风险	
调查目的							
调查内容和方法	No.	项目	有 无	调查方法		调查过程	备注
	1	借贷、担保有无相应的股东会、董事会决策程序和公司内部规章制度		与相关管理人员沟通交流，查阅公司相关协议文件，了解借入、借出款项（此处指公司借出）状况 注意事项：（1）关注相关制度执行情况；（2）已发生的借贷、担保是否经过了公司股东会、董事会决议；（3）借贷、担保协议执行情况，如发生逾期或违约，应了解其原因、应对补救措施等；（4）应注意债权过于集中带来的坏账损失风险，债务过于集中带来的资金链断裂风险；（5）调查被担保方是否具备履行义务的能力、是否提供了必要的反担保；（6）了解公司在主要借款银行的资信评级情况			采用 OA系统的，则查阅系统记录
	2	借贷、担保金额占公司净资产、总资产的比重分别是多少		分析一旦发生损失，对公司正常生产经营和盈利状况的影响程度			
调查结论							
备注	此处与后面的债权、债务重大合同调查有交叉，本表格重点关注风险防范体系						
附件目录							
调查人签字							

　　说明：其他经营风险，例如印章管理、知识产权管理、劳动管理等方面的风险，在相应的表格中体现。

6.3.5 资产

资产的相关模板见表 6-15 至表 6-17。

表 6-15　资产——不动产

公司名称				调查人			
调查日期				起止时间			
调查地点				调查项目		不动产	
调查目的							
调查内容和方法	No.	项目	有	无	调查方法	调查过程	备注
	1	不动产清单			要求公司提供，必要时到相关管理部门进行查询 注意事项：（1）不动产清单应注明栋号、权属、面积、坐落、原值、已使用年限、累计折旧、净值、取得方式（自建/购买）等；（2）不论用地来源，都应取得国土证或房地产权证、土地出让金、土地使用费及契税缴纳凭证；（3）如系招拍挂出让土地，还应取得招拍挂公告、成交确认书、相关投资协议（偶尔有）、出让合同及其附件；（4）如系协议出让土地，还应取得相关投资协议（较多有）、出让合同；（5）如系受让土地，还应取得原出让合同、相关转让合同、过户登记文件、政府同意转让批文（划拨地转让）、转让款支付凭证		
	2	盖有查询章的土地信息表					
	3	不动产权证					
	4	不动产使用权证					
	5	不动产共有证					
	6	其他项权利证书			索取主债务协议、抵押合同、抵押登记文件等		
	7	房屋租赁、出租协议			取得相关租赁协议，租赁登记文件；对于房屋出租的，要了解是否能够解除租约，及解约代价；取得强制措施文件等资料，查明原因和案情；是否合法有效；无偿使用他人土地、房屋的，说明原因、使用期限等情况；了解房屋是否属于被拆迁对象，或者近期内是否可能被拆迁		
	8	采取司法措施文件					
	9	无偿使用他人土地或房屋					
	10	房屋是否被拆迁					
调查结论							
备注		该项仅指公司自有土地使用权、建筑物、工程的相关信息，不包括公司通过承包或其他方式获取的土地使用权、建设工程等资料					
签字							

表 6-16　资产——设备及车辆

公司名称					调查人			
调查日期					起止时间			
调查地点					调查项目	设备及车辆		
调查目的		设备的产权、担保、租赁、进口等的合法性						
调查内容和方法	No.	项目	有	无	调查方法		调查过程	备注
	1	设备及车辆清单			要求公司提供，到相关车辆管理部门查阅登记资料，核对权属登记文件。设备清单应包括：名称、型号、购入时间、使用地点、原值、已使用年限、累计折旧、净值、取得方式等项目。车辆还应包括机动车行驶证、汽车牌照的取得情况，请财务调查人员协助提供发票、付款记录等 注意事项：（1）检查二手货情况；（2）对于减免税进口的设备，取得海关监管设备有关减免税批文及其他文件；（3）查明监管年限；（4）对于监管期满的，应取得减免税进口货物解除监管证明或类似文件，防止因违反海关规定被处罚；（5）如有租赁、出租和免费出借、免费使用他人设备情况，取得相关协议资料，说明租赁、无偿使用原因、使用期限等情况			
	2	设备及车辆取得证明资料						
	3	在设备或车辆上设定担保的合同和担保登记证明						
	4	进口设备经过海关、商检部门等的各种手续（包括免税手续）而取得的文书（例如有关进口设备的报关资料、发票、装箱单等）						
	5	有无租赁、出租和免费出借、免费使用他人设备情况						
	6	有无被采取查封、冻结等强制措施情况						
	7	其他设备及车辆的相关资料						
调查结论								
备注								
附件目录								
调查人签字								

表 6-17　资产——在建工程

公司名称			调查人	
调查日期			起止时间	
调查地点			调查项目	在建工程
调查目的				

	No.	项目	有	无	调查方法	调查过程	备注
调查内容和方法	1	建设用地规划许可证			要求公司提供，必要时到相关管理部门进行查询。查明是自建取得，还是所有权转移取得；并针对不同的取得方式要求提供相关文件 注意事项：（1）取得相关许可证时应同时查阅附件；（2）查明强制招标原因和依据，取得招标文件、中标通知书等文件；（3）取得在建工程抵押相关协议及登记文件；（4）查明是否有放弃或进一步明确有限受偿权约定；（5）确定总包方的资质及是否有名为分包、实为转包的情况		
	2	建设工程规划许可证					
	3	建筑施工许可证					
	4	施工单位资质文件					
	5	是否为强制招标项目					
	6	有无招投标					
	7	在建工程抵押					
	8	优先受偿权是否另有约定					
	9	是否有总包					
	10	专项竣工验收文件					

调查结论	
备注	该项仅指公司自有土地使用权、建筑物、工程的相关信息，不包括公司通过承包或其他方式获取的土地、建设工程等资料
附件目录	（此项调查所取得的文件直接附在本表格之后，使二者保持关联）
调查人签字	

6.3.6　人力资源

人力资源的相关模板见表6-18和表6-19。

表6-18　人力资源——人员结构

公司名称					调查人			
调查日期					起止时间			
调查地点					调查项目	人员结构		
调查目的								
调查内容和方法	No.	项目	有	无	调查方法		调查过程	备注
	1	职工名册			要求公司提供职工名册，审查职工名册的内容是否包括劳动者姓名、性别、居民身份证号码、户籍地址及现住址、联系方式、用工形式、用工起始时间、劳动合同期限等法定内容			
	2	人事组织图以及关系说明			要求公司提供相关资料，询问相关人员，查阅相关规章制度			
	3	部门与岗位人员配置说明			要求公司提供各部门负责人的姓名、各岗位人员配置			
	4	有无病、残员工			要求公司提供姓名与相关情况			
	5	有无待岗、培训及其他不正常上班员工			要求公司提供姓名及相关情况			
	6	今后的人员聘用计划			要求公司提供人员聘用计划			
调查结论								
备注								
附件目录								
调查人签字								

表6-19　人力资源——高级管理人员

公司名称				调查人			
调查日期				起止时间			
调查地点				调查项目	高级管理人员		
调查目的							
调查内容和方法	No.	项目	有	无	调查方法	调查过程	备注
	1	高级管理人员名册（包括任命文书）以及资历、兼职			要求公司提供，询问高管（含董事、董事会秘书、监事、经理、副经理、财务负责人）		
	2	高级管理人员有关薪酬和离职补偿等特别待遇的文件（含劳动合同中相关特别约定）					
	3	高级管理人员兼职情况					
	4	保密协议、竞业限制协议签订情况					
	5	出资培训、培养及服务期协议签订情况					
	6	今后的人员聘用计划					
调查结论							
备注							
附件目录	（此项调查所取得的文件直接附在本表格之后，使二者保持关联）						
调查人签字							

6.3.7 业务

业务的相关模板见表 6-20 至表 6-23。

表 6-20 业务——主营业务

公司名称					调查人			
调查日期					起止时间			
调查地点					调查项目		主营业务	
调查目的								
调查内容和方法	No.	项目	有	无	调查方法		调查过程	备注
	1	主营业务描述			公司说明及提供文件			
	2	主营业务是否在登记的经营范围之内						
	3	主营业务是否需要特别的行政许可、批准、资质或授权			公司说明及提供文件			
	4	销售的产品或提供的服务是否遭受投诉或索赔			取得相关记录及文件			
调查结论								
备注								
附件目录								
调查人签字								

表 6-21 适用于项目公司。项目公司不同，调查内容也不同。本表以房地产项目为例。

表 6-21　业务——主营业务（以房地产项目为例）

公司名称				调查人	
调查日期				起止时间	
调查地点				调查项目	主营业务
调查目的					
调查内容和方法	No.	项目	有 无	调查方法	调查过程 备注
	1	公司主营业务内容的总体说明		调查方法：左列文件均要求公司提供，必要时到相关部门进行查询。左列文件，原则上都需要取得，若不能取得，在此说明原因。不同的项目要求不同，例如污水处理特许经营项目，所需文件主要集中在特许经营的批文、合同环保部门的要求等，此不赘述；如项目属于在建工程，所需文件请参见资产——在建工程	
	2	项目所涉及的政府部门批复，包括立项批复、环境影响评估批复、项目投资备案证、用地预审意见、项目规划意见书、审定设计方通知书、设计批复、建设用地规划许可证、建设工程规划许可证等			
	3	如涉及征地拆迁，则取得政府征地、拆迁批复（当地与上级政府）、征地补偿协议与拆迁安置补偿协议、征地补偿价款与房屋拆迁补偿费支付凭证、征地公告、拆迁安置补偿公告及方案、房屋拆迁许可证、征地与拆迁总结报告			
	4	相关部门审批。环保：环境影响报告/书面披露。消防：建筑设计消防审核审批意见、建筑/装修工程消防设计审批意见、建筑消防设计防火审批意见。交通：交通影响评价意见。人防：人防工程初步设计审核批准通知单、人防工程施工图备案通知单。其他：文物保护、超限高层建筑工程防震设防审批、节能审批、树木伐移审批、绿化与园林审批、矿产资源核查或地质灾害评估批复或意见			
	5	项目运营所涉及的资质证书（房地产开发资质或暂定资质）			
	6	如涉及商品房销售，则应取得：销售或预售许可证、销售/预售合同范本及补充协议、公司与银行按揭合作协议等协议文本			
调查结论					
备注					
附件目录					
调查人签字					

表 6-22 业务——主要供应商

公司名称					调查人		
调查日期					起止时间		
调查地点					调查项目	主要供应商	
调查目的							
调查内容和方法	No.	项目	有	无	调查方法	调查过程	备注
	1	主要供应商清单（含基本情况介绍，特别注明与公司合作期限及近三年交易金额）			左列文件均要求公司提供，与采购部门负责人及业务人员沟通。调查公司采购模式，必要时询问主要供应商 注意事项：（1）关注原材料等供应渠道是否过于单一，即是否与某一供应商合作时间过长、交易金额过大；是否一旦某供应商中断供应就会影响目标公司生产经营；（2）与供应商关系是否平等、稳定；（3）目标公司股权变化是否可能导致供应商停止合作，或者提出更苛刻的合作条件；与供应商合作中是否有股权变动供应合同可解除的约定		
	2	公司采购管理是否有制度和固定管理模式					
	3	供应商履约情况和信用评估说明					
	4	公司股权变化对主要供应商有无影响					
调查结论							
备注							
附件目录							
调查人签字							

表 6-23　业务——主要客户和销售渠道状况

公司名称				调查人		
调查日期				起止时间		
调查地点				调查项目		主要客户和销售渠道状况
调查目的						
调查内容和方法	No.	项目	有 无	调查方法	调查过程	备注
	1	主要客户或销售渠道清单（含基本情况介绍，特别注明与公司合作期限及近三年交易金额）		要求公司提供文件，与销售、市场部门负责人及业务人员沟通，必要时询问主要客户或代理商。如客户或销售渠道很多，可划定一个调查起点金额注意事项：（1）关注客户或销售渠道是否过于单一，如合作时间过长、交易金额过大；是否一旦失去客户或某销售渠道中断，就会影响公司生产经营；（2）与客户和代理商、销售合作伙伴是否平等、稳定；（3）目标公司股权变化是否会导致客户和销售渠道等停止合作，或者提出更苛刻的合作条件；与供应商合作中是否有股权变动供应合同可解除的约定		
	2	公司销售管理是否有制度和固定管理模式				
	3	主要客户和代理商履约情况和信用评估说明				
	4	公司股权变化对主要客户和销售渠道有无影响				
调查结论						
备注						
附件目录						
调查人签字						

6.3.8 财务与税务

财务与税务的相关模板见表6-24和表6-25。

表6-24 财务与税务——财务报表等财务资料

公司名称						调查人			
调查日期						起止时间			
调查地点						调查项目	财务报表等财务资料		
调查目的									
调查内容和方法	No.	项目	有	无	调查方法			调查过程	备注
	1	最近三年财务报表			要求公司提供，以及查阅会计师事务所审计的情况；走访有关会计师事务所，到工商行政管理部门核实有关情况 注意事项：这部分主要是财务人员进行调查和分析，但律师也需要有所了解，主要关注财务管理防范情况，例如财务制度的制定和执行情况，会计、出纳相互监督机制的有效性，是否有算错账的情况及其严重程度				
	2	最近三年会计师事务所审计情况							
	3	公司财务管理制度							
	4	公司财务内控机制							
	5	之前是否有算错账的情况			关注与股东、董监高、员工、重要供应商和客户的相关持股或协议控制关系				
调查结论									
备注									
附件目录									
调查人签字									

表 6-25 财务与税务——关于银行账户的资料

公司名称					调查人			
调查日期					起止时间			
调查地点					调查项目	关于银行账户的资料		
调查目的								
调查内容和方法	No.	项目	有	无	调查方法		调查过程	备注
	1	开户许可证			要求公司提供，去相关银行查阅 注意事项：关注网上银行的使用和管理；关注有没有公款私存；关注公司账户与股东或董监高个人账户资金往来；关注多头开户情况；关注各账户与客户或有关方的收款、付款使用频率、使用方式情况；关注各账户相应的财务章、人名章等印鉴的留存、变更情况			
		银行信贷登记咨询系统贷款卡						
	2	银行账户一览表（注明相应的留存印鉴）						
	3	网上银行						
		U 盾						
	4	其他账户资料						
调查结论								
备注								
附件目录								
调查人签字								

6.3.9　争议与处罚

争议与处罚的相关模板见表 6−26 和表 6−27。

表 6−26　争议与处罚——已解决民事纠纷

公司名称					调查人			
调查日期					起止时间			
调查地点					调查项目	已解决民事纠纷		
调查目的								
调查内容和方法	No.	项目	有	无	调查方法		调查过程	备注
	1	近三年内发生的已解决的民事纠纷清单（含与公司股东和董监高有关的纠纷，下同）			要求公司提供有关司法文书，必要时走访法院、仲裁机构核实有关文书的真实性；档案要完整 注意事项：这些纠纷是否有遗留问题（例如未执行完）；公司处理这些纠纷的方式是否合理 如进入诉讼程序，则归入诉讼文件档案			
	2	诉讼案件文件（全部档案）						
	3	仲裁案件文件（全部档案）						
	4	其他已解决纠纷文件（如调解机构或政府部门调解过的纠纷）						
调查结论								
备注								
附件目录								
调查人签字								

表6-27 争议与处罚——未决民事纠纷

公司名称				调查人		
调查日期				起止时间		
调查地点				调查项目		未决民事纠纷
调查目的						
调查内容和方法	No.	项目	有 无	调查方法	调查过程	备注
	1	公司关于未决民事纠纷的书面说明（含与公司股东和董监高有关的纠纷，下同）		要求公司提供有关司法文书，或通过受理案件的法院或仲裁机构查阅相关文件；要求公司承诺的该案件代理律师或公司内部法务人员提供上述纠纷的可能结果及专业律师意见 劳动仲裁如进入诉讼程序，则归入诉讼文件档案		
	2	诉讼案件文件（全部档案）				
	3	仲裁案件文件（全部档案）				
	4	其他未决纠纷文件（如调解机构或政府部门调解过的纠纷）				
	5	就未决纠纷，是否有和解或其他计划				
	6	这些纠纷对并购的影响				
调查结论						
备注						
附件目录						
调查人签字						

6.4 AI赋能财务尽职调查工作底稿的智能化变革

6.4.1 AI驱动的底稿自动化生成

1. 数据采集与结构化处理

AI技术通过多种自动化工具帮助财务人员高效完成数据收集。例如，使用RPA（机器人流程自动化）软件可以自动从企业ERP系统、银行对账单等电子平台抓取财务数据，就像设置了一个"数据搬运工"。对于纸质合同、银行流水等文件，OCR（光学字符识别）技术能像扫描仪一样将图片文字转化为可编辑的电子文本，甚至能识别表格和印章位置。在访谈场景中，语音识别技术

（ASR）可实时将对话内容转为文字记录，避免人工听写错误。收集后的数据通过自然语言处理技术（NLP）自动清洗，例如智能识别"应收账款"和"应收票据"等相似科目，并关联到正确的会计科目表中，大幅减少手工核对时间。数据采集与结构化处理 AI 技术示例，如图 6-1 所示。

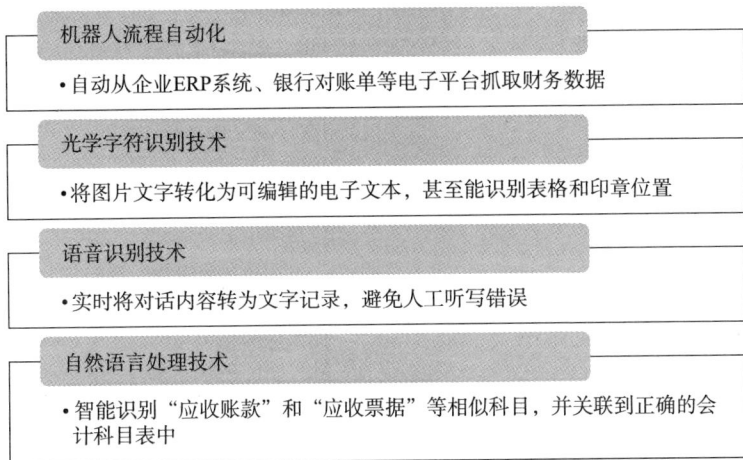

机器人流程自动化
- 自动从企业ERP系统、银行对账单等电子平台抓取财务数据

光学字符识别技术
- 将图片文字转化为可编辑的电子文本，甚至能识别表格和印章位置

语音识别技术
- 实时将对话内容转为文字记录，避免人工听写错误

自然语言处理技术
- 智能识别"应收账款"和"应收票据"等相似科目，并关联到正确的会计科目表中

图 6-1　数据采集与结构化处理 AI 技术示例

2. 底稿模板智能生成

系统内置覆盖制造业、金融业等 300 多个行业的模板库，就像拥有一个"智能文件库"。选择制造业模板时，AI 会自动调取固定资产评估所需的字段（如设备折旧年限、残值率），并根据企业实际情况动态调整。生成过程中，AI 模型（如 DeepSeek）能快速解读财务报表数据，自动填写表格内容。例如，输入应收账款明细后，系统会自动计算账龄分布比例，并生成对应的文字分析段落。用户可随时对模板内容进行修改，例如增加行业特有的风险提示字段，修改后的模板会被系统记忆以供下次使用。

3. 生成流程优化

AI 采用"先搭骨架再填血肉"的分步生成策略，如图 6-2 所示。

首先生成包含目录、章节标题的文档框架，然后逐步填充具体数据和结论，就像"盖房子先打地基再砌墙"。在关键节点设置人工审核入口，例如自动生成的关联交易分析部分会标黄提示"请补充交易定价依据"，确保专业判断不被 AI 替代。系统还会自动插入最新版声明文件和法律条文，例如在每份底稿末尾添加数据保密条款和签名区域，版本号随修改自动更新，避免用错旧模板的风险。最终生成的底稿可直接导出为带水印的 PDF 文件，满足审计归档要求数据采集与结构化处理。

图 6-2　AI 分步生成策略

6.4.2　AI 增强的底稿质量控制

1. 全流程质量保障体系

AI 技术通过实时数据校验功能，像"智能安检员"一样自动检查财务数据的准确性。例如，系统会扫描合同扫描件中的金额与电子台账是否一致，发现小数点错位或单位错误（如"万元"误标为"元"）会自动标红提醒。对于跨表格的勾稽关系，AI 能自动验证现金流量表与资产负债表的平衡性，比如"净利润 + 折旧摊销"是否等于"经营活动现金流"，若出现矛盾会立即预警。当存货周转率等指标突然偏离行业正常范围时，系统会结合历史数据和市场环境，判断是数据错误还是经营异常，并用可视化图表展示波动原因。

2. 智能审核机制

AI 通过语义分析技术，对比底稿文字描述与原始合同条款的匹配度。例如风险披露章节中提到的担保条款，若未在合同附件中找到对应条款，系统会自动标记"描述缺失"。针对潜在风险点，AI 会分析应收账款账龄、客户集中度等指标，将风险分为高、中、低三级，并生成建议："建议增加坏账计提比例5%"或"提示关联交易占比超阈值"，审核报告会自动标注重点段落，方便人工快速定位关键问题。

3. 人机协同修正

系统会完整记录 AI 的修改建议与人工决策过程，比如在存货估值调整时，保留 AI 提出的"按最新市价重估"建议和人工选择的"按成本与市价孰低法"两种路径。每次修改均生成带时间戳的版本，支持对比三个月前原始底稿与当前版本的差异，用色块标注删除、新增内容。最终底稿会附上 AI 置信度评分

（如"数据校验可信度98%"），帮助使用者判断自动化结果的可靠性。

AI 底稿质量控制三层面如图 6-3 所示。

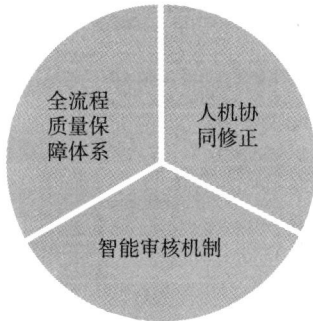

图 6-3　AI 底稿质量控制层面

6.4.3　AI 赋能的动态底稿管理

1. 版本智能控制

AI 系统能自动追踪底稿的每一次修改，像"智能警报器"一样识别改动影响范围。例如税率调整时，系统会立即检查所有关联表格（如利润表、纳税申报表），标记需要同步更新的数据，避免人工漏改导致报表错误。每次修改都会生成带时间的水印，类似"电子封条"，通过区块链技术确保修改记录无法被篡改，审计时能随时调取三个月前的历史版本对比差异，用不同颜色标注新增和删除内容。

2. 跨团队协作优化

系统根据员工职责自动分配权限，比如实习生只能查看基础数据，而项目经理可编辑核心财务指标，就像"智能门禁"控制不同区域进出权限。多人协作时支持实时批注，当两位会计师同时修改应收账款数据时，系统会用弹窗提示冲突内容，自动保存两个版本供负责人选择。所有修改建议和最终决策路径都会被记录，形成可视化的操作日志树状图。

3. 环境适应性管理

AI 内置"合规雷达"功能，每天自动抓取财政部、税务总局等官网的最新政策，遇到会计准则变更时，系统会在 24 小时内更新底稿模板中的计算公式和披露要求。例如 2025 年新租赁准则实施后，系统自动将经营租赁数据迁移到资产负债表指定科目，并生成新旧准则对比说明文档供复核。

AI 赋能的动态底稿管理核心功能如表 6-28 所示。

表 6-28　AI 赋能的动态底稿管理核心功能

功能模块	技术实现	核心功能
版本智能控制	区块链时间戳追踪； 变更影响分析算法	• 自动追踪文档修改轨迹； • 识别税率/准则调整引发的数据联动更新范围
权限动态分配	RBAC 模型 + 环境感知引擎	• 实习生仅查看基础数据字段； • 项目经理可编辑核心财务指标； • 审计师锁定敏感区域
协同冲突解决	多版本合并算法； 实时批注系统	• 双人修改冲突弹窗提示； • 自动保存分歧版本； • 操作路径可视化溯源
合规雷达监测	政策文本 NLP 解析； 模板自动更新引擎	• 每日抓取 200 + 政府网站； • 自动识别会计准则变更关键字段； • 24 小时模板迭代
历史版本审计	差异对比可视化工具； 热存储分层架构	• 90 天内任意版本调取； • 红绿颜色标注增删内容； • 冷数据归档成本降低 40%

6.4.4　AI 在底稿分析中的深度应用

1. 多维数据洞察

AI 通过构建企业关系图谱，像"企业关系地图"一样揭示隐藏风险。例如系统能自动分析供应商之间的股权关联，发现同一法人控制的多家企业存在循环担保问题。对于财务指标预测，采用类似天气预报的 Prophet 算法，通过历史数据建模预测营收增长率，某酒企用此技术提前 3 个月预判季度销售额波动趋势。

2. 风险智能识别

AI 可解读管理层会议录音中的情绪波动，当高管频繁使用"可能""不确定"等词汇时，系统会自动标注风险等级。在票据审核中，AI 通过扫描发票印章纹理和数字水印，识别出某企业伪造的 2.7 亿元增值税票。这种技术使假票识别准确率达 99.8%，远超人工审核。

3. 可视化决策支持

系统自动生成动态分析看板，如用雷达图展示企业偿债能力：某集团通过 Power BI 实时显示流动比率、速动比率等 5 项指标，异常数据自动标红闪烁，管理人员点击即可查看关联合同扫描件。中国科学院研发的 AutoPatent 框架，将专利分析报告生成时间从 2 天压缩至 10 分钟，关键数据遗漏率下降 60%。

AI 在底稿分析中的深度应用如图 6-4 所示。

| 多维数据洞察 | ➡ | 风险智能识别 | ➡ | 可视化决策支持 |

图 6-4　AI 在底稿分析中的深度应用

6.4.5　AI 赋能的底稿归档与复用

1. 智能分类归档

AI 系统能像"智能图书管理员"一样自动整理文件。通过深度学习模型（如 Transformer 架构），系统能同时给文档打上多个标签，例如自动识别某份底稿属于"制造业—应收账款审计—高风险"组合标签。对于合同扫描件等非结构化数据，AI 会提取关键信息（如签约日期、交易金额），就像用"电子荧光笔"划出重点，并自动生成索引目录。某投行使用该技术后，文档归类准确率从 78% 提升至 95%。

2. 知识复用引擎

系统内置"智能档案员"功能，能快速找到相似案例。例如输入"新能源汽车并购尽调"，AI 会通过语义分析检索近三年同行业项目底稿，用颜色标记关键差异点。对于长篇报告，AI 可自动生成 3 行核心结论摘要，类似"会议纪要速记员"，某律所借此将案例检索时间从 2 小时缩短至 10 分钟。

3. 云原生存储优化

系统像"仓库管理员"自动分配存储位置。高频使用的合同模板存放在快速存储区，三年未调阅的会议记录则迁移到低成本存储区，某基金公司借此节省 40% 存储费用。所有数据采用"防弹玻璃"级加密，即使云端管理员也无法查看原始内容，某银行使用该技术后通过银保监会数据安全审计。

AI 赋能的底稿归档与核心功能的对照如表 6-29 所示。

表 6-29　AI 赋能的底稿归档与核心功能的对照

功能模块	技术实现	核心功能
智能分类归档	Transformer 多标签分类 OCR + 知识图谱提取	• 三维标签体系（行业/业务/风险）； • 非结构化数据关键字段识别； • 自动化索引目录生成
知识复用引擎	Embedding 语义检索 T5 模型摘要生成	• 跨项目案例匹配（近 3 年同行业）； • 差异点颜色标注； • 长文本 3 行核心结论提炼
云原生存储优化	AWS Glacier 分层存储同态加密技术	• 冷热数据自动迁移（高频/低频访问）； • 全链路数据加密； • RBAC 权限动态控制

第 7 章　如何用 AI 撰写尽职调查报告

7.1　AI 撰写尽职调查报告的基础认知

7.1.1　AI 撰写报告的核心价值

1. 效率革命

效率革命让报告撰写速度发生质变，AI 如同不知疲倦的助手，能同时完成数据收集、计算分析和文档生成。例如企业并购尽调中，传统方式需要 3 名会计师花费 3 天整理财务数据，而达观智能系统只需 3 小时就能输出完整报告。

2. 精准度提升

精准度提升体现在每个细节的把控上，系统能避免人工操作中常见的数字抄错、公式套错等问题。比如某份财务报表中，人工容易混淆"应付账款"和"预付账款"科目，AI 通过自然语言理解技术准确匹配对应数据，将科目匹配准确率提升到 99.8%，相当于每 1 000 条数据只有 2 条需要人工复核。

3. 知识复用

知识复用让企业积累的经验不再沉睡在档案室。某银行客户经理需要撰写中小企业贷款报告时，系统自动推送同行业历史案例、最新监管要求模板，使经验复用率提升 60%，原本需要 3 小时查找资料的工作现在 2 分钟就能完成。

4. 风险控制

风险控制能力如同给报告装上"预警雷达"，某集团使用 AI 系统时，自动识别出被尽调企业通过 3 家空壳公司进行关联交易，及时避免了 5 000 万元的投资损失，这得益于系统内置的 400 多条金融风险规则库，相当于同时有 400 位风控专家在把关。

AI 撰写报告的核心价值如图 7-1 所示。

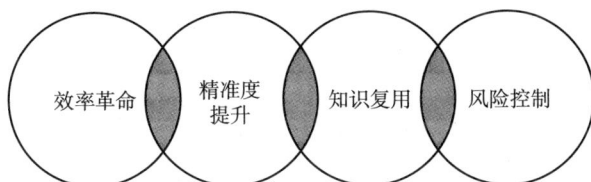

图 7-1　AI 撰写报告的核心价值

7.1.2　技术实现的底层逻辑

1. 数据层

数据层如同搭建房屋的地基，通过三种方式收集信息：①OCR 技术像"智能扫描仪"将纸质财报转化为电子数据；②API 接口像"数据快递员"实时获取工商、征信等官方数据；③爬虫技术像"蜘蛛网"抓取行业新闻和政策变化。

2. 算法层

算法层的核心是大模型：①能自动计算企业的流动比率、资产负债率等 50 多项财务指标，某会计师事务所用此功能将审计报告错误率从 3% 降到 0.5%；②法律条款比对功能可瞬间扫描 300 页合同，标出与《民法典》冲突的条款；③语义理解能力让系统能读懂专业术语，例如将"EBITDA 增长率"自动转换为"息税折旧前利润变化趋势"。

3. 应用层

应用层将技术转化为"看得见的生产力"：①WPS/Office 插件像"智能笔"嵌入日常办公，客户经理在编写授信报告时，点击按钮就能自动填充工商信息、生成财务分析段落；②修订模式会像老师批改作业般用红字提示风险，例如某银行系统发现客户经理误将"应收账款周转天数"公式写反，及时纠正计算错误；③"历史版本对比"功能可追溯三个月内的报告修改记录。

数据层、算法层、应用层技术体系对比如表 7-1 所示。

表 7-1　数据层、算法层、应用层技术体系对比

架构层级	技术模块	核心功能	技术支撑
数据层	OCR 智能扫描系统	纸质文档电子化转换；多语言混合识别	图像处理算法 + 深度学习模型
	API 数据中台	实时调取官方数据；高频次结构化传输	RESTfuI 协议 + 分布式调度
	智能爬虫引擎	全网动态监控；非结构化数据处理	多线程采集 + 语义解析

架构层级	技术模块	核心功能	技术支撑
算法层	财务分析引擎	50+指标自动化计算；三表联动异常检测	财务知识图谱+动态校验算法
	法律条款比对系统	300页合同秒级扫描；法规冲突智能标红	法律知识图谱+NLP语义解析
	专业语义理解模块	术语自动转换；上下文关联分析	Transformer架构+领域微调
应用层	智能办公插件	工商信息自动填充；财务段落智能生成	智能办公插件、RPA流程自动化
	智能修订系统	公式逻辑校验；风险点红字标注	动态校验算法+异常模式识别
	版本溯源管理	修改记录可视化追踪；数据篡改溯源	区块链存证技术+操作日志分析

7.1.3 适用的业务场景分析

1. 标准化场景

标准化场景适合重复性强、模板固定的事务，比如上市公司年报分析。这类报告需要大量财务数据整理和指标计算，AI 系统能像"流水线"般自动完成：某证券公司用 AI 处理 300 页 IPO 申报材料，原本需要 2 周的格式调整和数据核对，现在 3 小时就能生成符合交易所要求的标准化文档。小微企业信贷尽调也属于此类，系统根据银行预设的 20 项核心指标（如资产负债率、现金流覆盖率），自动生成风险评估报告，客户经理只需核对关键数据即可。

2. 半结构化场景

半结构化场景需要"人机协作"完成，典型如并购项目法律合规审查。AI 先通过工商数据接口抓取交易双方股权结构，再用自然语言技术扫描合同中的对赌条款、竞业限制等内容，生成初步风险清单。但每个案件需人工补充特殊条款，例如某跨国并购案中，律师需手动添加目标公司所在国的反垄断法要求，系统再根据新规则重新评估合规风险。这种模式将法律团队的工作量减少 60%，同时降低遗漏关键条款的概率。

3. 创新场景

创新场景则依赖 AI 的实时学习能力，例如 ESG 投资评估报告。某基金公司系统每日抓取全球 20 个国家的环保政策、劳工权益新规，结合企业碳排放数据动态调整评分模型。2024 年欧盟发布《可持续金融披露条例》后，系统 48 小时内完成 200 家被投企业的 ESG 报告更新，而传统人工方式需要 3 个月。这类报告要求 AI 不仅能处理结构化数据，还要理解"温室气体核算方法修订"等专业政策变化的影响。

AI 撰写报告适用的业务场景分析如图 7-2 所示。

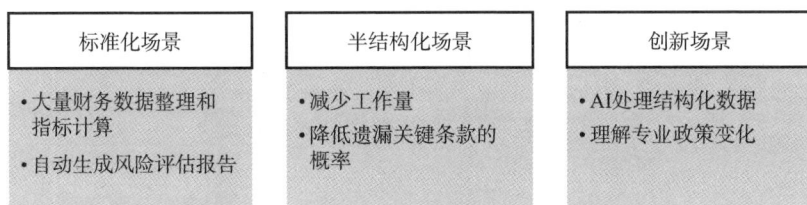

标准化场景	半结构化场景	创新场景
·大量财务数据整理和指标计算 ·自动生成风险评估报告	·减少工作量 ·降低遗漏关键条款的概率	·AI处理结构化数据 ·理解专业政策变化

图 7-2　AI 撰写报告适用的业务场景分析

7.1.4　与传统撰写方式的对比

1. 效率维度

传统方式像"手工裁缝"逐针缝制：投行分析师需要从 10 多个系统导出数据，再手动粘贴到 Excel 表格计算财务比率，一份并购报告平均耗时 40 小时。而 AI 如同"智能印刷机"，3 小时就能输出初稿，某私募基金用此技术将尽调效率提升 8 倍，抓住稍纵即逝的投资窗口期。

2. 准确性方面

人工操作易出现低级错误，例如某份尽调报告曾因误将"营业收入增长率"公式中的分母错写，导致估值偏差 2 亿元。AI 通过预设的 400 + 校验规则（如现金流量表与利润表勾稽关系验证），将基础数据错误率从 12% 降至 0.5%。但复杂商业逻辑仍需人工判断，如某 AI 系统将企业合理的税务筹划误判为违规行为，需风控专家二次复核。

3. 知识复用能力

传统模式依赖个人经验，某资深会计师需要 3 年才能熟练掌握科创板 IPO 审核要点，其知识难以快速复制给团队。AI 则构建企业级知识库，某律所将 20 年积累的 3 000 个并购案例转化为知识图谱，新人律师通过系统推荐的历史相似案例，首月就能独立完成基础尽调模块。

4. 风险控制层面

传统方式像"事后灭火"：某次企业 IPO 因未披露关联交易被监管处罚，团队复盘发现是人工核查时漏掉 2 家间接控股公司。AI 通过股权穿透算法，自动识别出 5 层控股结构下的关联方，某券商借此将合规风险预警时效从 14 天缩短至实时监控。但 AI 对新兴风险（如元宇宙领域的数据合规问题）仍需人工持续更新规则库。

AI 与传统撰写方式的对比如图 7-3 所示。

| 效率维度 | 准确性方面 | 知识复用能力 | 风险控制层面 |

图 7-3　AI 与传统撰写方式的对比

7.2　关键技术与实施路径

7.2.1　数据采集与清洗技术

1. 多源数据接入

通过三种方式汇聚数据，如图 7-4 所示。

图 7-4　汇聚数据的三种方式

①行内系统对接如同打通企业"血管"，某银行通过内部数据通道（ESB 总线）实时获取信贷审批记录、客户交易流水，原先需要跨部门申请的数据现在 10 秒内完成调取；

②外部数据调用像"空中加油"，某证券公司通过企查查 API 每秒自动获取 50 家企业的股权变更信息，比人工查询快 200 倍；

③纸质文档识别技术如同"智能扫描仪"，IDP 系统能识别 200 多种版式的财报，某审计机构用此功能将 100 页纸质报表电子化时间从 3 小时压缩到 8 分钟，准确率超 98%。

2．结构化处理

①财报科目智能映射功能像"翻译官"，某跨国企业应用新收入准则时，系统自动匹配新旧科目差异项，避免人工换算导致的 1.2 亿元营收误算；

②合同文本挖掘如同"风险探测仪"，某律所通过 AI 扫描 3 000 份投资协议，成功识别出 12 份隐藏对赌条款的合同，其中 1 份条款可能引发 2.3 亿元赔偿风险。

3．质量控制机制

①区块链记录修改痕迹如同不可擦除的日记本，证明数据真实性；

②异常值预警系统像"警报器"，当某食品企业营收增长率突然超过行业平均水平 3 倍时，系统立即提示可能存在虚增收入风险，经核查发现其通过关联交易虚报业绩的事实。

7.2.2　自然语言处理应用

1．语义理解

语义理解让系统像"法律翻译官"般读懂专业文本。某银行使用 BiLSTM + CRF 模型扫描贷款合同，成功识别出"流动比率 < 1.2"的风险标记，并自动标注为红色预警，这项技术曾在 3 个月内发现 12 家企业的偿债能力异常。例如某份企业财报中，"应收账款周转率下降但营业收入增长"的异常组合，系统通过语义分析将其标记为潜在财务造假信号。

2．逻辑推理

逻辑推理如同"法规侦探"，基于 RAG 框架实现条文关联。某跨国企业并购案中，系统自动比对欧盟 GDPR 与某省《数据安全条例》，发现隐私数据跨境传输规则的冲突，提示需补充签订补充协议。这种能力源于知识图谱中预设的 5 000 + 法律条文关联关系，相当于为每份报告配备专业法务团队。

3．文本生成结合

"标准化模板"与"自由创作"：①模板引擎像"填空机器人"，自动填入财务数据生成标准化段落，例如某券商系统用预置的 20 种利润分析模板，3 分钟完成 300 页 IPO 申报材料的核心章节；②大模型则像"行业分析师"，基于舆情数据撰写自由文本，例如某 AI 根据新能源汽车行业政策变化，生成包含"固态电池技术突破将重塑供应链"的前瞻研判，准确预测 3 家上游企业股价波动。

自然语言处理的三种应用如图 7-5 所示。

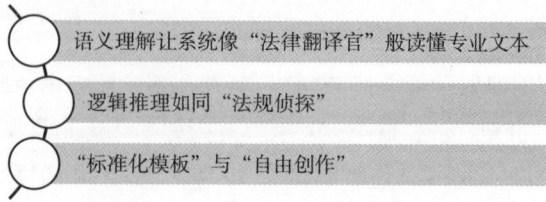

图 7-5　自然语言处理的三种应用

7.2.3　知识图谱构建方法

1. 本体设计

本体设计如同绘制"企业关系地图"，定义企业、人物、事件等 5 类核心实体。某私募机构构建的知识图谱中，仅用 30 秒便展示出某集团通过 5 层股权结构控制的 12 家关联公司，而传统人工核查需 3 天。

2. 关系抽取

关系抽取揭示隐藏的商业网络：①股权穿透功能曾发现某上市公司实际控制人通过海外信托持股，规避信息披露义务；②供应链分析模块追踪到某汽车厂商的二级供应商使用不合规原材料，提前预警召回风险，这些功能依赖对 1.2 亿条工商数据的深度挖掘。

3. 动态更新

动态更新确保知识库"永不过时"。系统每天自动抓取 2 000 + 工商变更记录和 100 + 司法诉讼公告，例如某次更新及时捕获目标公司新增的环保处罚信息，避免 2.3 亿元并购款误付。

7.2.4　机器学习模型训练

1. 监督学习

监督学习让 AI "站在巨人肩膀上"。某律所用 10 万份历史报告训练风险评级模型，新人律师使用该系统后，法律意见书错误率从 15% 降至 3%，效率提升 5 倍。

2. 无监督学习

无监督学习发现"看不见的关联"。某银行通过客户交易行为聚类，识别出

3 家表面无关联的企业实际由同一控制人操纵，拦截 1.8 亿元关联贷款风险。

3．强化学习

强化学习实现"越用越聪明"。某风控系统根据专家反馈优化贷后管理建议，经过 6 个月迭代后，不良贷款预测准确率从 78% 提升至 92%。

7.2.5　报告生成引擎设计

1．模块化架构

模块化架构如同"乐高积木"灵活组装。达观智能系统将财务、法律、业务模块独立开发，某券商定制并购报告时，仅需勾选"反垄断审查""税务筹划"等模块，系统自动组合生成 500 页专项报告。

2．个性化配置

个性化配置满足行业特殊需求。银行版报告默认嵌入巴塞尔协议风控指标，PE 机构版则强化行业竞争格局分析，某基金公司借此将行业研究报告产能提升 8 倍。

7.2.6　质量控制系统搭建

1．机器校验

机器校验是"永不疲倦的审计师"：①财务钩稽关系验证曾发现某企业虚增利润 1.2 亿元，系统通过比对利润表与现金流量表差异自动报警；②法律条文时效性检查每日扫描 10 万余条法规，某次更新后自动标记 63 条失效条款。

2．人机协同

人机协同实现"双重保险"：①可信度评分低于 80 分的段落强制人工复核，某次 AI 误将合理税务筹划判为违规，经专家复核后纠正；②修订痕迹对比功能用红蓝批注显示 AI 与人工修改差异，帮助某审计团队 3 天内完成原本需 2 周的报告交叉验证。

7.3　典型应用场景实操

7.3.1　财务尽职调查报告

1．自动化模块

系统能自动计算 EBITDA、流动比率等 50 多个核心指标，像"财务体检仪"

一样快速扫描企业健康状况。例如某制造企业使用三表联动分析功能，发现存货周转天数异常延长，经核查是仓库管理漏洞导致积压，及时止损 800 万元。异常波动检测功能像"警报器"，某次发现某公司营收增长 20％但应收账款周转率下降 30％，系统自动标注为"虚增收入风险"，后证实其通过关联交易粉饰业绩。

2. 高阶应用

财务造假预测功能基于 Benford 定律，曾识别出某企业成本数据人为篡改痕迹，经审计发现其通过虚增原材料采购转移资金。现金流压力测试功能模拟极端情况，某地产集团测试"利率上浮 1％"场景时，系统显示其短期偿债缺口扩大至 1.2 亿元，促使企业提前调整融资结构。财务尽职调查报告的 AI 应用场景如图 7-6 所示。

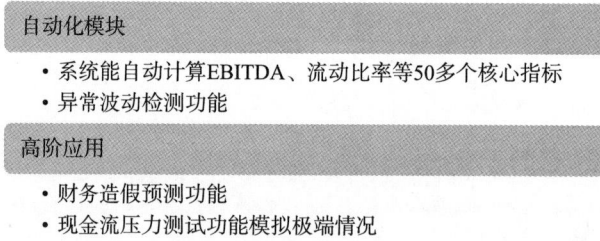

自动化模块

- 系统能自动计算EBITDA、流动比率等50多个核心指标
- 异常波动检测功能

高阶应用

- 财务造假预测功能
- 现金流压力测试功能模拟极端情况

图 7-6　财务尽职调查报告的 AI 应用场景

7.3.2　法律合规性报告

1. 智能审查

合同条款冲突检测功能曾发现某劳动合同中的竞业限制期限超过法定上限，自动提示修改建议。跨境数据传输合规模块像"双轨翻译官"，某跨国企业使用后，可一键生成同时满足欧盟 GDPR（《通用数据保护条例》）和中国《网络安全法》的报告，将合规审查时间从 2 周缩短至 3 小时。

2. 案例库

关联交易历史判例参考功能，在某医药企业并购案中，系统自动匹配 90％相似度的既往案例，提示"需补充境外反垄断审查材料"，避免项目延期。智能NDA 生成功能根据合作方类型调整条款，某风投机构用此功能为不同合作伙伴生成 20 版保密协议，效率提升 5 倍。

7.3.3　业务分析报告

1. 市场洞察

某新能源汽车企业使用行业趋势预测功能，系统结合政策舆情和锂价走势，提前 6 个月预警电池成本上涨风险，企业据此锁定长期采购协议节省成本 1.3 亿元。竞争对手动态监控功能每周自动生成 SWOT 分析，某快消品牌借此发现竞品新品上市延迟，及时抢占市场份额。

2. 客户画像功能

供应链脆弱性评估模块发现某手机厂商 70% 芯片依赖单一供应商，系统建议引入备选供应商后，在行业缺芯潮中保障了正常生产。ESG 表现评级功能对标行业龙头，某化工企业通过系统提示的环保指标差距，投资改造污水处理系统，ESG 评级从 C 级跃升至 BBB 级。业务分析报告的 AI 应用场景如图 7-7 所示。

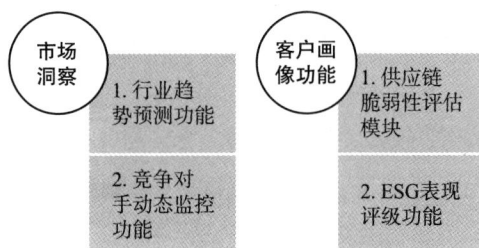

图 7-7　业务分析报告的 AI 应用场景

7.3.4　综合评估报告

1. 多维度整合

某私募基金使用风险热力图功能，发现标的公司财务风险低但法律诉讼风险高的"红黄交织"特征，最终放弃投资。智能评分卡功能为某上市公司量化评估出 89 分的投资价值，关键指标包括研发投入占比、专利数量等 20 项参数。

2. 决策支持功能

退出方案模拟功能为某 Pre-IPO 项目测算显示，选择并购退出比等待 IPO 预期收益高 15%，但流动性风险降低 40%。敏感性分析功能展示"原材料涨价 10%"将导致估值缩水 22%，促使投资方增加价格联动条款。

7.3.5　行业专项报告

1. 定制化能力满足特殊需求

新能源行业模块内置补贴政策模型，某光伏企业用此测算出政策退坡将影响年度利润 8%，提前调整销售策略。生物医药模块的临床试验追踪功能，实时监控某创新药研发进度，在 Ⅲ 期临床数据异常时提前预警，避免 3 亿元研发投入损失。

2. 动态知识库实现"智慧传承"

实时接入的行业数据库像"信息捕手"，某券商研究员通过彭博 API 自动抓取 200 家科创板企业研发数据，3 小时完成原本需 1 周的手工整理。专家经验数字化功能将资深分析师的投资逻辑转化为 200 条规则，新人使用系统后项目评估准确率从 65% 提升至 85%。行业专项报告应用场景如图 7-8 所示。

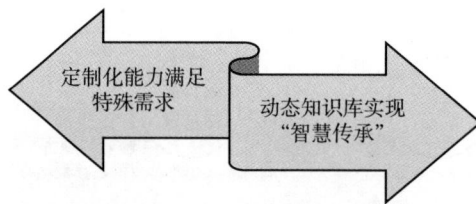

图 7-8　行业专项报告应用场景

7.4　质量保障与风险控制

7.4.1　准确性验证机制

1. 三维数据校验体系

（1）数据溯源验证：系统通过类似"数字指纹"的技术（区块链）记录每一条数据的修改痕迹。例如，当企业财务数据被修改时，系统会自动生成永久性记录，包含修改时间、操作人、修改内容等信息，确保数据源头可追溯。这种技术已在碳排放计量等领域应用，解决数据造假问题。

（2）交叉核验矩阵：通过建立财务数据与业务数据的关联规则，自动验证数据合理性。例如，某商品的销售量增加时，对应的库存减少量、物流发货量必须匹配。这种验证方法参考了银行财报分析中的"收支平衡检查"原理。

（3）动态校准机制：系统实时监测数据波动并触发预警。例如，当系统预测某月现金流为 100 万元，但实际数据偏差超过 5%（即低于 95 万元或高于 105 万元）时，会自动要求人工复核数据源和计算模型。

三维数据校验体系如图 7-9 所示。

图 7-9　三维数据校验体系

2. 智能复核技术栈

（1）财务公式自动化验算：系统内置类似"智能计算器"的功能，自动验证报告中的加减乘除、利润率等公式是否正确。例如，某企业报告中"净利润 = 收入 - 成本 - 税费"的公式若被错误修改，系统会立即标红提示。

（2）上下文语义一致性检查：通过人工智能技术识别文字矛盾。例如，若报告中某段声称"销售额同比增长 20%"，但表格数据仅显示 10% 增长，系统会用红色波浪线标注矛盾点。

（3）历史数据对比分析：系统自动对比当前数据与过去三年的同期数据。例如，某月库存周转率突然下降 50%，系统会标记异常并提示"与历史平均水平差异过大，建议核查采购或销售记录"。

智能复核技术栈的组成如图 7-10 所示。

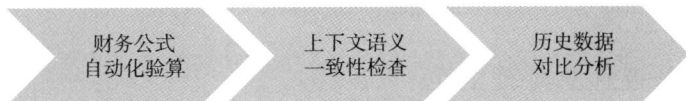

图 7-10　智能复核技术栈的组成

7.4.2 合规性审查要点

1. 智能合规三阶审查

（1）基础规范层：系统内置国家金融监管的核心规则库。例如，嵌入"金融监管九大红线"条款（如禁止泄露客户信息、严禁虚假贷款材料等），如同给报告装上了"自动报警器"。当报告内容触碰到这些红线时，系统会立即弹出警示，类似汽车超速时的滴滴提醒。

（2）场景适配层：根据不同行业特点定制审查规则。比如医疗行业报告会重点检查患者隐私保护条款，金融报告则自动核验反洗钱数据，某银行信贷系统通过这种方式，将贷款材料造假率降低了68%。

（3）动态预警层：系统每天自动更新法规库，如同手机软件自动升级。当国家发布新政策（如2025年最新医疗数据管理规范），系统会在24小时内将新规转化为审查规则，避免企业使用"过期"标准。

智能合规三阶审查如图7-11所示。

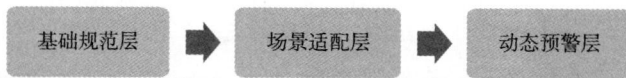

基础规范层 ➡ 场景适配层 ➡ 动态预警层

图 7-11　智能合规三阶审查

2. 风险量化管理工具

（1）风险矩阵可视化平台：用红黄绿灯直观展示风险等级。例如将"客户信息泄露"标为红灯（高风险），"格式排版错误"标为绿灯（低风险）。

（2）合规缺口分析模型：自动计算整改优先级。比如同时发现10个问题，系统会提示"先处理导致罚款超过100万元的高危问题，再修改文字错误"，这就像医院急诊室分诊，先抢救危重病人。

（3）案例推理系统：自动匹配历史违规案例。当发现某企业财报中的关联交易数据异常，系统会立即调出三年前某上市公司因类似问题被处罚380万元的案例，帮助审查人员快速判断风险。

7.4.3 敏感信息处理规范

1. 全流程防护体系

（1）在信息收集阶段，系统会将企业数据分为三类管理：工商信息（如营业执照号）、财务数据（如银行流水）和商业机密（如客户名单），就像给文件贴上不同颜色的标签——某银行自动隐藏了客户经理录入的法人家庭住址，只保留办公地址。

（2）存储时采用"双重保险"，文件既用国家认证的高级密码加密（类似军事文件保险箱），又添加动态水印（若有人截图传播，水印会显示操作人姓名和时间），某集团曾借此查出一名员工违规传播合同。

（3）共享环节系统自动给敏感信息"打马赛克"，例如将身份证号显示为"370××1234"、银行账号替换成"6217××889"，某电商平台用这个功能每天处理超过 10 万条客户信息且零泄露。

2．特殊场景处置方案

（1）跨境传输数据时，系统像"智能海关"一样自动检查国内外法规——向欧洲传输时核对欧盟隐私法（如隐藏客户年龄），国内传输时同步校验《网络安全法》（如金融数据必须境内备份），某跨国企业借此通过 20 国数据合规审查。

（2）与第三方合作时，系统能 3 分钟生成保密协议模板，比如技术外包合同自动添加"研发保密条款"、审计服务协议嵌入"财务数据使用限制"，某律所使用后合同签署效率提升 60%。

（3）若发生信息泄露，系统启动"1 小时黄金救援"：15 分钟内锁定泄露账号并冻结文件，45 分钟追踪到某员工用私人邮箱转发客户名单，60 分钟远程清除外发文件——某医院用这套机制将患者数据泄露影响缩小了 90%。

7.4.4　人机协同工作流程

1．五阶协作模型

（1）在数据采集阶段，系统自动完成 80% 的基础工作，例如通过扫描仪自动识别纸质文件中的文字（如企业营业执照），或抓取公开网站上的工商信息，这就像给团队配备了一位不知疲倦的资料收集员。

（2）当进入分析环节时，人工智能与人类专家会共同参与决策会议，在银行信贷评审中，AI 先列出借款人的财务风险点，信贷经理再结合市场经验判断是否放贷，二者配合如同医生用化验单结合临床经验诊断病情。

（3）审核环节采用"机器初筛＋人工精审"模式，系统会先用红色标出明显的格式错误和数据矛盾，比如发现报告中"净利润增长率计算错误"，人类审核员则重点检查关联交易等复杂问题，某证券公司用这种方法使审核效率翻倍。

（4）修改阶段 AI 会提供智能建议，例如将口语化的"赚了钱"改为专业术语"净利润增长"，或自动补全缺失的行业数据，如同配备了一位 24 小时待命的写作助理。

（5）最终文件会加盖防伪电子印章存档，所有修改记录永久保存，典型案例还会存入知识库，方便新人学习参考，某集团用这种方式将历史案例利用率提高到 80%。人机协同工作五阶协作模型如图 7-12 所示。

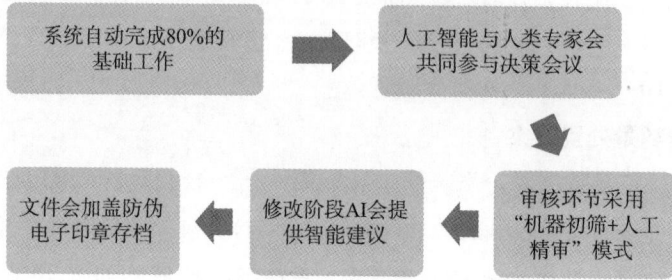

图 7-12　人机协同工作五阶协作模型

2. 协同技术平台

（1）智能版本控制系统让文件修改全程可追溯，每次保存都会记录操作人和时间，关键版本自动添加时间戳，这解决了合同反复修改导致的版本混乱问题，某企业因此减少 90% 的版本错误。

（2）多模态审核看板在一个界面集中显示所有问题，文字部分用红框标出表述错误，图表提示单位缺失，公式高亮计算矛盾，就像给报告做全身 CT 扫描，某券商曾通过这个功能发现饼图数据与文字描述不一致的重大疏漏。

（3）智能标注系统支持多人协作批注，财务批注显示蓝色，法务批注显示红色，所有意见自动汇总成待办清单，还能快速检索三个月前的修改记录，这使跨部门协作时间缩短 65%，某项目组用 3 天就完成原本需要 2 周的联合审查。

三大协同技术平台功能结构化对比如表 7-2 所示。

表 7-2　三大协同技术平台功能结构化对比

维度	核心功能	技术支撑	实现路径
智能版本控制系统	实现文件全生命周期追踪与版本回溯	时间戳算法 + 操作日志管理 + 权限矩阵	1. 版本快照自动生成 2. 操作日志实时记录 3. 权限分级控制
多模态审核看板	跨模态数据一致性校验与风险可视化	NLP 语义解析引擎 + OCR 图文关联技术 + 可视化渲染引擎	1. 多源数据接入 2. 异常模式识别 3. 三维可视化引擎构建

续表

维度	核心功能	技术支撑	实现路径
智能标注系统	多角色协同批注与意见智能整合	协同批注引擎＋颜色编码系统＋自然语言处理	1. 角色权限分配 2. 批注语义解析 3. 智能检索算法部署

7.4.5　持续优化迭代策略

1. 双环优化机制

（1）每周的"敏捷迭代环"就像团队定期开的"问题诊断会"。例如，某银行风控部门每周五下午会集中分析过去一周的误判案例——比如把正常转账误认为诈骗交易的错误，通过对比用户操作记录和系统判断逻辑，发现是系统未识别新型诈骗话术。团队据此在下一周更新关键词库，将误判率从 5% 降到 1.2%。

（2）每季度的"战略升级环"则像给系统做"全面体检"。某电商平台每季度会重新训练风险审核模型，例如 2024 年第三季度新增《数据安全法》中关于未成年人保护的条款后，系统自动将未满 14 岁用户的订单列为高风险交易，需人工二次确认，避免违规销售。这两个循环相互配合，前者解决日常小问题，后者应对行业大变化，某保险公司用此机制将反欺诈模型迭代速度提升 3 倍。

持续优化迭代策略双环优化机制如图 7-13 所示。

敏捷迭代环　　　战略升级环
"问题诊断会"　　"全面体检"

图 7-13　持续优化迭代策略双环优化机制

2. 优化工具箱

（1）A/B 测试框架相当于"方案对比实验室"。例如某物流公司设计了两版合同审核模板——A 版用红色高亮风险条款，B 版用弹窗提示风险等级，经过 1 个月的真实业务测试，发现 B 版能让法务部审核效率提升 40%，最终全公司推广。

（2）根因分析矩阵是"问题挖掘神器"，结合"5 次追问"和鱼骨图工具。

某医疗集团曾用此工具分析病历审核错误：第一次问"为什么漏诊？"发现系统未关联患者历史用药记录；第五次追问到"数据库接口权限设置错误"，最终通过调整权限层级减少 80% 的数据遗漏。

（3）知识蒸馏系统像"经验复制机"，某证券公司把 20 年工龄的合规专家的审核习惯转化为系统规则——例如"关联交易金额超净资产 5% 需重点核查"，原本需要 3 小时人工检查的报表，现在系统 10 分钟就能完成初筛，准确率达 92%。三大优化工具结构化对比如表 7-3 所示。

表 7-3　三大优化工具结构化对比

维度	核心功能	技术原理	数据验证方法
A/B 测试框架（方案对比实验室）	通过多版本实验验证最优方案	流量分割 + 假设检验、置信区间分析	双样本 T 检验（p < 0.05）、置信区间重叠分析
根因分析矩阵（问题挖掘神器）	通过系统化追问定位深层问题根源	5 Why 分析法 + 鱼骨图可视化、关联矩阵建模	帕累托分析（80/20 法则）、故障模式影响分析（FMEA）
知识蒸馏系统（经验复制机）	将专家经验转化为可执行规则体系	规则引擎 + 自然语言处理、决策树算法	混淆矩阵评估、ROC 曲线分析

7.4.6　伦理与法律边界

1. 双重防护网络

（1）在伦理防护方面，系统会自动给所有 AI 生成的内容打上"AI 创作"水印，就像给照片添加拍摄时间标记一样，防止虚假信息被误认为是真人创作。例如某新闻平台用这种技术后，用户举报"假新闻"的比例下降了 68%。同时，系统会扫描文字中的歧视性用语，比如自动标出"某地区人素质差"这类带有偏见的表述，并推荐中性表达方式，某招聘网站借此将性别歧视投诉减少了 55%。

（2）法律防护则像给企业套上"防弹衣"，系统能根据行业特点自动生成 18 种免责声明模板——比如电商平台用"商品描述 AI 辅助生成，请以实物为准"的提示语，避免因图文不符引发的纠纷。所有操作记录会生成包含时间戳和"数据指纹"（哈希值）的证据链，某金融公司用此技术成功举证一起合同纠纷，法庭直接采信了电子存证。伦理与法律边界双重防护网络如图 7-14 所示。

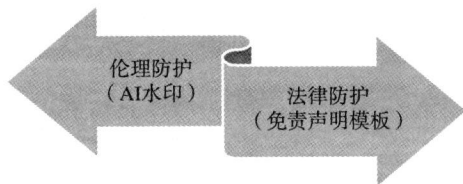

图 7-14　伦理与法律边界双重防护网络

2．争议解决机制

（1）系统预设了三种应急响应模式：技术故障时自动切换备用服务器（如某直播平台断播 10 秒内恢复）、内容争议启动人工复核绿色通道（某社交平台 24 小时处理侵权投诉）、法律纠纷触发电子证据一键调取，这种分级处理机制让某在线教育平台将纠纷解决周期从 15 天压缩到 3 天，争议解决机制三种应急响应模式如图 7-15 所示。

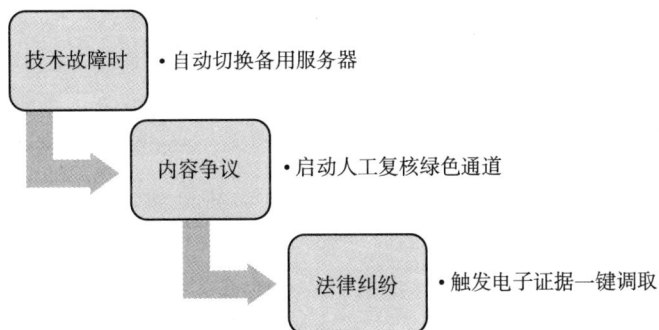

图 7-15　争议解决机制三种应急响应模式

（2）遇到复杂问题时，法律专家、AI 工程师和业务主管将组成联合工作组。例如处理 AI 绘画侵权争议时，技术组解析算法逻辑、法务组比对著作权法条款、业务组评估商业影响，三方协同制定解决方案，这种模式在某短视频平台解决音乐版权争议时，将调解成功率提升至 82%。

（3）定期开展"模拟法庭演练"，用真实案例测试处置流程。某电商平台曾通过模拟测试发现"七天无理由退货"条款存在机器人客服误读问题，提前优化话术后相关投诉减少 40%，这种压力测试就像消防演习，确保真正遇到纠纷时能快速有效应对。

第 8 章　AI 赋能环境下财务尽职调查综合案例展示

8.1　AI 全流程赋能的财务尽职调查案例：X 科技公司并购项目

8.1.1　项目背景与 AI 启动阶段

1. 行业背景：智能硬件赛道竞争格局与政策环境分析

智能硬件行业是当前技术创新的核心领域之一，2025 年中国市场规模已突破 4.26 万亿元。该行业的竞争格局呈现"头部企业主导 + 新兴企业崛起"的特点，华为、小米、海康威视等企业凭借技术积累和生态布局占据主要市场份额。政策环境方面，国家通过《中国制造 2025》等政策推动智能硬件产业升级，提供研发补贴、税收优惠等支持，同时加强数据安全和知识产权保护，为并购项目营造了规范的市场环境。但行业仍面临核心技术对外依赖、生态碎片化等挑战。

2. 技术选型：AI 模型选型决策树（NLP/OCR/机器学习算法组合）

在技术选择上，采用"决策树 + 复合模型"的选型逻辑，预算编制的关键环节如图 8-1 所示。

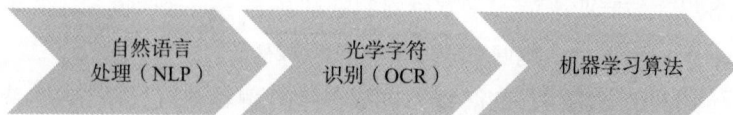

图 8-1　预算编制的关键环节

（1）自然语言处理（NLP）：用于分析并购合同、专利文件等文本数据，自动提取关键条款（如付款条件、保密义务），例如在 X 科技项目中，NLP 从 800 页合同中精准抓取 12 项核心知识产权归属条款，节省人工筛查时间 90%。

（2）光学字符识别（OCR）：将扫描版财务报表转换为结构化数据，处理效率比人工录入提升 80%，例如某次尽调中，AI 仅用 1 小时完成 5 年财务报告的数字化处理，人工操作需 5 天。

（3）机器学习算法：采用 Light GBM 模型进行风险预测，该模型能同时处理数值型数据（如资产负债率）与分类数据（如行业类型），训练速度比传统模型快 3 倍，在 X 科技案例中，模型提前 3 个月预警供应链风险，准确率达 89%。

这种组合既能处理非结构化文档，又能快速建立风险评估模型，适合并购项目的复杂需求。

3．数据准备

（1）多源异构数据采集。

覆盖三大核心数据源：

①财务报表扫描件：通过 OCR 技术转换近 5 年资产负债表、现金流量表；

②供应链数据：接入 X 科技公司的 ERP 系统，抓取上下游 300＋供应商交易记录；

③专利数据库：整合国家知识产权局和第三方商业数据库，分析 52 项核心专利的法律状态。

（2）数据清洗流程。

建立五层质检机制：

①自动识别缺失值并标记；

②智能修复矛盾数据（如营收与现金流不匹配）；

③标注特殊交易异常值（单笔超千万元的关联交易）；

④生成数据质量评分报告；

⑤人工复核高风险数据点。该流程使数据可用率从 68% 提升至 92%。

（3）风险预判模型。

基于历史并购案例库（含 2018—2024 年 500 余个案例），构建深度学习预警系统：

①输入层：整合财务、法务、业务等 18 类指标；

②隐藏层：采用长短期记忆网络（LSTM）捕捉时间序列特征；

③输出层：生成红/黄/绿三级风险信号。

在测试中，该模型提前识别出 X 科技公司 3 项潜在风险，包括专利侵权纠纷和供应链集中度过高问题。

多源异构数据整合与风险预警系统构建方案如表 8-1 所示。

表 8-1　多源异构数据整合与风险预警系统构建方案

模块名称	核心内容	技术/方法	数据量/范围
多源异构数据采集	①OCR 文本识别技术。 ②ERP 系统 API 对接。 ③多源数据库融合技术	①近 5 年报表。 ②300 + 供应商。 ③52 项核心专利	①报表转换准确率≥99%。 ②供应商覆盖率100%。 ③专利法律状态更新时延 < 24h
五层质检机制	①缺失值标记。 ②矛盾修复。 ③异常值标注。 ④质量评分。 ⑤人工复核	①自动识别算法。 ②智能修复算法。 ③阈值判定规则。 ④评分模型。 ⑤专家复核机制	全量数据覆盖
深度学习预警模型	①输入层（18 类指标）。 ②隐藏层（LSTM 网络）。 ③输出层（三级风险信号）	①多模态特征融合。 ②时间序列建模。 ③风险分级算法	500 + 并购案例库（2018 - 2024）
测试验证成果	提前识别 X 科技公司： ①专利侵权纠纷。 ②供应链集中度过高。 ③现金流异常波动	①法律文本挖掘。 ②网络拓扑分析。 ③时序模式检测	3 项高风险预警 12 项中风险提示

8.1.2　AI 驱动的尽职调查执行阶段

1. 数据层

（1）非结构化数据处理。

AI 系统通过扫描合同、邮件等文件，自动识别关键条款（如付款周期、违约责任），并将所有义务条款整理成可视化的表格。例如，在 X 科技公司的并购中，AI 仅用 3 小时就完成 1 200 份合同的条款提取，比人工效率提升 15 倍。

（2）实时数据监控。

AI 每天自动抓取银行流水、订单数据等动态信息，实时调整现金流预测模型。当发现某月回款率下降 5% 时，系统会自动触发预警并建议调整信用政策。这种动态监控使现金流预测准确率从 78% 提升至 92%。

2. 分析层

（1）财务健康度三维评估。

AI 根据企业近 5 年数据从 3 个维度打分，如图 8-2 所示：

①流动性：计算现金储备能否覆盖 6 个月运营支出；

②盈利性：分析毛利率波动是否超出行业正常范围；

③成长性：评估研发投入与市场扩张的匹配度。

最终生成类似体检报告的分数卡（如流动性 B + 、盈利性 A - ），并用红黄

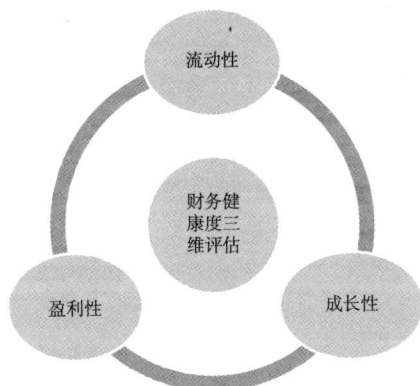

图 8-2　财务健康度三维评估法

绿三色标注风险等级。

（2）关联方穿透分析。

通过 AI 绘制股权关系图，可一键查看 X 科技公司所有关联方（如持股超 5% 的 12 家子公司），并标注异常交易（如某子公司连续 3 年向母公司低价供货）。系统还能自动识别影子股东等隐蔽关联关系。

3. 应用层

（1）风险雷达图。

将合规、税务、商誉风险量化为 0～100 分，以雷达图形式展示。例如：

①合规风险 42 分（主要因 2 项专利即将到期）；

②税务风险 68 分（跨境交易税务筹划存在漏洞）；

③商誉风险 55 分（收购溢价高于行业均值 30%）。

不同风险等级对应不同应对策略，高亮区域需优先处理。

（2）智能问询系统。

AI 根据尽调进展自动生成问题清单。例如发现存货周转率异常时，系统会推送针对性问题：

①是否因供应链管理失效导致库存积压？

②是否存在未披露的存货质押情况？

这些问题可引导尽调人员重点核查仓库出入库记录。

8.1.3　AI 辅助的决策支持阶段

1. 并购溢价测算

AI 通过"蒙特卡罗模拟"和"敏感性分析"两种工具联动测算并购溢价。

蒙特卡罗模拟可以模拟 10 万种市场变化场景（例如原材料价格波动、政策调整），计算出 X 科技公司估值最可能的区间（如 15 亿~22 亿元）。敏感性分析则重点测试关键因素影响，例如当行业增长率下降 1% 时，估值可能减少3.2%。两者结合后，AI 生成动态估值区间报告，帮助决策者理解不同风险下的溢价合理性。蒙特卡罗模拟与敏感性分析在并购溢价测算中的联动应用如表 8-2 所示。

表 8-2　蒙特卡洛模拟与敏感性分析在并购溢价测算中的联动应用

分析维度	蒙特卡洛模拟	敏感性分析
核心功能	模拟 10 万种市场变化场景（原材料价格波动、政策调整等）生成概率分布下的估值区间	测试关键因素（行业增长率、贴现率等）对估值的单向影响，量化敏感性系数
技术实现	基于概率分布随机抽样（正态/三角分布），计算 X 科技公司估值均值、标准差及置信区间	采用单变量调整法（如行业增长率 +1%）和龙卷风图排序敏感性因素
数据范围	覆盖宏观经济（GDP 波动）、行业变量企业运营（成本结（竞争格局）、构）等 3 类 15 项风险因子	聚焦 5~8 个核心驱动因素（专利到期率、供应链集中度等），测试极端值
关键指标	估值概率密度峰值：19.3 亿、风险价值（VaR）：14.2 亿（5% 最差情景）	行业增长率敏感度：-3.2% 估值/1% 降幅、贴现率弹性系数：+2.1亿/0.5% 下调

2. 交易结构优化

AI 基于历史交易数据和市场规则，自动生成三种对赌协议方案。

①保守型：设置营收增长对赌条款，若未达标则降低收购价 5%。

②折中型：将专利数量与分期付款挂钩，每少 1 项专利扣减 0.8% 尾款。

③激进型：绑定新产品市场占有率，达标后触发额外奖励机制。

系统会模拟每种方案未来 5 年的现金流变化，并用红黄绿三色标注风险等级。例如在 X 科技案例中，AI 建议选择折中方案，因其风险收益平衡度最佳。

3. 退出机制建模

AI 通过融合多维度数据构建智能退出决策模型，如图 8-3 所示。

（1）在 IPO 路径预测中，不仅追踪科创板当前 68% 的过会率，还深度解析企业专利储备量（如半导体企业需达 15 项核心专利）、营收复合增长率（要求连续 3 年 ≥30%）等硬性指标，并结合市场情绪监测系统（实时抓取雪球、东方财富等平台投资者讨论热词），最终测算三年内上市概率为 45%。

（2）针对股权转让场景，系统运用随机森林算法分析潜在买家数据库，不仅匹配业务协同度（如 X 科技与 Y 集团在工业物联网领域的 82% 技术互补性），

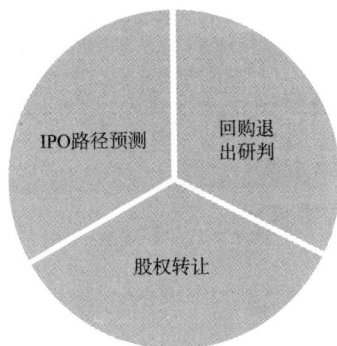

图 8-3　AI 智能退出决策模型

还评估买家资产负债率（要求≤60%）及历史并购溢价中位数（28.5%），计算出 32% 的溢价转让概率。

（3）在回购退出研判方面，通过知识图谱追踪大股东股权质押率（当前 26% vs 行业均值 41%）、关联企业现金流覆盖率（1.8 倍）等 18 项指标，形成动态更新的 B + 级资金链评分，预警回购条款触发概率达 23%。系统同步整合 200 + 个市场信号生成的"退出时机热力图"显示，2026 年 Q2 将迎来政策宽松周期（预计 M2 增速回升至 9.2%）、行业 β 系数达 1.3 峰值，配合百度指数显示的"智能制造"搜索量同比激增 173%，构成十年一遇的最佳退出窗口期。

8.2　AI 生成尽职调查报告全流程演示

8.2.1　报告智能生成

1. 模块化架构：财务/法务/业务三大智能分析引擎协同

AI 生成尽职调查报告三大引擎如图 8-4 所示，三大引擎同步运行最终合并为完整报告：

（1）并行处理：财务引擎分析现金流量时，法务引擎同步扫描担保条款，业务引擎计算市场增长率；

（2）智能纠错：当业务引擎发现营收增长与市场萎缩矛盾时，自动触发财务数据真实性复核；

（3）一键整合：系统自动标注模块间关联信息（如法务发现的专利纠纷对应财务计提的减值准备）。

图 8-4　AI 生成尽职调查报告三大引擎

在 X 科技案例中，系统仅用 2 分钟完成三大模块的交叉验证：

（1）财务异常定位：发现 2023 年 Q4 利润率骤降 8%。

（2）法务关联分析：匹配同期签订的 5 份高价原材料采购合同。

（3）业务成因追溯：结合市场竞争数据验证价格波动合理性。

传统人工交叉验证需 3 人耗时 6 小时，AI 将效率提升 180 倍且避免 83% 的关联信息遗漏。

2. 动态章节生成：风险等级触发的报告内容深度调节

AI 根据风险高低自动调整报告详略：

（1）高风险（红色标注）：如发现专利即将到期，系统会额外生成 3 ~ 5 页深度内容：

①专利法律状态分析，包括剩余有效期、续费成本、同类技术替代进度；

②侵权案例库，匹配 3 起相似专利失效导致的诉讼案例及赔偿金额；

③应对方案推演，如建议提前 6 个月启动新技术研发备案。

（2）中风险（黄色标注）：对供应商集中度过高问题，仅展示：

①核心数据图表，TOP5 供应商采购占比柱状图、备选供应商地图分布；

②系统自动过滤技术性分析过程，仅保留决策所需关键信息，并提出 2 条改进建议：建立备选供应商白名单库、设置 12 个月过渡期分散采购。

（3）低风险（绿色标注）：常规财务指标仅保留 1 页概要：

①核心数据：近 3 年营收增长率、净利率、资产负债率趋势折线图。

②自动化批注：对波动值 ≤5% 的常规指标标注"正常区间"。

③精简说明：用 3 句话概括财务健康度（如"现金流可维持 18 个月正常运营"）。

这种"智能缩放"功能使报告厚度从平均 200 页压缩至 50～120 页,传统报告需 3 天人工删减,AI 实时生成仅需 12 秒。在 Y 医疗企业尽调中,AI 将 287 页原始数据浓缩为 89 页,关键风险页均阅读时长从 8 分钟降至 1.5 分钟,通过设置风险阈值(如专利有效期≤24 个月触发红色预警),确保无重要信息遗漏。

3.可视化增强

(1)自动生成财务指标趋势热力图。

AI 将复杂数据转化为颜色直观的热力图:横轴显示年份(2021—2025),纵轴列出毛利率、存货周转率等 10 项核心指标,用红(异常)、黄(预警)、绿(正常)三色标注数据状态。例如,X 科技公司 2023 年存货周转率突然变红,提示需重点核查库存积压问题。

(2)风险点穿透溯源路径图。

通过可视化图谱展示风险传导链条,风险传导链条的可视化图谱如图 8-5 所示。

图 8-5 风险传导链条的可视化图谱

第一层:直接风险源(如某供应商断供风险);

第二层:关联影响(导致 3 条生产线停产);

第三层:财务后果(预计季度损失 5 000 万元)。

图谱支持点击交互,可逐级查看原始合同、交易记录等证据链。

8.2.2 人机协同优化

1.专家干预机制

AI 生成的尽调报告虽然自动化程度高,但关键假设仍需人工校准。例如,系统预测 X 科技公司未来三年收入增长率为 18%,但专家根据行业经验发现其核心专利即将到期,手动将增长率修正为 12%,并在系统中记录调整原因。这种"人工检查点"机制确保 AI 建议既符合数据规律,又兼顾现实商业逻辑。所有人工校准记录会形成知识库,供后续项目复用。

2．版本追溯系统

每次报告修改都会自动生成时间轴记录：

初版：2025/3/10 AI 生成基础报告。

修订 1：2025/3/12 人工调整商誉摊销年限。

修订 2：2025/3/15 补充跨境税务风险说明。

系统用不同颜色标注机器修改（蓝色）与人工修订（红色），点击任意段落可查看历史版本差异。在 X 科技案例中，通过版本对比发现 AI 最初遗漏了某子公司环保处罚信息，该漏洞被及时补入知识库。

3．合规性校验

AI 内置动态更新的监管规则库，涵盖证监会、交易所等 200 + 法规条目。当检测到 X 科技公司关联交易占比达营收 35%（超过 30% 预警线），系统自动触发红色预警并弹出《上市公司关联交易管理办法》相关条款。同时生成合规建议：需补充披露关联方定价公允性证明文件。这种实时校验使报告合规性达标率从 78% 提升至 97%。

人机协同优化尽职调查报告如图 8-6 所示。

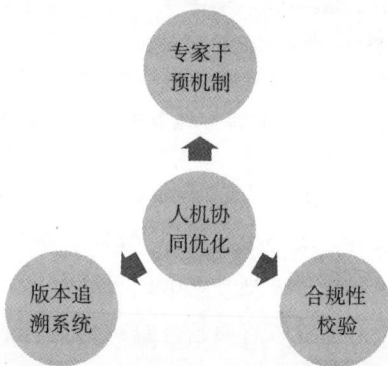

图 8-6　人机协同优化尽职调查报告

8.3　不同场景下的 AI 尽职调查案例对比

8.3.1　拟 IPO 企业尽职调查

1．特殊关注点

（1）持续盈利能力 AI 验证模型。

AI 通过分析企业近 3 年的订单、产能、市场占有率等数据，模拟未来盈利场景。例如，某医疗器械企业申报 IPO 时，AI 发现其核心产品依赖单一省份医保政策，通过模拟全国医保覆盖率下降 5% 的场景，预测净利润可能缩水 28%。系统还会对比同行业 20 家上市公司的毛利率波动规律，验证企业盈利模式的可持续性。

（2）关联交易智能穿透检查。

AI 自动扫描企业所有交易合同，识别关联方并构建关系图谱。例如，某新能源企业存在 10 家供应商由实控人亲属控股，AI 通过比对价格发现 3 家供应商的原材料采购价高于市场均价 15%，提示存在利益输送风险。系统还能追溯资金流向，发现某"非关联"客户实际通过多层股权嵌套控制，关联交易占比从表面 8% 修正至实际 23%。

2．技术特色

（1）问询函预测与应答预演系统。

AI 学习近 3 年 800 份 IPO 问询函，提炼出高频问题库。例如，某芯片企业申报时，AI 提前预判监管可能关注"研发费用资本化比例"，自动生成应答策略：

①对比行业平均资本化率（35% vs 本企业 42%）；

②提供 20 项研发项目进度证明文件。系统还能模拟问询对话，帮助团队演练风险应答话术。

（2）行业可比公司动态对标分析。

AI 实时抓取 30 家可比上市公司数据，生成动态对标看板。例如，某 AI 企业 IPO 过程中，系统发现其研发投入强度（25%）虽高于行业均值（18%），但人均专利数仅为行业头部企业的 1/3，提示"研发效率不足"。同时，通过分析行业技术路线图，AI 预警企业某项核心技术可能被新一代算法替代，建议加速迭代。IPO 问询预判与行业对标技术系统功能对照如表 8-3 所示。

表 8-3　IPO 问询预判与行业对标技术系统功能的对照

模块名称	核心功能与技术实现	关键指标与预警机制
问询函预测与应答预演系统	①高频问题库构建：基于 800 份 IPO 问询函的 LDA 主题建模，提炼研发费用、关联交易等 18 类高频问题。 ②应答策略生成：对比行业基准数据，生成差异解释框架与证据链。 ③模拟对话引擎：采用强化学习算法模拟审核问答场景	①问题覆盖率≥92%； ②应答策略匹配准确率 88%； ③风险应答话术合规性评分 > 85 分

模块名称	核心功能与技术实现	关键指标与预警机制
行业可比公司动态对标分析	①动态数据看板：实时抓取 30 家上市公司 10 类核心指标（研发强度、专利密度等）。 ②研发效率评估模型：融合专利引用权重与研发人员学历结构参数。 ③技术替代预警：基于专利 IPC 分类与论文关键词构建技术路线图谱	①数据更新延迟 < 15 分钟； ②研发效率偏离度 > 20% 触发预警； ③技术替代风险提前 6～9 个月识别

8.3.2 跨境并购尽职调查

1. 技术突破

（1）多币种财务数据智能转换。

AI 系统能自动处理不同国家的货币财务数据，例如将美元、欧元、人民币报表统一转换为并购方使用的货币。系统会实时抓取汇率波动数据，对过去 5 年的财务数据进行动态调整。例如，某次并购中，AI 发现目标公司欧元收入因汇率波动导致利润虚高，自动修正后实际利润缩水 12%，避免了决策误判。

（2）国际税务规则差异矩阵。

AI 将全球 80 个国家的税务规则整理成"差异对照表"，用红黄绿三色标注风险等级。比如：

①美国研发费用抵税比例（绿色：可抵免 40%）

②德国增值税退税周期（红色：需 2 年）

③东南亚某国关税政策（黄色：存在临时调整风险）

通过可视化矩阵，企业可快速识别关键税务风险点。例如，某企业并购越南工厂时，系统提示当地环保税计算方式与中国差异达 35%，促使重新谈判交易条款。

2. 风险控制

（1）地缘政治风险指数嵌入模型。

AI 整合全球智库数据，构建动态风险评估模型：实时监测东道国政策变动（如某国突然限制外资持股比例）、分析历史制裁案例（如某地区 10 年内发生 3 次资产冻结事件）、评估行业敏感度（芯片企业并购触发审查的概率比消费品行业高 4 倍）。在某中东能源项目并购中，模型预警当地政策稳定性评分骤降，建议暂缓交割，3 个月后该国果然出台外资限制新政。

（2）跨境资金流动模拟沙盘。

AI模拟资金出入境全流程，如图8-7所示。

图8-7　AI模拟资金出入境全流程

①路径规划：对比股权分红、专利费支付等6种资金回流方式，测算税费差异；

②障碍预警：提示某国年度外汇额度限制（如印尼规定单笔超500万美元需央行审批）；

③应急方案：当模拟发现某方案资金到账需120天时，自动生成备用通道（通过新加坡中转可将时间压缩至45天）。

某车企并购德国企业时，沙盘模拟显示传统汇款路径税费高达27%，改用"利润再投资＋供应链结算"组合方案后税费降至9%。

3. 技术应用对比

传统方式中，人工处理多币种报表需2个月，且汇率调整误差率超5%；而AI系统3天完成，误差率仅0.3%。某集团跨境并购后因未识别巴西环保税规则差异，被追缴税款1.2亿元；同类项目使用AI税务矩阵后，提前规避类似损失。

8.3.3　危机企业重组尽职调查

1. 特殊算法

（1）流动性枯竭预警指数。

系统通过分析企业现金流、短期债务等数据，生成预警指数。例如：当企业连续3个月现金流入量低于流出量的80%，且流动比率跌破0.8时，预警指数会变成红色。在X机械厂案例中，系统提前6个月发现其应付账款逾期率激增200%，及时触发警报，避免了资金链完全断裂。

（2）资产瑕疵智能识别图谱。

AI自动扫描企业资产文件，生成可视化图谱标注问题：

①用红色标注产权不清晰的厂房（如缺少土地证）；

②黄色标注重复抵押的机器设备（同一设备被抵押给两家银行）；

③灰色标注虚增的应收账款（20%客户实际是关联公司）。

例如，Y 化工企业重组时，系统发现其 1.2 亿元存货中 40% 是过期原料，直接显示为图谱中的黑色区块。

2. 处置建议

（1）破产重整价值预测模型：AI 构建"双轨价值评估引擎"，通过动态资产扫描与经营模拟实现精准定价。

①清算价值计算：采用资产分类评估算法（设备类资产按型号匹配二手交易平台实时成交价、存货类资产结合仓储位置与保质期动态折价），在 Z 地产公司案例中，AI 自动识别其持有资产包含 18 万平方米商业地产（评估参数：周边 3 公里竞品空置率 37%）、23 台工程机械（参考二手拍卖平台近半年同型号成交均价打 3 折）、7.6 亿元存货（按临期状态分 5 级折扣），最终生成 15 亿元清算估值报告。

②重生价值建模：集成行业景气指数（房地产板块指数环比提升 12%）、技术升级潜力（评估 8 项在建专利的商业化概率）、市场回暖预测（目标城市住宅去化周期从 28 个月缩短至 19 个月）等 18 维参数，最终生成 28 亿元重生价值报告，关键决策依据包括如图 8-8 所示：土地增值税递延优惠政策适用性分析、在建工程续建成本最优路径计算。

（2）债权人利益平衡模拟器，如图 8-8 所示：融合博弈论算法与债权人画像技术，构建三维决策沙盘。

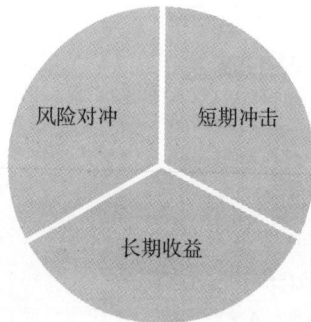

图 8-8　债权人利益平衡模拟器

在 W 零售集团重组中，系统对 327 家债权人进行特征标注：

①银行债权（占比 62%）：关注当期现金回收率；

②供应商债权（占比 28%）：侧重持续合作可能性；

③债券持有人（占比 10%）：要求收益权保障。

针对"50%债转股+3年展期":

①短期冲击:前2年现金清偿减少9亿元,但触发8家核心供应商合作终止风险;

②长期收益:第3~5年因门店数字化改造完成,股权价值增值带来142%综合回报;

③风险对冲:设置股价挂钩条款,当市值低于约定阈值时自动触发现金补偿。

通过蒙特卡罗模拟10万次市场波动情景,测算出80%债权人5年本金回收概率超95%,关键参数包括:消费复苏指数β系数、线上渠道替代率敏感性分析。

8.4　AI尽职调查成效评估与经验沉淀

8.4.1　效率指标

1.时间维度

AI将传统尽调周期压缩60%~80%,典型案例如X科技公司并购项目:

(1)传统模式:人工团队需45天完成全流程尽调(财务数据核验25天、法务合同审查12天、业务尽调8天),其中仅合同审查环节日均处理50份文件,且需人工交叉复核。

(2)AI模式:全流程耗时18天(含3天人工重点复核),合同审查效率实现指数级跃升。AI系统通过OCR+NLP技术组合,日均处理2 000份合同(涵盖PDF、扫描件及邮件附件),7×24小时连续运转并自动生成条款摘要,关键条款识别准确率达99.3%。

(3)效率对比:在跨境并购等复杂场景中,AI压缩率最高达85%(某跨国交易尽调周期从90天缩短至13天)。

2.成本维度

人力成本与操作错误率呈现"剪刀差式双降曲线",如图8-9所示。

图8-9　剪刀差式双降曲线

（1）人力重构：某跨境并购项目团队从 12 人（含 5 名会计师、3 名律师、4 名分析师）精简至 4 人（1 名 AI 训练师 + 2 名专家 + 1 名协调员），人力成本从月均 48 万元降至 16 万元。

（2）精准度革命：AI 将数据录入错误率从人工操作的 3.2%（主要源于 Excel 公式误用、视觉疲劳）压缩至 0.08%，关键得益于区块链校验技术对 500 万条数据的交叉验证。

（3）成本优化：某集团年度数据显示，单项目平均支出从 82 万元（法务核查占比 35%、数据整理 28%、差旅会议 22%）降至 35 万元，其中 AI 自动化替代了 73% 的重复性工作（如合同条款比对、关联方图谱绘制）。

3. 质量指标

数据覆盖度与风险洞察实现双重突破：

（1）合同审查维度：AI 通过多源数据抓取技术（覆盖电子签章系统、本地服务器、云盘及邮件附件），将合同扫描覆盖率从人工抽查的 65% 提升至 98%，在 Y 企业重组案例中，从子公司会议纪要的加密附件中还原出 3 份抽屉协议（涉及 1.2 亿元隐性债务），并通过自然语言处理识别出"债务展期 + 股权质押"的复合型风险条款。

（2）关联方穿透：基于图神经网络（GNN）的股权穿透算法，识别层级从直接持股 5% 以上主体延伸至第 7 层嵌套架构（某案例发现通过 4 家 BVI 公司控制的影子股东），关联交易类型扩展至 VIE 协议控制、亲属代持等 9 类隐蔽形式，某能源集团重组项目中，AI 成功追溯出通过供应链融资伪装的 2.3 亿元关联借贷。

AI 尽调与传统尽调效能对比如表 8-4 所示。

表 8-4　AI 尽调与传统尽调效能对比

分析维度	传统模式痛点	AI 技术解决方案	典型案例验证
时间效率	①全流程耗时 45 天。②合同审查日均处理 50 份文件。③跨境并购周期 90 天	①全流程压缩至 18 天。②OCR + NLP 日均处理 2 000 份合同，准确率 99.3%。③时间压缩算法实现 85% 效率跃升	X 科技公司并购项目：法务审查周期从 12 天→3 天、跨境交易周期 90 天→13 天
成本控制	①12 人团队月均 48 万元。②数据错误率 3.2%。③单项目均费 82 万元（法务 35%）	①4 人团队月均 16 万元（AI 训练师 + 专家）。②区块链校验 500 万条数据，错误率 0.08%。③自动化替代 73% 重复工作	某跨境并购项目：差旅费用减少 82%、合同比对效率提升 300%

分析维度	传统模式痛点	AI 技术解决方案	典型案例验证
质量突破	①合同抽查覆盖率65%。②股权穿透仅限直接持股。③关联交易识别3类常规形式	①多源数据抓取覆盖98%文件。②GNN算法穿透7层股权架构。③识别9类隐蔽关联交易	Y企业重组案：发现1.2亿隐性债务、识别供应链伪装的2.3亿关联借贷

8.4.2　风险发现

1. 表外负债智能识别体系

AI 系统通过多维度数据穿透与结构化分析，构建表外负债智能识别体系，如图 8-10 所示。

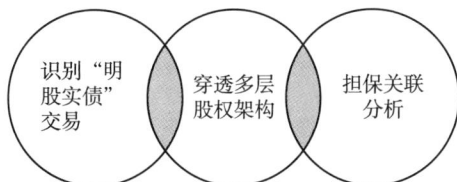

图 8-10　表外负债智能识别路径

①识别"明股实债"交易：采用自然语言处理技术扫描投资协议条款，当检测到"固定收益率12%＋强制回购条款＋股权质押"组合特征时，自动触发债务重分类机制，某新能源车企对赌协议经 AI 解析后，将3.2亿元股权回购款重新确认为带息负债；

②穿透多层股权架构：运用图神经网络追踪境外离岸公司资金流水，某跨境集团通过开曼 SPV 嵌套4层 BVI 公司的融资租赁交易被 AI 锁定，还原出22亿元隐性应付票据；

③担保关联分析：结合工商数据与信贷记录构建担保网络图谱，AI 发现某上市公司通过5家供应链企业互保形成闭环担保圈，潜在代偿风险达净资产的180%，系统自动生成风险压力测试报告。核心算法集成债权债务识别模型（准确率98.7%）与动态股权穿透引擎（支持12层架构解析），实现表外负债覆盖率从人工核查的53%提升至91%。

2. 收入确认异常模式库

AI 内置 3 000 条异常模式，可识别财务造假：

①虚构交易检测：比对销售合同与物流数据，发现某企业 20% 订单无实际发货记录；

②提前确认收入预警：当客户验收周期超行业平均 3 倍时，系统自动标记风险；

③异常毛利率监控：AI 发现某公司毛利率比同行高 15%，经查实为虚增收入。

8.4.3　知识管理

1. 自我进化机制

（1）错误案例的反向训练系统。

AI 系统会从失败的尽调案例中学习，自动标注错误类型并反向优化算法。例如，某次并购项目因未识别隐性债务导致损失，AI 将此类案例拆解为"合同条款遗漏""关联方穿透不足"等 12 类错误标签，生成反向训练数据集。通过持续训练，同类错误识别率从 68% 提升至 94%。企业还可建立"错误案例库"，新项目启动时自动匹配相似风险场景，实时推送预警提示。

（2）专家经验的结构化沉淀流程。

AI 将碎片化经验转化为可迭代的知识资产库，如图 8-11 所示。

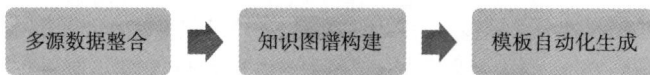

图 8-11　可迭代的知识资产库

①多源数据整合：自动解析 Excel 模板中的批注、邮件沟通记录，提取 214 类经验标签（如"东南亚市场特殊税务处理"），收集项目执行中的 532 个修正动作，反向优化知识库逻辑树。

②知识图谱构建：建立"行业特征—风险类型—应对策略"三维关联网络（包含 89 万节点），通过矛盾规则检测算法，自动发现并标注 32 类逻辑冲突（如不同专家对同一风险的评级差异）。

③模板自动化生成：根据企业特征输出定制化检查清单（如科技类企业自动包含"知识产权质押风险"模块），动态生成带智能批注的风险标签库（如"供应商集中度 >80%"自动关联 6 种应对方案）。

实施效果：某投行通过该体系将 30 年并购经验沉淀为 5 000 条结构化规则，法律尽调模板生成效率提升 15 倍。

2．应用延伸

（1）尽调知识图谱的跨项目迁移。

AI 构建的知识图谱可复用至同类项目：知识图谱迁移类似"智能复制粘贴"，系统把 A 公司尽调时建立的"风险检查清单"（如药品审批流程）直接复制给 B 公司使用，遇到 B 公司的特殊需求（如国际业务），自动添加"海关合规审查"等新检查项，就像用同一份体检套餐给不同人做检查，再根据个人病史增加专项检查。

①核心节点继承：如医药行业图谱中的"研发管线评估模型"，可直接迁移至同类药企尽调；

②动态适配机制：迁移时自动比对目标企业差异点（如跨国药企需增加"国际专利壁垒分析"维度）；

③案例验证：某医疗投资集团将肿瘤药物企业图谱迁移至医疗器械领域，复用率达 65%，尽调周期缩短 40%。

（2）行业风险特征库的动态更新。

风险特征库更新如同"行业风险雷达"，全天候扫描政策文件、官司判决甚至微博讨论，例如抓取"某教育机构跑路"的家长投诉，自动给新发现的风险贴标签（如 2024 年出现的"预制菜添加剂舆情"）。当某个行业突发风险时，立即给尽调团队发警报："重点查供应商添加剂备案文件!"，AI 实现风险特征实时迭代的方式如图 8-12 所示。

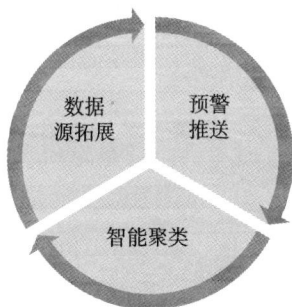

图 8-12　AI 实现风险特征实时迭代的方式

①数据源拓展：抓取行业研报、司法判决、社交媒体舆情等 300 + 渠道数据；

②智能聚类：自动归集新型风险（如 2024 年新能源行业的"技术代际风险"）；

③预警推送：当某细分领域风险指数突变时，触发尽调方案自动调整。

第 9 章 融资类尽职调查

融资类项目的尽职调查是计划或已实施融资行为的主体，针对融资项目进行的调查，对融资活动中涉及的资金融出方与融入资金用途两个方面进行客观评价，为主体的融资决策提供有价值的信息。

与投资类项目的尽职调查相比，融资类项目的尽职调查在国内企业真正应用的时间比较短，其发展也相对不成熟。对于尽职调查的框架与重点内容的确定，也尚未出现系统的整理。

9.1 融资类业务尽职调查概述

尽职调查是企业对外融资时的一个重要步骤。投资机构通过尽职调查报告可以对融资企业的人员、业务、财务、发展等各方面进行深入且全面的调查与了解，从而做出最具价值的投资决策。与银行贷前调查报告、发债前信用评级报告相比，尽职调查报告不仅关注被投资企业项目的财务的可持续性与盈利能力，也重视项目负责团队、项目前瞻性等一些一般报告甚少反映的东西。随着融资市场的成熟与融资渠道的多样化，尽职调查不再局限于 IPO 业务、ABS 融资、融资租赁等项目。商业保理和供应链金融的发展使得融资渠道更加多元，每一类融资项目尽职调查的侧重点也不尽相同，但不管融资方式如何变化，对于融资类项目来说，其尽职调查核心还是对项目未来还款能力的调查分析。

9.1.1 企业的融资方式

从发展的角度看，企业融资活动是比投资活动、经营活动更重要的现金流活动。企业的诞生、成长、成熟直到衰老这一整个周期都与融资息息相关。随着国际与国内金融市场的不断创新与发展，企业可供选择的融资方式不断增多，大致可分为股权性融资和债权性融资。不管是哪一种融资方式，金融市场中资金供求双方充分的信息沟通都是融资成功的关键。这也是尽职调查在投融资活动中的重要性所在。

1．股权性融资

股权性融资主要是指企业股东愿意出让部分企业所有权，通过企业增资的方式引入外部投资者投资，使得权益性资本与现金流增加的融资方式。企业不必为这些资金支付利息、偿还本金，但是需要实现足够的业绩增长以回馈股东的投资。这种融资方式，可以吸引不同风险偏好的投资者在企业的不同生命周期阶段投资，以满足企业各阶段不同的融资需求。股权性融资按企业不同发展时期可分为创始人投资、天使投资、股权投资、首次上市发行、股权再融资。

2．债权性融资

债权性融资是指企业通过发行债券、抵押、质押等方式，与个人或机构投资者缔结债务债权关系，从而获得所需的资金流的融资方式。企业为这一部分的资金使用支付约定好的利息，并到期偿还本金，同时可以最大限度地占有企业发展红利，并避免稀释控制权。根据债务类型，债权性融资可分为银行贷款、债券融资、商业信用、其他融资四类。

9.1.2　融资类业务尽职调查框架

随着我国经济社会的不断发展，市场经济愈加开放和完善，越来越多的融资形式在国内出现。相比于传统的 IPO、融资租赁和债券承销业务，ABS 融资、供应链金融等方式能满足更多融资主体的需求，且在一定程度上具有独到的优势。

尽管各类融资方式千差万别，但基本模式是类似的，都存在资金的融入方和融出方。资金融出方在把资金借出前要对资金融入方展开详尽的尽职调查，以核实融入方的还款能力，决定是否将资金借出，并根据业务风险的大小调整资金利率。一般来说，风险越大，利率水平越高。

融资类业务尽职调查的一般框架如下。

1．对融资相关主体的尽职调查

调查内容如下。

（1）企业基本情况。

（2）企业经营情况。

（3）企业财务状况。

（4）企业资信状况。

（5）企业对外担保情况。

2．对融资项目的尽职调查

调查内容如下。

（1）资金用途及方案。

（2）标的物介绍及可处置性分析。

（3）项目风险防范措施。

（4）项目的未来收益。

本章并没有纳入所有融资方式的尽职调查，而是对传统融资方式中具有代表性的 IPO、融资租赁、债券承销以及近年来比较常用的 ABS 融资、商业保理、供应链金融项目进行梳理。其他未尽融资方式的尽职调查可以参照这些项目进行。

9.2　IPO 尽职调查

9.2.1　IPO 尽职调查概述

IPO 尽职调查，是指被委托的会计师事务所等专业服务机构，对首次公开发行股票的公司进行审慎有效的调查和分析，充分了解发行人的经营情况及面临的风险和问题，有针对性地提出合理意见并监督发行人进行整改，为发行人发行上市扫清障碍的过程。拟上市公司受所属立场的制约，往往不能准确认识自身的优劣，因而通过财务尽职调查对其进行客观评价并分析公司内在价值十分重要。除此之外，注册会计师在尽职调查中，通过各种方法明确公司存在的财务风险并予以防范，为降低投资风险和稳定资本市场发展奠定基础。因而价值挖掘与风险管理成为上市公司财务尽职调查的两个基本作用。值得注意的是，IPO 尽职调查以未来为导向，根据目前的财务状况推测公司未来的持续盈利能力，这与以历史为导向的审计有严格不同。在履行 IPO 尽职调查职责中，注册会计师除了要遵守《公司法》《证券法》等一般经济法律法规外，还要掌握《保荐人尽职调查工作准则》《首次公开发行股票并上市管理办法》等具体业务规定，此外扎实的专业基础，高超的分析判断能力以及对细节的敏锐把握也是做好尽职调查工作的前提。

9.2.2　IPO 尽职调查的方法

IPO 尽职调查的具体方法应根据发行者的需要和实际情况以及双方的协商确

定，不同行业、不同上市项目会略有差别，但基本的调查程序有下述六类。

（1）审阅：通过对公司的工商注册、财务报表、业务文件等各项资料的审阅，对会计信息的合规性和有效性做出准确公正的专业判断，及时发现异常及重大问题。

（2）参考外部信息：全面且完整的财务资料不仅包括准确的内部信息，还包括企业外部环境的信息。通过电视、网络、行业杂志、业内人士等信息渠道，了解公司及所处行业的情况。

（3）访谈沟通：注册会计师与企业内部各层级及各部门人员、关联方、供应商、客户展开谈话以获取相关信息，与其他中介机构的调查人员沟通以协调工作进度、互通信息、相互印证。作为调查者搜集线索、证明纸质资料的有效途径，访谈有时也会因为受访者身份的制约，得到不完全可靠的资料，这就需要调查者根据自己的专业经验进行判断。

（4）重新计算：使用计算机或以人工方式核对记录和文件中的数据的准确性，一般涉及销售发票和存货的总金额、折旧费和应纳税额的计算以及加总日记账和明细账等。

（5）审核：关注重点、把握细节，对原始凭证、经济合同等的相关证明资料予以审查核对，得出真实可靠的调查结果。

（6）分析：常运用趋势分析和结构分析的方法，对不同财务信息之间以及财务信息和非财务信息之间的关系进行梳理，实现对财务信息全面、客观的评价，其中要重点挖掘业务信息的变化原因并推测未来持续盈利能力。

9.2.3　IPO 尽职调查的内容

IPO 尽职调查的内容涉及企业的诸多方面，主要包括企业的基本情况、业务技术、同业竞争与关联交易、高管人员、组织结构与内部控制、财务与会计、业务发展目标、募集资金运用等。其中重要的是弄明白企业是否具有持续盈利能力、是否具有独立的法人地位、经营是否合法合规等。

第一，企业是否具有持续盈利能力，是 IPO 审核中核心的内容。证监会非常忌讳企业在上市之后很快出现"业绩变脸"，往往会对"业绩变脸"上市公司的保荐机构施加严格的处罚。同时，企业历史数据的可信度也是券商核查的重点。证监会如发现企业财务造假问题，除非保荐机构能证明自己已经尽责，否则项目组成员将承担重大责任。

第二，企业是否具有独立的法人地位，保持独立性。独立的法人地位要求企业在业务、财务、机构、资产、人员等各方面都独立于控股股东和实际控制人。

第三，企业经营是否合法合规。合法合规涉及企业的方方面面，这要求企业和主要股东至少在申报上市材料覆盖的前三年内，都是合法合规的，比如没有受到司法机关、行政机关的处罚，没有欠别人的钱到期不还，没有重要诉讼和仲裁等情况。同时，企业从诞生之日起，股权历史沿革也不能存在瑕疵。这需要保荐机构对企业的历史沿革、经营管理、资产产权、诉讼仲裁等情况进行全面细致的核查，必要时还需要协调相关行政主管部门出具无违规证明。

在前期调查阶段，主要了解公司各方面的基本情况，需要公司根据以下清单提供相关资料。

（一）公司基本情况

1. 公司基本资料

（1）公司中、英文名称及其缩写，办公地址及其邮政编码，电话号码、传真号码，互联网网址，电子信箱等。

（2）公司营业执照。

（3）公司生产经营有关的所有政府或行业给予的许可性文件（包括：企业资质证明、生产许可证、进出口特许证明等文件）。

2. 历史沿革

（1）公司设立时的有关批准文件或发起人协议、出资协议等。

（2）公司历次工商变更的企业法人营业执照以及工商变更登记资料。

（3）公司历次股权变更协议。

（4）公司历次注册资本调整及验资报告、评估报告。

（5）公司自设立以来的历次公司章程。

3. 公司控股股东与其他主要股东或实质控制人的基本情况

（1）自然人股东，包括自然人的姓名及简要背景。

（2）法人控股股东与其他主要股东或有实质控制权股东简要背景。

（3）控股股东下属分公司、子公司和参股企业、联营企业情况。如有，用方框图列示其结构关系。

（4）控股股东最近一年及一期的财务报告。

4. 公司架构

（1）公司直接或间接控股的子公司及参股公司，以及对企业财务状况和经营成果等有实质影响的其他下属公司。

（2）公司其他形态的对外投资（含任何海外投资或海外经营），包括但不限于股票、债券类有价证券投资。

5．公司组织机构设置

公司内部管理架构，包括各主要职能部门及隶属关系。

6．员工情况

（1）公司目前的用工方式、职工人数、教育程度、年龄分布情况。

（2）公司目前执行的员工社会保障和保险缴纳情况，公司退休等与劳动、人事有关的政策及计划，公司员工福利政策情况。

（3）公司近三年是否存在劳资纠纷情况。如有，需说明。

（二）公司财务状况

1．公司最近两年经审计财务报告（如有）或财务报表

（1）公司的资产负债表。

（2）公司的现金流量表。

（3）公司的利润表。

（4）公司的其他经审计财务报告或报表。

2．公司重要资产情况，包括土地、房屋、设备（含车辆）等

（1）公司开户银行、银行账号、税务登记号等。

（2）公司所有的不动产权证证明。

（3）公司所有的土地使用权证明。

（4）公司所有的其他形态资产所有权证明。

3．公司借款以及对外提供的担保情况

（1）公司为其他企业、事业单位的债务提供保证的情况。如有，需提供保证合同。

（2）公司借款，与银行间关于销售的信贷安排等。如有，需提供相关协议。

4．重大合同

公司正在履行或即将履行的标的金额在人民币 500 万元以上的重大合同。

5．税务情况

（1）公司需要缴纳的税种和费用的资料，依法应缴纳的税种名称、税率等，包括但不限于增值税、所得税等。

（2）公司税务登记证明、公司历年完税证明和最近两年实际纳税情况说明。

（3）公司享受的税收优惠及税务部门的批准文件。

（4）公司最近三年是否受到税务部门处罚。如有，需说明并提供处罚凭证。

（三）公司最近三年重组和产权界定情况

（1）重组过程及重组方案。

（2）相应审计报告、评估报告。

（3）法律意见书，相关的董事会、股东会决议文件。

（4）股权、产权交割凭证。

（5）政府相关批复。

（四）公司高级管理人员与核心技术人员

（1）高级管理人员是指董事、监事及总经理、副总经理、财务负责人、技术负责人和董事会秘书等。

（2）上述人员的基本情况包括：姓名、性别、国籍和是否有在境外的永久居留权，年龄、学历、职称，曾经担任的重要职务及任期，主要工作经历及在企业的现任职务和兼任其他单位的职务，核心技术人员的主要成果及获得的奖项。

（3）董事长、监事会主席及总经理、技术负责人在最近二十四个月内变动的经过及原因。

（五）诉讼及行政处罚

（1）公司过去三年中，所发生的诉讼、仲裁以及它们的结果和对公司经营状况的影响。

（2）公司所涉及的现有或经合理预期可能产生的诉讼、仲裁、行政处罚或其他纠纷的情况。

（六）其他资料

（1）公司规章和管理制度。

（2）公司自成立以来历次股东大会、董事会、监事会决议。

（3）公司历年来取得的各种荣誉、称号及其依据。

（4）公司的对外宣传资料。

9.3　ABS 融资尽职调查

资产证券化的目的在于将缺乏流动性的资产提前变现，解决流动性风险。资产证券化提高了资本市场的运作效率，为商业银行和投资者带来了便捷和利益，因此在我国，资产证券化得到了银行和资产管理公司的青睐。由于在资产证券化的过程中，主要涉及证券化基础资产、原始权益人和其他业务参与人三方面，因此，在 ABS 融资尽职调查中，主要针对证券化基础资产、原始权益人、其他业务参与人分别展开调查。

9.3.1　ABS 融资概述

我国企业在产业结构升级过程中，形成了巨额资产。企业可以通过资产证券化融资的方式盘活这些资产，以其中具有稳定现金流的资金作为担保，解决长期困扰企业发展的融资难问题。

1. ABS 融资的定义

ABS（Asset – Backed Securitization）即资产证券化，是以项目所属的资产为支撑的证券化融资方式，即以项目所拥有的资产为基础，以项目资产可以带来的预期收益作为担保，通过在资本市场发行债券来募集资金的一种项目融资方式。简单来说，ABS 融资就是企业将那些缺乏流动性，但能够产生可以预见的、稳定的现金流量的资产，通过资产结构组合和资产信用分离的方式，以部分的优质资产作为担保，由专门的机构发行证券，在资本市场以抵押发行证券的方式予以出售，获取融资，以提高资产的流动性。

ABS 融资模式作为一种创新金融工具，无疑为发起人——企业开辟了一条新的融资渠道。这种融资工具已成为沟通直接融资和间接融资的有效通道，并不断深化和完善。ABS 融资方式灵活、筹资规模不限、筹资时间选择性强、筹资成本低，且不受企业效益影响。尤其对那些无法从银行正常获得信贷以及不能从资本市场获取资金的企业来讲，ABS 融资是目前为止较佳的融资选择。中小企业发展阶段性强，资产结构不理想，自身信用级别较低，但通过资产剥离和信用增级，可以达到 ABS 融资要求的条件。因而，ABS 融资是中小企业除传统融资渠道以外一条更为切实可行的融资渠道。

2. ABS 融资的分类

我国资产证券化大致包括两大类：一是企业资产和项目资产，包括应收账款，供电、供油、供气合同，机构、公路的收费以及运输费用的应收账款。这些资产容易剥离，统计资料较完备，收益较稳定，也符合建立证券化资产的规模，可以将这部分企业资产或项目资产用于实施资产证券化业务。二是银行资产，主要有以住房抵押贷款为主的个人消费信贷和商业抵押贷款。这部分资产规模大，具有不断增长的势头，若使其证券化将有一个不断扩张的市场出现。根据不同的划分标准，资产证券化有以下几种分类：

（1）根据基础资产分类。根据证券化的基础资产不同，可以将资产证券化分为不动产证券化、应收账款证券化、信贷资产证券化、未来收益证券化（如高速公路收费）、债券组合证券化等类别。

（2）根据资产证券化的地域分类。根据资产证券化发起人、发行人和投资者所属地域不同，可将资产证券化分为境内资产证券化和离岸资产证券化。

国内融资方通过在国外的特殊目的机构（Special Purpose Vehicles，SPV）或结构化投资机构（Structured Investment Vehicles，SIVs）在国际市场上以资产证券化的方式向国外投资者融资称为离岸资产证券化；融资方通过境内 SPV 在境内市场融资则称为境内资产证券化。

（3）根据证券化产品的金融属性分类。根据证券化产品的金融属性不同，资产证券化可以分为股权型证券化、债券型证券化和混合型证券化。

值得注意的是，尽管资产证券化的历史不长，但相关证券化产品的种类层出不穷，名称也千变万化。最早的证券化产品以商业银行房地产按揭贷款为支持，故称为按揭支持证券（Mortgage Backed Securities，MBS）；随着可供证券化操作的基础产品越来越多，干脆用债务抵押债券（Collateralized Debt Obligations，CDOs）概念代指证券化产品，并细分为 CLOS（Collateralized Loan Obligations，贷款抵押债券）、CMOS（Collateralized Mortage Obligations，担保抵押债券）、CBOS（Collateralized Bond Obligations，债权抵押债券）等产品。最近几年，还采用金融工程方法，利用信用衍生产品构造出合成 CDOS。

3. ABS 融资的运作主体

资产证券化融资是由一个特殊的交易结构组成的，其运行主体包括：原始债务人、原始权益人、发行人或特殊目的载体、证券承销商、服务商、受托管理人、投资者、信用评级机构、信用增级机构和专业服务机构等。各主体在融资中扮演着不同的角色，各司其职，起着相互联系、相互制约的作用。

（1）原始债务人。原始债务人是指与原始权益人签订的债权债务合同中承担债务的一方。在抵押贷款中，原始债务人是指抵押贷款合同中承担还本付息义务的借款方，在资产证券化过程中按照原始协议履行义务。

（2）原始权益人。原始权益人是指与原始债务人签订的债权债务合同中享有债权的一方（拥有一定权益资产的当事人，如拥有项目资产的项目公司、发放抵押贷款的商业银行和保险公司等）。在资产证券化过程中，原始权益人把需要证券化的资产出售给特别目的载体，从而实现资产的风险与收益的重组。因此，原始权益人又被称为资产证券化的发起人。

（3）发行人或特殊目的载体。资产担保证券的发行人是一个特殊目的载体，是专为资产担保证券化而成立的一个机构。在证券化过程中，首先原始权益人将基础资产组合转让给一家独立的中介机构，由这家独立的中介机构发行资产担保证券，达到筹措购买上述资产所需资金的目的。

（4）证券承销商。证券承销商可以两种方式销售证券：一是包销，二是代销。包销是指证券承销商从发行人处购买证券，然后再销售给公众，如果卖不完则必须自己承担。代销是证券承销商作为发行人的代理人为其提供更多的购买者，不承担销售完证券的责任。发行人和证券承销商必须合作，确保发行结构符合会计、税务等法规法律的要求。

（5）服务商。服务商通常由发行人自身或其指定的银行来承担，其在资产证券化中的作用体现为两个方面：一是负责收集权益资产到期的现金流并催讨过期应收款；二是代替发行人向投资者或投资者的代表——受托人支付证券的本息。

（6）受托管理人。在资产证券化中，受托管理人不可缺少。其主要职责：一是作为发行人的代理人向投资者发行证券；二是将权益资产的应收款转给投资者，并且在款项没有立即转给投资者时，有责任对款项进行投资；三是对服务提供的报告进行确认并转给投资者。当服务商不能履行其职责时，受托管理人应该能够起到取代服务商角色的作用。

（7）投资者。投资者是资产担保证券的最终购买者。目前资产担保证券的购买者主要为一些机构投资者，如保险公司、养老基金和退休基金等。

（8）信用评级机构。在资产证券化过程中，信用评级机构的主要作用是对将要发行的证券的风险和收益进行评价，给出证券的信用等级，为投资者的投资决策提供合理、可靠的依据。国际上主要的信用评级机构除了标准普尔和穆迪外，还有惠誉、达夫菲尔普斯。

（9）信用增级机构。信用增级是资产证券化最关键的环节之一，其目的是使一个原本处于投机级证券的信用等级提高到投资级，从而可以更好地进行融资。因此，寻找一个受到投资者信任的信用增级机构非常重要，信用增级机构可以是政府或政府性质的机构，也可以是商业机构。

（10）专业服务机构。专业服务机构是指为资产证券化融资提供各类业务指导、充当顾问的机构，如会计师事务所、律师事务所、投资银行等。

4．ABS 融资的运作方式

ABS 融资的运作方式分为六个主要阶段：

第一个阶段：组建项目融资专门公司。采用 ABS 融资方式，项目主办人需组建项目融资专门公司，可称为信托投资公司或信用担保公司，它是一个独立的法律实体。这是采用 ABS 融资方式筹资的前提条件。

第二个阶段：寻求资信评估机构授予融资专门公司尽可能高的信用等级。由国际上具有权威性的资信评估机构，经过对项目的可行性研究，依据对项目资产未来收益的预测，授予项目融资专门公司 AA 级或 AAA 级信用等级。

第三个阶段：项目主办人（筹资者）转让项目未来收益权。通过签订合同，项目主办人在特许期内将项目筹资、建设、经营、债务偿还等全权转让给项目融资专门公司。

第四个阶段：项目融资专门公司发行债券筹集项目建设资金。由于项目融资专门公司信用等级较高，其债券的信用级别也在 A 级以上，只要债券发行，就能吸引众多投资者购买，其筹资成本会明显低于其他筹资方式。

第五个阶段：项目融资专门公司组织项目建设、项目经营并用项目收益偿还债务本息。

第六个阶段：特许期满，项目融资专门公司按合同规定无偿转让项目资产，项目主办人获得项目所有权。

9.3.2　对原始权益人的尽职调查

原始权益人也称发起人，是证券化资产的原始所有者，通常是金融机构或大型工商企业。

尽职调查的重点在于：企业融资项目是否符合行业的证券化政策导向；各项业务的初评、初审程序是否符合有关规定，业务部门所做的风险分析和项目评估方案是否全面合理；业务部门所报的基础资料和对这些资料的分析是否真实、深入；行业分析是否合理；法律方面分析、财务方面分析、采用的风险评估参数取值是否合理等。

1. 原始权益人基本信息调查

原始权益人基本情况和实际控制人情况调查清单。

原始权益人的相关概况、历史沿革、组织结构、控股股东、实际控制人工商基本情况。

2. 原始权益人主营业务及财务情况调查

通过对原始权益人访谈及对其最近三年及一期审计报告或财务报表的审核查验，了解原始权益人近年来盈利能力、负债情况、现金流稳定情况。通过原始权益人的资产负债表、现金流量表及利润表对重点的财务指标进行分析，并尽可能与同行业其他公司相应指标进行横向对比，形成对原始权益人发展能力、偿债能力及盈利能力等的客观的初步判断。当然，仅仅停留在报表层还是不够的，还要细微观察审计报告中财务附注部分，从中发现原始权益人是否涉及关联交易、对外担保及诉讼事件等。

（1）原始权益人行业状况及经营情况。

企业能够健康持续发展与企业所处的行业环境有着极大的关系，如果企业所处行业属于朝阳行业，那么企业的发展前景可能很好；如果企业处于低创新、低技术、高耗能、高污染等性质的夕阳行业，那么企业未来的发展前景将会极不乐观。

（2）原始权益人公司治理情况。

一个具有良好公司治理的企业往往能够健康、可持续发展。良好的公司治理一方面能够降低代理成本，另一方面也有助于保护股东特别是中小投资者的利益。下面将给出原始权益人公司治理情况尽职调查清单：

①原始权益人内部组织结构图、各机构职能。

②原始权益人董事、监事、高级管理人员名单、身份证复印件、简历。

③原始权益人公司治理制度，包括但不限于"三会"议事规则、董事会专门委员会议事规则、董事会秘书制度、总经理工作制度、内部审计制度等文件资料。

9.3.3　对其他业务参与人的尽职调查

在 ABS 融资的过程中，除了原始权益人以外，还有其他众多业务参与人，对他们的尽职调查是整个 ABS 融资尽职调查的重要内容，体现了谨慎性和重要性的原则。

（一）对担保人的尽职调查

对担保人的尽职调查，除了对其所处行业及主营业务财务情况展开尽职调查外，需额外关注公司是否存在大额对外担保事项。目前，企业之间担保现象广泛存在、情况严重。如果担保人涉及大量对外担保，即使其自身保持了比较好的发展态势和具有较强的盈利能力，一旦外部环境发生变化，被担保企业经营不利或其他情况导致无法按期偿还款项时，担保企业难以置身其外，往往会被拖累。

（二）对托管人（托管银行）的尽职调查

（1）托管人（托管银行）经营情况及资信水平（基本情况介绍、公开财务资料、公开评级资料等）。

（2）托管业务资质批复文件。

（3）托管人（托管银行）的托管业务资质：管理制度、业务流程、风险控制措施等。

（三）对信用增级机构的尽职调查

1. 设立及存续情况

（1）设立时的政府批准文件、营业执照、工商登记文件。

（2）发起人协议、创立大会文件或出资协议。

（3）设立时的公司章程。

（4）历次变更的营业执照、历次备案的公司章程以及相关的工商登记文件。

2. 股权架构、组织架构及治理结构

（1）股权结构图。

（2）最近一次验资报告。

（3）组织结构（参控股子公司、职能部门设置）。

（4）职能部门职责说明；

（5）公司治理制度规定，包括"三会"议事规则、董事会专门委员会议事规则、董事会秘书制度、总经理工作制度、内部审计制度等文件资料。

3. 授信使用状况及对外担保情况

（1）银行授信合同或协议（母公司口径）。

（2）内部决策文件、相关批文、提供对外担保的授权文件、担保协议、担保函或担保合同（母公司口径）。

4. 内部控制及管理

（1）业务管理制度及业务审批流程。

（2）风险控制制度。

（3）有无发生代偿情况的说明及相关资料。

（四）对重要债务人的尽职调查

（1）信贷类或应收账款类基础资产、重要债务人（单一应收款债务人的其他应收款的本金余额占资产池的比例超过15%，或者债务人及其关联方的其他应收款本金余额合计占资产池的比例超过20%）基本情况。

（2）主营业务情况、行业基本情况、竞争地位的相关资料。

（3）报告期内财务状况。

①报告期内的财务报告及审计报告。

②债务人经营情况与偿债能力分析。

③会计师事务所及注册会计师对非标审计意见涉及相关事项及影响的意见。

④历史信用表现、征信报告、资信评级报告（如有）。

（五）对服务商的尽职调查

1．设立及存续情况

（1）设立时的政府批准文件、营业执照、工商登记文件。

（2）发起人协议、创立大会文件或出资协议。

（3）设立时的公司章程。

（4）历次变更的营业执照、历次备案的公司章程以及相关的工商登记文件。

2．主营经营、财务及资信情况

（1）最近一年的经营情况。

（2）最近一年的财务报告及审计报告。

（3）征信报告、资信评级报告（如有）。

3．与基础资产管理相关的业务情况

（1）相关业务资质以及法律法规依据。

（2）提供基础资产管理服务的相关制度、业务流程、风险控制措施。

（3）基础资产管理服务业务开展情况的说明。

（4）基础资产与自有资产或其他受托资产互相独立的保障措施。

（六）对其他重要业务参与人的尽职调查

这部分主要是对律师事务所、信用评级机构、审计机构、评估机构等不参与业务本身的相关参与人所做的尽职调查。

（1）业务参与人的营业执照、公司章程。

（2）业务参与人报告期内审计报告。

（3）业务参与人征信报告。

（4）业务参与人的资信水平、相关业务资质、过往经验以及其他可能对证券化交易产生影响的因素。

9.3.4　对 ABS 基础资产的尽职调查

ABS 基础资产是未来现金流量的来源，是回报证券投资者的保证，基础资产一旦出现问题，会使投资者蒙受巨大的损失。对基础资产的尽职调查是整个尽职调查中的重中之重。

（一）ABS 基础资产

企业资产证券化基础资产主要分为两大类：一类是收益权类资产，另一类是债权类资产。

收益权类基础资产。第一，要关注经营主体收益权的合法合规性，确定其是否拥有土地使用权、项目建设及验收文件、安保与消防文件等；第二，要关注经营主体的稳定性和可替代性；第三，要结合经营主体所在行业特点分析同类竞争者出现的可能性；第四，要关注未来收益权是否处于抵押状态。

债权类基础资产。第一，要审核原始权益人合同权利的真实性、有效性、合法性和完整性，而且要明确原始权益人必须充分履行的债务责任；第二，要审核债务人有哪些抗辩权，防止因债务人行使抗辩权而导致现金流入不稳定；第三，要审核基础资产是否附带抵押、质押等担保负担或其他权利限制；第四，要审核基础资产合同的可转移性，债权人是否有权利在无须取得债务人同意的前提下将债权转移，或是否存在第三人享有的债券主张权。

下面列出了基础资产的尽职调查清单。

1. 基础资产的法律权属及状态说明

（1）基础资产形成和存续的真实性和合法性。

（2）基础资产权属、涉诉、限制和担保负担等情况。

（3）基础资产特定化情况。

（4）基础资产完整性。

2. 基础资产合法性

（1）基础资产相关权属证明或运营许可。

（2）主要基础资产的构建合同（如为非股权资产）或资金投入凭证、验资报告、基础资产工商登记资料、公司章程（如为股权）。

（3）原始权益人关于基础资产是否附带担保负担或者其他权利限制的说明。

（4）按照穿透原则，对基础资产对应抵押、质押登记部门的查询资料，原始权益人关于基础资产是否涉及诉讼的说明及相关资料。

（5）在当地法院及相关网站的查询结果（中国执行信息公开网）。

3. 基础资产的可转让性及相关程序说明

（1）原始权益人关于基础资产是否存在禁止或者不得转让的情形的说明。

（2）基础资产（包括附属权益）转让需履行的批准、登记、通知等程序及相关资料（如政府、监管机构等的要求）。

（3）基础资产转让的完整性。

（4）基础资产转让的通知义务及该义务的履行方法和可行性。

（5）基础资产转让登记的履行情况。

（6）基础资产转让附属权益的处理。

4．基础资产行业分析

（1）基础资产行业的基本情况和竞争地位等相关资料。

（2）预测期内相关业务发展战略、规划。

5．基础资产现金流状况

（1）基础资产期限、账龄及质量状况说明。

（2）基础资产现金流历史情况（最近 5 年的情况）。

（3）基础资产现金流归集、划转程序和路径。

6．未来现金流的合理分析

（1）未来现金的流入量。

（2）未来现金的流出量。

（3）未来现金流入量对流出量的覆盖倍数。

7．本期债券相关内容调查分析

（1）风险因素及防范措施（包含混同风险）。

（2）原始权益人风险自留的相关情况。

8．偿债计划及其他保障措施

（1）原始权益人确定的具体偿债计划及资金安排。

（2）原始权益人安排的其他具体偿债保障措施，包括偿债专户、偿债基金、违约时拟采取的具体偿债措施和赔偿方式。

（3）原始权益人做出的可能影响债券持有人利益的其他承诺。

（4）原始权益人为维持基础资产正常的生产经营活动提供合理支持性安排的相关承诺。

9．债券类资产

（1）债权合同。

（2）债权明细、账龄。

（3）历史违约情况、还款凭证以及与还款相关的银行流水。

（4）抵/质押物的评估报告。

10．收益权类资产

（1）收益权合法性文件。

（2）与主要客户的合同。

（3）历史收款记录。

（4）记载单价、数量或流量的统计表（年度、季度、月度）。

（5）预测期内预计收入相关原始资料（预计销售单价、预计销售量）。

（6）抵/质押物的评估报告。

11. 基础资产各种专项审计报告（如有）或财务数据

基础资产的账面价值、折旧情况、营收情况等。

12. 基础资产相关管理制度

基础资产的其他资料、基础资产业务管理制度及风险控制制度等。

13. 基础资产重要交易参与人情况

重要交易人的名称概况、交易时间等。

（二）ABS 产品的抵/质押担保情况（若有）

（1）抵/质押协议。

（2）抵/质押物的基本情况。

（3）抵/质押物清单（包括名称、数量或面积、账面价值和评估价值等相关信息）。

（4）抵/质押物权属证明。

（5）抵/质押物评估报告（若有）。

（6）抵/质押物的登记、保管及相关法律手续办理情况。

（7）抵/质押物发生重大变化时的安排。

（三）ABS 产品的决议文件

（1）董事会决议。

（2）股东大会决议。

（3）主管部门的批复文件（若有）。

9.4 债券承销尽职调查

9.4.1 债券承销业务概述

（一）债券承销业务定义

债券承销是证券经营机构代理债券发行人发行债券的行为，主要有代销和包销两种方式。代销是指承销商代理发售债券，并在发售期结束后，将未出售的债券全部退还给发行人的承销方式。包销是指证券公司将发行人的证券按照协议全部购入或者在承销期结束时将售后剩余证券全部自行购入的承销方式。

债券承销是指投资银行接受客户的委托，按照客户的要求将债券销售到机构投资者和社会公众投资者手中，实现客户筹措资金的目的的行为或过程。

（二）债券承销方式

从债券承销实践看，证券承销主要有以下四种方式：代销、助销、包销及承销团承销。

（1）代销。所谓代销，是指承销商代理发售证券，并在发售期结束后，将未出售债券全部退还给发行人的债券承销方式。

（2）助销。所谓助销，是指承销商按承销合同规定，在约定的承销期满后对剩余的债券出资买进（余额包销），或者按剩余部分的数额向发行人贷款，以保证发行人的筹资、用资计划顺利实现的债券承销方式。《证券法》将余额包销归入包销方式。

（3）包销。所谓包销，是指在证券发行时，承销商以自己的资金购买计划发行的全部或部分债券，然后再向公众出售，承销期满时未销出部分仍由承销商自己持有的一种债券承销方式。

（4）承销团承销。承销团承销也称"联合承销"，是指两个以上的证券承销商共同接受发行人的委托向社会公开发售某一债券的债券承销方式。由两个以上的承销商临时组成的一个承销机构称为承销团。

9.4.2　债券承销业务流程

1. 获得债券承销业务

投资银行获得债券承销业务一般有两种途径。一是与发行人直接接触，了解并研究其要求和设想之后，向发行人提交关于债券发行方案的建议书。如果债券发行人认为投资银行的建议可以接受，便与投资银行签订债券发行合同，由该投资银行作为主承销商着手组建承销辛迪加。

二是参与竞争性投标。许多债券发行人为了降低债券的发行成本，获得最优的发行方案，常常采用招投标的方式选择主承销商。投资银行可以独自参与投标，但一般会与若干家其他投资银行联合组成投标集团，以壮大自身实力。中标的投标集团在与发行人签订债券发行合同之后，便立即着手组建承销辛迪加。

2. 组建承销辛迪加

辛迪加是指同一生产部门的少数大企业通过签订统一销售商品和采购原料的协定而建立的组织。债券承销辛迪加与股票承销辛迪加有一个很大的不同，即辛迪加成员并不一定是投资银行或全能制银行中的投资银行部门，这是因为许多限制商业银行参与投资银行业务的国家，对商业银行参与债券尤其是国债的承销和分销的限制比较宽松。

3．实施发行

组建承销商辛迪加并确定辛迪加中各成员的责任后，便进入债券的发行阶段。严格来说，债券的发行与股票的发行并没有太多的差别。

9.4.3　债券承销业务尽职调查内容

1．发行人基本情况

（1）发行人概况：公司名称、住所、法定代表人、经营范围、主营业务等。

（2）历史沿革、实际控制人情况。

（3）发行人的公司治理和内部控制情况。

（4）发行人与其母公司、子公司等投资关系的完整结构图（从最上游直至最下游的所有企业），结构图应标明控股/持股/控制关系、持股份额、其他持股人的详情。

（5）发行人拥有的主要子公司的详细清单，该清单的内容包括：下属企业的名称、成立时间、注册地址、注册资本、股权状况（股东名称、出资额、持股比例或控制关系）、企业性质、经营范围、主营业务、最近一期财务情况、是否合并报表。

（6）有关发行人及其下属企业主体资格的法律文件。

（7）发行人现阶段和以往享受的优惠政策。

（8）发行人在过去两年内进行的（境内和境外）投资，出售、收购、兼并、增资、减资、合并、分立、重大改组、变更情况。

2．发行人所在行业情况

（1）发行人所处行业基本情况调查。

①发行人所处行业在国民经济中的地位、发展前景、国家有关行业政策、今后中长期规划等。

②行业中主要业务指标的市场统计资料、最新的销量调查报告或统计资料。

③影响行业的主要因素分析。

（2）发行人在行业中的地位调查。

①与国内同行业主要企业的资产规模、市场占有率、产品/服务价格、收入、利润、资产利润率等主要指标的统计比较。

②与同行业主要竞争对手的成本利润率比较分析。

（3）发行人在同行业中的竞争优势分析。

①地理优势、人才资源、劳动力资源等。

②规模优势（是否有规模经济效益）。

③管理、技术优势（先进的经营管理水平、经营方面的独特性等）。

④价格、服务质量优势等（如有）。

⑤品牌及企业文化方面的优势。

⑥其他优势（如中央、地方的优惠政策等）。

3．发行人主营业务情况

（1）发行人最近两年及一期的主营业务收入及成本情况。

（2）发行人最近两年及一期主营业务收入的构成情况。

（3）发行人的主要项目情况：发行人在最近两年及一期中完成了哪些重大投资项目，发行人正在进行或计划进行的投资项目情况。

（4）发行人产品生产或服务基本流程介绍。

（5）特许经营情况。

4．发行人的人事状况

（1）发行人的职工数及人员构成情况（行政人员、技术人员、服务人员、财务人员人数及比例，学历构成情况，职称构成情况），发行人的主要人事管理制度等。

（2）发行人高级管理人员简介：董事、监事和高级管理人员的基本情况（高级管理人员包括总经理、副总经理、总经理助理、董事会秘书、财务负责人、行政主管及分公司总经理），各位成员的姓名、国籍、任期及委派方或选举决议，并简要说明发行人过去两年高级管理人员的变化情况以及他们在发行人及其下属公司资本中持有的权益。

5．发行人的财务状况

（1）如未做特别说明，下列信息中近两年的财务会计信息摘自经会计师事务所审计的财务报告。

（2）发行人应简要披露财务会计信息，主要包括以下内容。

①最近两年及一期的资产负债表、利润表及现金流量表，发行人编制合并财务报表的，应同时披露合并财务报表和母公司财务报表。最近三年及一期合并财务报表范围发生重大变化的，还应披露合并财务报表范围的具体变化情况、变化原因及其影响。

②最近两年及一期的主要财务指标。

③最近两年内进行过导致公司主营业务和经营性资产发生实质变更的重大资产购买、出售、置换的发行人，披露最近三年及一期的财务报表应包括：重组完成后各年的资产负债表、利润表、现金流量表，以及重组时编制的重组前模拟资产负债表、模拟利润表和模拟现金流量表的编制基础。

④发行人管理层做出的关于发行人最近两年及一期的财务分析的简明结论性意见，主要以发行人的母公司财务报表为基础分析说明发行人资产及负债结构、现金流量、偿债能力、近两年的盈利能力、未来业务目标以及盈利能力的可持续性。

（3）发行人对可能影响投资者理解发行人财务状况、经营业绩和现金流量情况的信息，应加以必要的说明，发行人有无逾期尚未偿还的贷款及其展期情况。

（4）发行人的资金管理办法和投资决策程序。

6. 发行人募集资金投向

（1）发行人募集资金的运用计划。

（2）募集资金用于补充流动资金的，披露发行人补充流动资金的合理性和必要性，及其对发行人未来经营活动的影响。

（3）偿还银行贷款的，提供发行人具体银行贷款合同复印件，并披露偿还银行贷款的具体安排和对发行人财务状况的影响。

7. 发行人面临的主要风险与对策

（1）行业风险及对策。

（2）经营风险（如经营管理风险、商标及标志被侵权的风险、人力资源不足的风险、原料供应风险等）及对策。

（3）财务风险及对策。

（4）政策风险及对策。

（5）利率风险及对策。

（6）兑付风险及其财务风险及对策。

（7）投资风险及对策。

（8）汇率风险及对策。

（9）行业风险（如技术风险、税收优惠政策风险、市场竞争加剧风险等）及对策。

（10）资信风险。发行人最近两年内资信状况及存在的问题和可能出现的资信风险。

（11）担保（如有）或评级的风险。担保人（如有）资信或担保物（如有）的现状及可能发生的重大变化对本期债券本息偿还的影响，信用评级级别变化可能对投资人利益的影响等。

8．发行人资信情况

（1）发行人获得主要贷款银行的授信情况（提供目前尚未到期的银行贷款合同）。

（2）近两年发行的债券以及偿还情况。

（3）近两年的流动比率、速动比率、资产负债率、利息保障倍数、贷款偿还率、利息偿付率等财务指标。

9．发行人的偿债安排

（1）发行人对发债后公司现金流量的基本预测（未来两年的简单现金流量表）。

（2）发行人过去两年的现金流量分析。

（3）发行人偿债记录，偿债资金来源、具体的偿债计划。

（4）专项偿债账户：该账户的资金来源、提取的起止时间、提取频度、提取金额、管理方式、监督安排及信息披露等内容。

（5）不能按时支付利息、到期不能兑付以及发生其他违约情况时的解决措施。

10．发行人或有事项及其他重大事项

发行人最近一期期末的对外担保情况，对发行人财务状况、经营成果、声誉、业务活动、未来前景等可能产生较大影响的未决诉讼或仲裁事项，主要包括以下方面。

（1）受理该诉讼或仲裁的法院及仲裁机构的名称。

（2）提起诉讼或仲裁的日期。

（3）诉讼或仲裁的当事人和保理人。

（4）提起诉讼或仲裁的原因。

（5）诉讼或仲裁请求。

（6）可能出现的处理结果或已生效法律文书的执行情况。

11．发行人未来的发展规划

（1）发行人的发展战略、目标、未来五年业务发展规划。

（2）对所处行业未来三年发展趋势、竞争态势的预测。

12．发行人重要合同及重大诉讼事项

（1）对发行人未来可产生重大影响的合同。

（2）发行人及其母公司、子公司、控股公司、联营公司，发行人的董事、监事、高级管理人员，持有发行人 5% 以上（含）的主要股东作为重大诉讼一方当事人的诉讼事项。

13．担保人情况

（1）担保人基本情况介绍、最新营业执照副本。

（2）担保人最近一年及一期审计报告及经审计的财务报表。

（3）担保人获得主要贷款银行的资信情况（提供目前尚未到期的银行贷款合同）等。

（4）担保人累计对外担保金额，累计对外担保金额、累计担保余额及其占净资产比例。

（5）或有偿债情况。

（6）偿债能力分析。

9.5 融资租赁尽职调查

9.5.1 融资租赁概述

融资租赁是指出租人根据承租人对租赁物件的特定要求和对供货人的选择，出资向供货人购买租赁物件，并租给承租人使用，承租人则分期向出租人支付租金，在租赁期内租赁物件的所有权属于出租人所有，承租人拥有租赁物件的使用权的一种租赁方式。租期届满，租金支付完毕并且承租人根据融资租赁合同的规定履行完全部义务后，对租赁物的归属没有约定的或者约定不明的，可以协议补充；不能达成补充协议的，按照合同有关条款或者交易习惯确定；仍然不能确定的，租赁物件所有权归出租人所有。

9.5.2 融资租赁业务的分类

融资租赁业务的类别主要有：简单融资租赁、回租融资租赁、杠杆融资租赁、委托融资租赁、项目融资租赁、国际融资转租赁。

1．简单融资租赁

简单融资租赁是指由承租人选择需要购买的租赁物件，出租人通过对租赁项目风险评估后出租租赁物件给承租人使用的一种租赁方式。在整个租赁期间，承租人对租赁物件没有所有权但享有使用权，并负责维修和保养租赁物件。出租人对租赁物件的好坏不负任何责任，设备折旧由承租人承担。

2．回租融资租赁

回租租赁是指设备的所有者先将设备按市场价格卖给出租人，然后又以租赁的方式租回该设备的一种租赁方式。回租租赁的优点在于：一是承租人既拥有原来设备的使用权，又能获得一笔资金；二是由于所有权不归承租人，租赁期满后根据需要决定是续租还是停租，从而提高承租人对市场的应变能力；三是回租租赁后，使用权人没有改变，承租人的设备操作人员、维修人员和技术管理人员对设备很熟悉，可以节省时间和培训费用。设备所有者可将出售设备的资金大部分用于其他投资，把资金用活，而将少部分资金用于缴纳租金。回租租赁业务主要用于已使用过的设备。

3．杠杆融资租赁

杠杆租赁的做法类似银团贷款，是一种专门做大型租赁项目的有税收好处的融资租赁，主要由一家租赁公司牵头作为主干公司，为一个超大型的租赁项目融资。首先成立一个脱离租赁公司主体的操作机构——专为本项目成立资金管理公司，其提供项目总金额 20％以上的资金，其余部分资金来源则主要是银行和社会闲散游资，利用"以二博八"的杠杆方式，为租赁项目取得巨额资金。其余做法与融资租赁基本相同，只不过合同的复杂程度因涉及面广而随之增加。由于可享受税收好处、操作规范、综合效益好、租金回收安全、费用低，杠杆融资租赁。一般用于飞机、轮船、通信设备和大型成套设备的融资租赁。

4．委托融资租赁

委托融资租赁是拥有资金或设备的人委托非银行金融机构从事融资租赁。具有从事融资租赁业务资质的公司作为出租人，资金或设备的所有者为委托人，非银行金融机构同时也是受托人。这种委托租赁的一大特点就是让没有租赁经营权的企业，可以"借权"经营。电子商务租赁即以委托租赁为主。

5．项目融资租赁

项目融资租赁是指承租人以项目自身的财产和效益为保证，与出租人签订项目融资租赁合同，出租人对承租人项目以外的财产和收益无追索权，租金的收取也只能以项目的现金流量和效益来确定的一种租赁方式。出卖人（租赁物品生产商）通过自己控股的租赁公司采取这种方式推销产品，扩大市场份额。通信设备、大型医疗设备、运输设备甚至高速公路经营权都可以采用这种租赁方式。

6. 国际融资转租赁

租赁公司若从其他租赁公司融资租入租赁物件，再转租给下一个承租人，这种业务方式叫融资转租赁，一般在国际进行。这种方式下的处理同简单融资租赁无太大区别。出租方从其他租赁公司租赁设备的业务过程由于是在金融机构间进行的，在实际操作过程中，只是依据购货合同确定融资金额，在购买租赁物件的资金运行方面始终与最终承租人没直接的联系。操作可以很灵活，有时租赁公司甚至直接将购货合同作为租赁资产签订转租赁合同。这种做法实际是租赁公司融通资金的一种方式，租赁公司作为第一承租人不是设备的最终用户，因此也不能提取租赁物件的折旧。转租赁可以解决跨境租赁的法律和操作程序问题。

9.5.3 融资租赁尽职调查的内容

对于开展融资租赁业务的企业来说，在贷前对承租人进行尽职调查是重要的风险控制手段。融资租赁公司会对每一个潜在的承租人进行尽职调查，多维度分析潜在承租人情况，为最终决策提供准确的依据。

了解目标企业当期货币资金状况，从而衡量目标企业内部管理水平和现金支付能力；通过对目标企业当期存货的核实，了解目标企业的库存积压状况，从而评判目标企业是否具有较高的库存管理水平；对目标企业当前的销售情况和在建工程进行调查，可以评价目标企业的盈利状况；对目标企业银行贷款合同与担保合同进行核实，则可以了解其借款能力与信誉。以下是具体内容：

（1）基本情况。原始权益人的设立、存续情况；主体评级情况（如有）；股权结构、控股股东及实际控制人；组织结构、公司治理及内部控制等；内部授权情况；原始权益人开展业务是否满足相关主管部门监管要求、正式运营期限、是否具备风险控制能力；业务经营是否合法合规。

（2）原始权益人是否为境内外上市公司或者境内外上市公司的子公司。为境内外上市公司子公司的，其总资产、营业收入或净资产等指标占上市公司的比重。

（3）主营业务情况及财务状况。原始权益人所在行业的相关情况；行业竞争地位比较分析；最近三年各项主营业务情况、财务报表及主要财务指标分析、资本市场公开融资情况及历史信用表现；主要债务情况、授信使用状况及对外担保情况；对于设立未满三年的，提供自设立起的相关情况。

管理人应当核查会计师事务所对原始权益人近三年财务报告出具的审计意见（成立未满三年的，提供自公司设立起的审计意见）。会计师事务所曾出具非标准审计意见的，管理人应当查阅原始权益人董事会（或者法律法规及公司章程规定的有权机构）关于非标准意见审计报告涉及事项处理情况的说明以及会计师事务所及注册会计师关于非标准意见审计报告的补充意见。管理人应当分析相关事项对原始权益人生产经营的影响。

（4）资信情况。管理人及项目律师事务所应当核查原始权益人及其实际控制人最近两年是否存在因严重违法或失信行为，被有权部门认定为失信被执行人、失信生产经营单位或者其他失信单位，并被暂停或限制进行融资的情形。管理人及律师事务所应当就上述事项是否影响原始权益人进行融资展开核查，并在专项计划文件中发表明确意见。

（5）业务开展情况。包括但不限于主营业务概况、业务开展的时间、经营模式、承租人集中度、行业分布、期限分布、盈利和现金流的稳定性、业务开展的资金来源、风险资产规模、既有负债、或有负债等情况，以及近五年或者成立以来（成立未满五年）融资租赁业务的展期、早偿、逾期、违约以及违约后回收等情况的定义、具体计算方式及相关历史数据。

（6）风险控制制度。包括但不限于风险分类管理制度、承租人信用评估制度、事后追偿和处置制度、风险预警机制、风险准备金计提情况及风险资产占净资产的比重等。其中关于风险分类管理制度，应当就其分类管理标准、定义、方式等进行核查。

（7）持续经营能力。原始权益人需承担基础资产回收款转付义务，或涉及循环购买机制的，应当对原始权益人的持续经营能力进行分析。

（8）循环购买。涉及循环购买机制的，还应当对原始权益人可供购买的资产规模与循环购买额度的匹配性（循环购买情形下）进行分析。

9.6　商业保理尽职调查

商业保理在我国迅速发展，但风险不可忽视，2017 年度《保理司法判例分析研究报告》显示，占比最大的风险类别是欺诈风险，比例为 41.6%，第二大风险类别是信用风险，比例约为 20%。因此，商业保理尽职调查十分必要。

9.6.1　商业保理概述

供应商需要资金采购原材料、支付劳动力和运输费用；采购商希望延长账期，并持有更多的现金以优化营运资本，所以账期始终存在，不可能消除。商业保理的出现一定程度上缓解了买卖双方支付账期上存在的矛盾，能达到双方心理上的"平衡点"。保理具有天然的信用替代机制，即用应付账款人的信用等替代应收账款人的信用，能有效解决中小企业融资难问题。与其他融资渠道相比，它的融资成本更低、审批周期更短。

1. 商业保理的定义

商业保理指供应商将基于其与采购商订立的货物销售/服务合同所产生的应收账款转让给保理商，由保理商为其提供应收账款融资、应收账款管理及催收、信用风险管理等综合金融服务的贸易融资工具。商业保理的本质是供货商基于商业交易，将核心企业（采购商）的信用转为自身信用，实现应收账款融资。

商业保理机构更注重提供一系列综合性服务，如调查、收款、管理、结算、融资、担保等，更注重某一行业或领域，提供更有针对性的服务，更注重应收账款质量、买方信誉、货物质量等，而不是卖方的资质，能实现无担保和坏账风险的完全转移。因此，将债权以商业保理的形式转让给保理公司，可以激活调节资金，提高现金流的使用效率。

2. 商业保理流程

目前市场主流的保理模式分为两类，模式一和模式二。

模式一：以买卖双方的真实贸易背景为依托，通过三方之间的合作协议确定应收款的转让。

保理业务操作流程如下。

①卖方以赊销的方式向买方销售货物。

②卖方将赊销模式下的结算单据提供给保理公司，作为受让应收款及发放应收款收购款的依据，保理公司将收到的结算单据的复印件提交给合作银行，进行再保理业务。

③银行在审核单据，确认无误后，将相关融资款项划至保理公司的账户。

④保理公司将收到的银行融资款项划至卖方在合作银行开立的账户，作为应收款购买款。

⑤应收款到期日，买方向保理公司偿还应收款债权。

模式二：商业保理公司与卖方签订两方的暗保理协议，转让卖方对买方的应收款，到期卖方再将应收款回购，偿还保理公司的应收款。

除此之外，有一部分保理公司在传统的明保理模式基础上还强调保理的坏账担保功能，在应收款的处理中更加注重担保职能，因此这些保理公司与再担保公司之间形成了合作，将应收款的风险转移到外部。在这种模式下，保理公司借助再担保公司实现了对应收款以及保理业务的增信，使得业务的风险管理更加完善，也为这种业务模式的参与方提供了新的合作思路。

9.6.2　商业保理尽职调查的主要内容

1. 基本情况

（1）主体资格。通过查阅被调查方的工商档案及经营资质，以及其设立、变更、存续状态等，判断被调查方是否具备合法经营和用作保理的主体资格。

（2）股权与实际控制人。对股东和实际控制人的调查，是识别关联交易、防范虚假交易和商业欺诈的重要步骤。保理商应对企业股权结构和实际控制人进行调查，实际控制人应披露至国有控股单位或自然人。

（3）独立性。企业的独立性通常包括业务独立性、资产独立性、人员独立性、财务独立性以及机构独立性。企业的独立性体现为该企业将自身利益独立于控股股东、实际控制人和关联方，企业如不具备独立性，控股股东、实际控制人可以轻而易举地通过关联交易等手段转移企业资产、利润，从而损害债权人或中小股东的利益。故企业具备独立性是保理商利益得以保障的必要条件。

（4）公司治理有效性。公司治理主要是指企业通过合理地设置"三会一层"的治理架构，实现企业的规范运作。良好的公司治理是各方的合法权益得以保障的重要屏障，保理商在进行尽职调查时应搜集和审阅被调查方的公司治理结构和"三会一层"的具体制度，并核查其有效性。

（5）企业及个人信用情况。保理商应充分利用各种途径和方法了解基础交易参与方及其董事、监事、高级管理人员的信用情况。

（6）财务状况及或有事项。保理商应尽可能地查阅基础交易各方最近的审计报告和财务报表，核实其财务报表的真实性和合理性。同时，应特别关注对外担保、未决诉讼或仲裁等或有事项。

（7）所属行业及行业发展前景。对特定行业及其发展前景的分析往往是保理商进入新的行业的必修课程，这也正是商业保理相对于银行保理的重要优势所在。

2. 基础交易真实性

商业保理在业务办理过程中，始终面临着虚假交易、关联交易、应收账款重复转让、重复质押等风险，对基础交易真实性的审核可以说是商业保理尽职调查过程中最重要的环节之一。交易真实性往往是通过单据的真实性进行判断的，在整个交易真实性审查过程中需重点对商业发票、运输单据、保险单据、包装单据、原产地证书、检验证书、结汇单据、退税和核销单证等进行审核，其中发票审核十分常见。

随着监管手段的丰富，伪造发票的行为已不多见，而且保理商也可直接向税务机关查询发票真伪。然而发票审核，除了要审核其合法性和真实性外，还需对发票信息进行详细审核，如收款人与债权人是否一致、货物描述与基础交易合同中的货物描述是否一致、票据金额与基础交易合同的约定是否一致等。

除通过发票判断基础交易的真实性外，对运输单据、保险单据等单据的审核亦会对交易真实性的核查起到有效佐证的效果。如运输单据的审核，就是对发票审核的一项重要补充，可以通过将发货人、收货人、发货时间、货物描述、货物数量及重量等与发票信息进行核对，通过各单据的相互印证，进一步对基础交易的真实性做出有效判断。

3. 应收账款转让合法性

基础交易真实、应收账款可转让是商业保理业务得以进行的根本。在调查基础交易真实性的同时，也需要着力调查和判断应收账款的转让合法性。衡量一笔应收账款是否适合开展商业保理业务，可以从以下几个方面入手。

（1）可转让性。应收账款对应债权是否完整、有无法律上禁止转让的限制等是判断商业保理业务是否可行的前提。根据《合同法》第 79 条的规定，除当事人约定情况外，依据合同性质或法律规定不得转让的债权，不具有可转让性。通常来说，以下债权不得转让：①以特定身份为基础的债权，如抚养费请求权、养老金请求权；②以特定债权人为基础的债权，如工资、伤亡补助金等；③从权利不得单独转让。

（2）权利的完整性。应收账款债权转让除包括该笔款项的全部债权之外，还应包括以下权利：在法律许可的范围内要求债务人依法对债权人行使债权而产生的各项费用和损失给予赔偿和补偿的权利；在债务人发生破产、清算、被关闭或其他类似的情况下，作为债权人参加清算或其他类似程序的权利；就全部或部分债权进行放弃、给予豁免或延期等权利；从属于应收账款的各项担保权利；实现债权的其他实体性权利和程序性权利，包括但不限于抗辩权、抵销权、管辖异议、时效抗辩等。

9.6.3 商业保理尽职调查的方法与主要流程

1. 商业保理尽职调查的方法

（1）查阅。查阅是尽职调查的基础方法，调查方主要通过查阅被调查方的基础资料了解该企业的基本信息、法律状态、日常运行与财务状况等。

（2）访谈。访谈主要是指通过与被调查方有关的高级管理人员及财务、销售等部门的相关人员进行对话，从而更为全面地掌握被调查方的基本情况，并可对已有资料进行核实。

（3）列席会议。调查方通过列席被调查方关于本次交易事项的股东会、董事会、总经理办公会等会议，明确被调查方相关决议的真实性、产生过程，并能够对被调查方进行本次交易的商业目的进行深入了解。

（4）实地调查。通过实地调查可以更直观地对企业的经营管理水平、设备运行情况、安全生产和环境保护情况等进行了解，该方法直接而有效。

（5）信息分析。调查方通过各种方法对收集到的信息、资料等进行分析，提炼实质性内容，从而得出结论性意见。

（6）印证。印证主要是指调查方通过有关机构对被调查方提供的资料、实地调查的结果等真实性进行确定。

2．商业保理尽职调查的主要流程

（1）制定工作计划。工作计划主要包括调查目标、调查范围、工作方式、工作分工、工作时间、工作流程等。

（2）编制和提交尽职调查清单。调查方应根据具体的交易情况编制尽职调查清单，提交给被调查方，并要求被调查方严格按照客观、真实、全面、完整的原则提供清单上所列明的文件资料。清单资料的收集和审查直接关系到尽职调查结果的真实性和全面性，也就是说，尽职调查清单的编制是调查流程中基础且重要的一个环节。

（3）收集尽职调查文件。调查方应督促被调查方严格按照尽职调查清单提供资料，包括原件、复印件、传真件等。同时，对于无对应原件的资料出具书面说明，对于有对应原件的复印件资料，应于双方核对无误后由被调查方加盖印章或签字。

（4）访谈。在对文字性资料进行书面审查后，应在初步分析的基础上，结合调查过程中存在的疑点、可通过沟通进行更深入了解的问题编制访谈纲要，并针对各相关人员进行有针对性的访谈。

（5）形成尽职调查结论。调查方在整理全部工作底稿的基础上，根据调查过程中发现的风险制作调查报告，并形成调查结论。

9.6.4 商业保理项目尽职调查常见问题

1．资料真实性及完整性难以判断

商业保理尽职调查过程中，调查方的调查结果往往是直接根据被调查方提供的资料而得出的。那么，这个过程就不可避免地会存在被调查方有选择性地提供资料，对部分资料进行毁损、涂改、调换的可能。基于此，调查方可采取现场抽取部分资料的方式对被调查方提供资料的真实性及完整性进行印证。以现场抽取整套交易单据为例，调查方应注意以下事项。

（1）抽查要求于现场临时提出，不要提前通知被调查方。

（2）单据/文件必须覆盖交易全流程（招投标程序、商务合同的签订、验收）。

（3）特别审查商务合同是否有不适合操作保理业务的特殊条款，如不可转让、抵销条款等。

（4）凡是有差异或不符的情形，一律询问并记录。

2．对未来应收账款的处理问题

对将来债权的让与，如果已有合同关系存在，但需要等待一定的条件成就或经过一定的时间，或者当事人实施某种行为，才能转化为现实的债权。这类债权体现了一定的利益，具有转化为现实债权的可能性，从鼓励交易的角度出发，应允许此类债权转让。但是在合同关系尚未发生。债权的成立也无现实基础的情况下，即使将来有可能发生的债权，也不能允许其转让。但从业务风险角度考虑，即使有基础交易合同关系存在，未来应收账款保理的风险还是非常大的，因为不确定性的因素太多，需要谨慎对待。

9.7 供应链金融尽职调查

9.7.1 供应链金融概述

（一）供应链金融的概念

供应链金融（Supply Chain Finance，SCF）是商业银行信贷业务的一个专业领域（银行层面），也是企业尤其是中小企业的一种融资渠道（企业层面）。

供应链金融具体是指银行向客户（核心企业）提供融资和其他结算、理财服务，同时向这些客户的供应商提供贷款及时收达的便利，或者向其分销商提供预付款代付及存货融资服务。简单地说，供应链金融就是银行将核心企业和上下游企业联系在一起提供灵活运用的金融产品和服务的一种融资模式。

供应链金融的以上定义与传统的保理业务及货押业务（动产及货权抵/质押授信）非常接近，但有明显区别。保理和货押只是简单的贸易融资产品，而供应链金融是核心企业与银行间达成的，一种面向供应链所有成员企业的系统性融资安排。

（二）供应链金融的优势

供应链金融发展迅猛，原因在于其既能有效解决中小企业融资难题，又能延伸银行的纵深服务。

1. 企业融资新渠道

供应链金融为中小企业融资困难和技术瓶颈提供了解决方案。供应链金融作为融资的新渠道，不仅有助于弥补被银行压缩的传统流动资金贷款额度，而且通过上下游企业引入融资便利，企业的流动资金需求水平持续下降。

由于产业链竞争加剧及核心企业的强势，赊销在供应链结算中占有相当大的比重。赊账销售已经成为十分广泛的销售方式，赊销导致大量应收账款存在。赊销一方面让中小企业不得不直面流动性不足的风险，导致企业资金明显紧张；另一方面，导致应收账款信息管理、风险管理和利用问题对企业的重要性日益凸显。在新形势下，盘活企业应收账款成为解决供应链上中小企业融资难题的重要路径。一些商业银行在这一领域进行了卓有成效的创新，招商银行新上线的应收应付款管理系统、网上国内保理系统就备受关注。据招商银行总行现金管理部产品负责人介绍，该系统能够为供应链交易中的供应商和买家提供全面、透明、快捷的电子化应收账款管理服务及国内保理业务解决方案，大大简化了传统保理业务操作中所面临的复杂操作流程，有助于优化买卖双方分处两地时的债权转让确认问题，能帮助企业快速获得急需资金。

2. 银行开源新通路

供应链金融提供了一个切入和稳定高端客户的新渠道，通过面向供应链系统成员的一揽子解决方案，核心企业被"绑定"在提供服务的银行。供应链金融如此吸引国际性银行的主要原因在于：供应链金融比传统业务的利润更丰厚，而且提供了更多强化客户关系的宝贵机会。供应链金融的潜在市场巨大，截至2008 年，全球排名前 50 的银行中，有 46 家向企业提供供应链融资服务，剩下的 4 家也在积极筹划开办该项业务。

"通过供应链金融，银行不仅和单一的企业打交道，还和整个供应链打交道，掌握的信息比较完整、及时，银行信贷风险也少得多。"招商银行人士表示。在供应链金融这种服务及风险考量模式下，由于银行更关注整个供应链的贸易风险，对整体贸易往来的评估会将更多中小企业纳入银行的服务范围。即便单个企业达不到银行的某些风险控制标准，但只要这个企业与核心企业之间的业务往来稳定，银行就可以不只针对该企业的财务状况进行独立风险评估，还可以对这笔业务进行授信，并促成整个交易的实现。

3. 经济效益和社会效益显著

供应链金融的经济效益和社会效益非常突出，借助"团购"式的开发模式和风险控制手段的创新，中小企业融资的收益－成本比得以改善，并表现出明显的规模经济。

据统计，通过供应链金融解决方案配合下的收款方式改进、库存盘活和延期支付，美国排名前 1 000 的企业在 2005 年共计减少了 720 亿美元的流动资金需求。

4. 供应链金融实现多流合一

供应链金融很好地实现了物流、商流、资金流、信息流等多流合一。

（三）供应链金融模式

结合中小企业运营管理周期的特点，商业银行供应链金融有动产或权利质押融资模式、应收账款融资模式、保兑仓融资模式三种。

1. 动产或权利质押融资模式

动产或权利质押是商业银行以借款人的自有货物或权利作为质押物，向借款人发放授信贷款的业务。该模式主要以动产或权利质押贷款的方式，将中小企业的存货、仓单、商品合格证等动产或权利质押给银行而取得贷款。动产或权利质押模式将"死"物资或权利凭证向"活"的资产转换，加速了动产的流动性，缓解了中小企业现金流短缺的压力，解决了中小企业流动资金不足的问题，提高了中小企业的运营能力。动产或权利质押融资模式如图 9-1 所示。

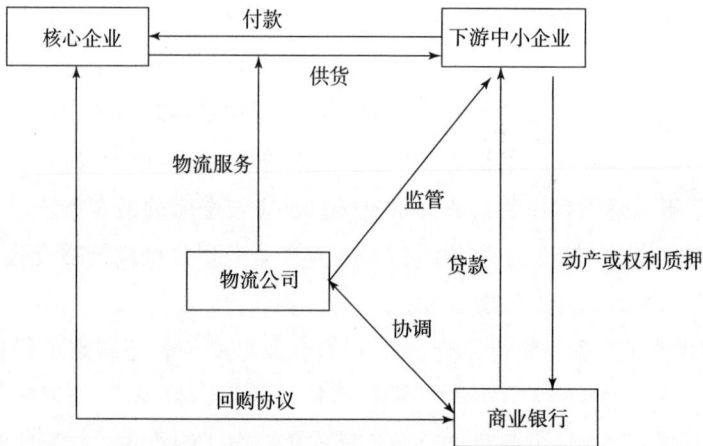

图 9-1　动产或权利质押融资模式

2. 应收账款融资模式

应收账款融资模式中，作为债务企业的核心大企业，由于具有较好的资信，并且与银行之间存在长期稳定的信贷关系，因此在为中小企业融资的过程中起着反担保的作用，一旦中小企业无法偿还贷款，其也要承担相应的偿还责任。
应收账款融资模式如图 9－2 所示。

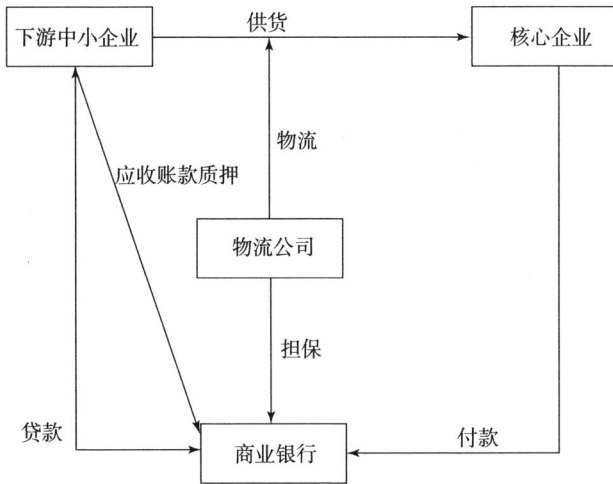

图 9－2　应收账款融资模式

3．保兑仓融资模式

保兑仓融资模式，也称"厂商银"业务，是基于上下游和商品提货权的一
种供应链金融业务。保兑仓融资主要是通过生产商、经销商、仓库和银行等四
方签署合作协议而开展的特定业务模式，银行承兑汇票是该模式下的主要产品
和金融工具。保兑仓融资模式实现了融资企业的杠杆采购和供应商的批量销售，
为处于供应链节点上的中小企业提供融资便利，有效地解决了其全额购货的资
金困境，使银行贷款的风险大为降低。保兑仓融资模式如图 9－3 所示。

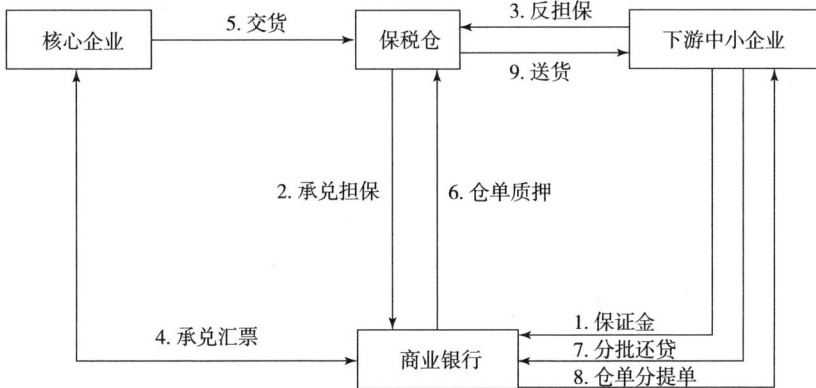

图 9－3　保兑仓融资模式

9.7.2 供应链金融尽职调查的主要内容

供应链金融中核心企业的信用调查是尽职调查的关键，因此，对核心企业基本情况的了解有助于把握风险大小。具体调查内容如下。

（一）核心企业的基本情况

（1）企业概况：工商登记情况、历史沿革、主要股东介绍、管理层介绍、关联企业情况介绍。

（2）行业分析：行业市场容量、行业竞争情况、行业监管政策。

（3）生产经营分析：产品介绍、产品产销量分析、生产经营上下游分析、资产状况。

（4）企业财务分析：财务报表分析、报表项目余额分析、财务指标分析。

（5）公司资信分析：企业征信情况、诉讼及被执行信息、获得荣誉或行政处罚、企业舆情信息。

（二）供应链上下游企业的信用状况

供应链金融尽职调查中需要对上下游企业进行全面的尽职调查。具体应注意：企业最近两年内是否存在因严重违法失信行为，被有权部门认定为失信被执行人、重大税收违法案件当事人或涉及金融严重失信人的情形及融资异常行为的情况。

（三）应收账款涉及交易背景的真实性

在供应链金融尽职调查中有关合同法有效性的审查主要的判断原则为基于真实、合法的交易活动（包括销售供应链金融尽职调查中涉及的应收账款），我们应关注应收账款涉及的基础合同是否合法有效。同时根据具体行业的相关规定进行合法合规性判断。因此，可通过对核心企业及债务人开展访谈以及网站查询了解承包人（应收账款债权人）的资质情况。

（四）应收账款的法律确权

在供应链金融尽职调查中，基础资产真实性考量的一个重要方面即应收账款是否真实形成。应收账款是一个会计学概念，是企业因履行合同项下销售商品、提供劳务等经营活动的义务获得的付款请求权，但不包括因持有票据或其他有价证券而产生的付款请求权。从法律角度分析应收账款是否真实形成，主要关注以下两个方面：一是核查应收账款涉及基础合同中有关债务人付款的条件是否全部满足；二是核查债权人内部制度对应收账款确权的认定。

1. 核查应收账款涉及基础合同中有关债务人付款的条件是否全部满足

（1）货物贸易应收账款。

如果基础资产系货物贸易应收账款，则需要审查其涉及的货物销售合同对买方（债务人）支付货款的相关规定。如果合同约定买方需在收到货物且在收到卖方开具的发票后一定期限内付款，则需关注债务人是否已收到债权人开具的货物发票及货物入库单。

（2）大型设备制造的应收账款。

如果基础资产系大型设备制造的应收账款，则其所涉及的合同一般会约定分阶段付款。在此情况下，针对每阶段制造商（应收账款债权人）是否享有给付价款的请求权，需判断制造商是否按照合同约定履行了相应阶段的义务（如是否履行了图纸提供义务、是否完成了30%的制造任务等），如果相关证据不足以证明制造商已履行合同约定的义务，则可采用发送确认函的方式来确认。

（3）建筑工程应收账款。

如果基础资产系建筑工程应收账款，则其涉及的合同一般也分阶段付款，同时项目监理及总承包商出具的报告通常会作为付款的先决条件。因此，在进行法律尽职调查时，需关注是否有监理出具的报告以及监理报告对应收账款给付的时间和金额的确认情况。

2．核查债权人内部制度对应收账款确权的认定

针对货物类应收账款及机器设备制造类应收账款，通常可利用合同约定、发票、订货清单、货物入库单等证据的关联性和一致性形成证据链，并结合债权人的内部管理制度来确认应收账款是否真实形成。如果前述证据不全或无法对应，则可通过向债务人发送询证函的方式进行应收账款确权。针对供应链反向保理，一般可根据债务人的付款确认书及其内部出具的付款审批单并结合合同约定的付款条件（如监理报告等）来确权。

此外，应收账款金额、付款时间应当明确，因此，应收账款的金额和付款时间也是尽职调查的重点。

（五）债务人是否享有对应收账款的抗辩权、抵销权

供应链金融涉及的交易合同应当合法有效，债权人已经履行了合同项下的义务。合同约定的付款条件已满足，不存在属于预付款的情形，且债务人履行其付款义务不存在抗辩事由和抵销情形。

1．抗辩权

在双务合同中，抗辩权一般分为先履行抗辩权、同时履行抗辩权和不安抗辩权。供应链融资业务主要涉及先履行抗辩权。根据《民法典》合同编第五百二十六条，先履行抗辩权是指：当事人互负债务，有先后履行顺序，先履行的一方未履行的，后履行的一方有权拒绝其履行要求。先履行的一方履行债务不符合约定的，后履行的一方有权拒绝其相应的履行请求。

针对债务人是否存在抗辩事由的审查，首先应审查应收账款涉及合同中是否有买方或债务人在一定条件下享有抗辩权的约定。例如：货物在合同约定期限内出现质量问题、建设工程不达标，债务人针对上述情况均享有抗辩权。

2. 抵销权

抵销权一般分为法定抵销权和约定抵销权，根据《民法典》合同编第五百六十八条，法定抵销权是指：当事人互负到期债务，该债务的标的物种类、品质相同的，任何方可以将自己的债务与对方的债务抵销，但依照法律规定或者按照合同性质不得抵销的除外。当事人主张抵销的，应当通知对方，通知自到达对方时生效。抵销不得附条件或者附期限。根据《民法典》合同编第五百六十九条，约定抵销权是指：当事人互负债务，标的物种类、品质不相同，经双方协商一致，也可以抵销。

如果应收账款涉及的合同中未存在双方放弃抵销权的承诺条款，且债权人和债务人另行达成了有关抵销权协议，则债务人有权行使约定抵销权。法定抵销权一般难以避免，除非法律规定或者按照合同性质不得抵销，但通常可通过在交易文件中设置相关条款来避免债务人主张法定抵销权而造成基础资产灭失的风险。例如，可约定资产服务机构/原始权益人将抵销款项等额划付至专项计划账户。

针对上述情况，如果难以从合同、直接证据来核查，则可通过访谈、确认函的形式了解抵销权的行使情况，同时向债务人发送询证函或在债权转让通知中明确债务人已放弃抗辩权及抵销权，从而完善债权人的付款请求权。

（六）应收账款转让的合法性

针对应收账款的转让，首先需要确认债权转让的合法性。一般情况下，债权人转让债权无须经债务人同意，但合同另有约定的除外。因此，需核查交易合同中是否有对债权转让的限制情形，如果交易合同中约定了类似"转让债权需要征得债务人、担保人同意，方可转让"的条款，则债权人转让债权需要向债务人、担保人发送确认函取得债务人的书面同意，以使债权人转让债权的行为合法。

此外，《民法典》合同编第五百四十六条规定："债权人转让权利的，应当通知债务人。未经通知，该转让对债务人不发生效力。"因此若债权转让未通知债务人，则不对债务人发生效力。

第 10 章　投资类尽职调查

10.1　投资类尽职调查概述

投资活动的一般程序包括项目接洽、初步发现投资价值、尽职调查、投资条款设计、投资决策及增值服务和管理。其中，尽职调查在投资过程中占据着重要地位。

10.1.1　企业投资及其程序

（一）企业投资

企业投资是指企业以自有的资产投入承担相应的风险，以期合法地取得资产或权益的一种经济活动。企业投资从投入到产出有一个经营过程，稍有不慎可能就会导致投资失败。因此企业投资需要注意客观评估自身条件，认真研究投资环境、投资项目，要做好市场调查，避免投资失败。这个过程中有效的尽职调查尤为重要。

根据投资方向，企业投资可分为对内投资和对外投资两类。对内投资是指把资金投向企业内部，购置各种生产经营用资产的投资。对外投资是指企业以现金、实物、无形资产等方式或者以购买股票、债券等有价证券方式向其他单位的投资。对外投资对于企业来说更具有吸引力。不同于对内投资能掌握丰富的信息，对外投资更可能因信息不对称，影响投资的效率和回报率。如何才能更快速有效地全面掌握与投资相关的信息呢？尽职调查就是一个得力帮手。

（二）投资程序

一般来说，企业投资程序可包括以下几个步骤（见图 10-1）。

1. 项目接洽

对项目感兴趣的投资者，会与项目负责人接触，直接了解项目背景、管理队伍和企业。

```
┌─────────────────┐
│   确定投资原则    │
└─────────────────┘
         │
┌─────────────────┐
│    建立项目库     │
└─────────────────┘
         │
┌─────────────────┐                          ┌─────────────────┐
│   项目初审、立项   │                          │   基础信息收集    │
└─────────────────┘                          └─────────────────┘
         │
┌─────────────────┐          ┌──┐             ┌─────────────────┐
│     尽职调查      │─────────▷│  │             │    团队洽谈会     │
└─────────────────┘          └──┘             └─────────────────┘
         │
                                              ┌─────────────────┐
未通过                                         │  分析尽职调查结果  │
┌──────────────────────┐                      └─────────────────┘
│  商务谈判，形成投资方案  │
└──────────────────────┘
         │
┌──────────────────────┐                      ┌─────────────────┐
│  投资委员会出具投资决策   │─────────────────────▷│   签订投资合同    │
└──────────────────────┘                      └─────────────────┘
         │                                             │
┌─────────────────┐          ◁─────────────── ┌─────────────────┐
│     投资退出      │                          │    投资后管理     │
└─────────────────┘                          └─────────────────┘
```

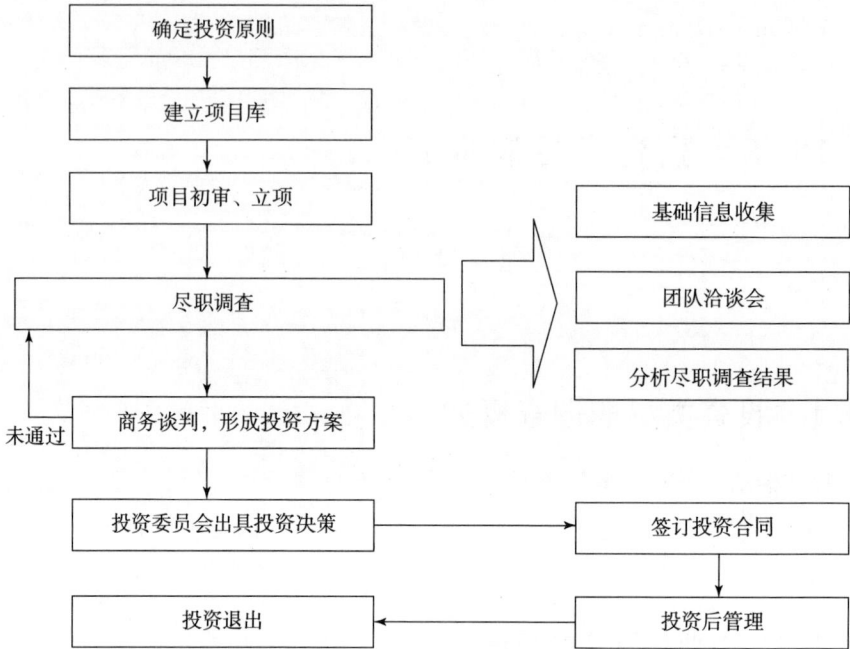

图 10-1　企业投资程序

2. 初步发现投资价值

投资者在接洽过程中，会发现企业或项目问题和价值，决定是否继续面谈。如果接洽成功，认为企业或项目存在投资价值，投资者会希望了解更多有关企业和市场的情况，或许还会动员可能对这一项目或企业感兴趣的其他投资者。

3. 尽职调查

如果面谈较为成功，投资者接下来便会考察企业的经营情况，以尽可能地了解企业或项目。投资者通过尽职调查对意向企业的技术、市场潜力和规模以及管理队伍进行仔细的评估，这一程序包括与潜在的客户接触、向技术专家咨询并与管理队伍举行会谈。具体方法通常包括参观公司、与关键人员面谈、对仪器设备进行估价，还可能包括与企业债权人、客户、相关人员以及以前的雇主进行交谈，所获得的资料会帮助投资者做出关于风险的结论。

4. 投资条款设计

审查阶段完成后，如果投资者认为企业或项目的前景好，那么便可开始进行投资形式和估价的谈判。企业一般会得到一个条款清单，通常涉及的内容包括：约定投资者对投资企业的估值和计划投资金额、投资企业应承担的主要义务和投资者要求得到的主要权利，以及投资交易达成的主要条件等。这 3 方面的主要关注点是：投资额、作价和投资工具；公司治理结构；清算和退出办法。这一过程可归纳为投资条款设计。

5. 投资决策

投资者力图使其投资回报与所承担的风险相适应。根据切实可行的计划，投资者对未来 3~5 年的投资价值进行分析。首先计算现金流或收入预测，其次根据对技术、管理层、能力、经验、经营计划、知识产权及工作进展的评估判断风险大小，选取适当的折现率，计算出其所认为的拟投资企业或项目的净现值。基于各自对价值的评估，投资双方通过谈判达成一致，签署正式投资协议。

6. 增值服务和管理

投资生效后，投资者便拥有了企业的股份，并在其董事会中占有席位。投资者在董事会中扮演咨询者的角色。作为咨询者，他们主要就改善企业经营状况以获取更多利润提出建议，帮助企业家物色管理人员（经理），定期与企业家接触以跟踪了解企业经营进展，定期审查财务分析报告。

10.1.2　投资类尽职调查的含义

（一）定义

投资类尽职调查是指投资人在与拟投资企业达成初步合作意向后，经协商一致，对目标企业与本次投资相关的事项进行现场调查、资料分析的一系列活动。投资类尽职调查的目的是投资者尽可能全面地获取目标企业的真实信息。

（二）分类

与企业投资的对内投资和对外投资相对应，投资类尽职调查也根据投资方向的不同有所区别，但是通常所说的投资类尽职调查为对外投资类尽职调查。

普通企业的对外投资是指企业以现金、实物、无形资产等方式向其他企业进行的投资，部分企业会涉及使用资本市场工具，例如股票、债券等有价证券方式投资。本书中的投资类尽职调查聚焦于企业对外投资常用的方式，即使用现金、实物、无形资产等方式投资，以期控制拟投资企业，或对拟投资企业施加重大影响，分散经营风险，最终目的是获得较大的经济利益。

10.1.3　投资类尽职调查的基本内容

投资类尽职调查主要包括以下核心内容：公司的基本情况、公司的知识产权情况、公司的融资和担保情况、公司的主要供应商和客户情况、公司的潜在诉讼或破产清算情况、公司的重要不动产情况。

（一）公司的基本情况

尽职调查中主要注意目标公司是否是在注册地合法成立并有效成立的法律实体，目标公司是否存在子公司，或者是否与其他实体成立了合资企业。结合财务尽职调查和业务尽职调查，如果发现目标公司的主要合资企业中在该次交易中关注的重要资产实际处于目标公司的子公司或与其他实体成立的合资企业中，应当进一步调查该子公司或合资企业的权属公司的子公司或与其他实体成立的合资企业的权属情况。如有必要，可要求目标公司对上述资产的权属情况进行调整，确保上述资产在该次交易交割时不涉及权属争议。

在股权结构方面，应当注意目标公司的股权结构是否明晰，是否存在企业收购的目标公司股权在未来被稀释的可能性，是否存在该部分股权无法保证企业的转让权或收益权的情形等等。

在公司治理方面，首先，应当注意目标公司的决策程序；其次，还应当注意在完成该次投资后投资企业在目标公司是否具有一定的话语权或决策权。

（二）公司的知识产权情况

投资类尽职调查需要重视调查目标公司的知识产权情况。

在法律尽职调查中，首先，应当要求目标公司提供完整的知识产权清单，并分为专利、商标、技术许可、自行开发软件、域名、专有技术等项分别提供。其次，在法律尽职调查中应当调查目标公司的技术许可。技术许可可以分为两种情况：一是目标公司从第三方获得技术许可、二是目标公司可将自有知识产权许可给第三方。再次，知识产权领域的法律尽职调查还可能涉及对目标公司的专利与技术标准的审查。最后，目标公司的知识产权与其经营和发展密切相关。因此，对目标公司知识产权的法律尽职调查应当与业务尽职调查结合起来，必要时还可以聘请技术专家对目标公司知识产权的重要性进行评估。如果目标公司存在未申请专利的专有技术，对该技术效用的评价必须依赖于技术专家。

（三）公司的融资和担保情况

尽职调查中应注意目标公司是否存在数额较大的融资安排，目标公司的资产是否已经设定了抵押或质押等。对目标公司的融资安排，主要需要考虑融资的数额和时间，融资是否与目标公司的资产和现金流量相匹配。还应当注意，如果目标公司存在数额较大的融资安排，则需考虑该次投资是否会触发融资文件的特定条款（如控制权变更条款等），从而使得目标公司不得不加速还款，进而影响目标公司的资金运用与安排。

如果目标公司为第三方利益而设立了抵押、质押等担保，这虽然不会立即形成目标公司债务，但如果第三方缺乏偿债能力，目标公司可能承担的或有债务会增加。因此，对于抵押或质押情况，应通过目标公司或目标公司资产所在地的抵押、质押注册机构进行详细核查。如果目标公司为某第三方提供的抵押、质押数额巨大，需要进一步核查该第三方的合法成立存续状况、股权结构和经营状况等。

（四）公司的主要供应商和客户情况

在对目标公司的主要供应商和客户进行法律尽职调查时，需要关注供应合同或销售合同中，目标公司是否对采购量或供货量有确定性的承诺，在付款、质量检验等方面是否存在对目标公司明显不利的条款。如果存在对目标公司不利的情况，可以要求目标公司与供应商或客户协商修改合同条款，以尽可能地争取对目标公司较好的安排。

（五）公司的潜在诉讼或破产清算情况

法律尽职调查可以通过破产清算检索，发现目标公司是否已经提交破产清算申请。一般而言，目标公司的诉讼情况可以通过目标公司所在国或地区的法院检索系统进行核实。但对于潜在诉讼，则需要律师事务所全面调查目标公司的以往被诉讼情况、产品、服务、合同、员工关系、环保、现存未诉争议等各方面情况，必要时还需要目标公司书面承诺或保证其不存在潜在诉讼。

与潜在诉讼不同，目标公司是否存在潜在的破产清算情形，需要根据目标公司的经营情况综合判断，仅靠法律尽职调查往往无法得出结论性意见。但法律尽职调查可以通过破产清算检索，发现目标公司是否已经提交破产清算申请。如果目标公司已经提交破产清算申请，而投资企业仍然对目标公司有一定的兴趣，投资企业应当根据目标公司所申请的破产清算类型，改变投资方案。

（六）公司的重要不动产情况

如果目标公司持有重要不动产，需要核查相关不动产的权属情况。主要需要关注目标公司对上述不动产是具有完全的所有权，还是仅拥有租赁或使用的权利。如果上述不动产是因转让而取得，或者目标公司仅有租赁或使用的权利，则审查目标公司是否根据不动产转让协议或租赁协议等的约定，在约定的范围内合理使用了该不动产，是否存在违约的情况，等等。

调查时还应当注意不动产所在地政府对该不动产的使用是否有特定限制。例如，当地政府是否会对土地进行重新规划，是否会因此要求该处土地上的厂房迁址等。如果目标公司业务可能会造成环境污染，还要注意当地政府是否要求目标公司采取特定措施降低环境污染的影响，或者要求目标公司取得特定许可证方可开展相关业务等。

10.2　天使投资尽职调查

10.2.1　天使投资概述

天使投资是由自由投资者或非正式风险投资机构，对小型初创企业进行的一次性的前期权益投资。天使投资是一种非组织化的创业投资形式，其资金来源大多是民间资本，而非专业的风险投资者。天使投资的门槛较低，即便是一个创业构思，只要有发展潜力，也可能获得资金。天使投资在企业初创期投资占比一般为 15% 左右，经过 2~4 年即可收回投资。天使投资人是指拥有一定资本金、投资于创业企业的机构或个人。在美国，《证券交易委员会 501 号条例》和《1993 证券法》D 条例中明确了可以成为天使投资人的"经鉴定合格投资者"的标准：投资者必须有 100 万美元的净资产，至少有 20 万美元的年收入，或者在交易中至少投入 15 万美元，且这项投资在投资者的财产中占比不得超过 20%。

10.2.2　天使投资的特点

天使投资的投资量级为 200 万~800 万元，所投资的公司有初步的商业模式并能生产出产品的雏形，积累了一些核心用户，主要的投资者为天使投资人。天使投资也有其特殊之处。

（1）天使投资是一种直接投资方式，由具有一定净财富的机构或个人直接向企业进行权益投资，是创业企业最初形成阶段的主要融资方式。

（2）天使投资人不仅向创业企业提供资金，往往还利用其专业背景和自身资源帮助创业企业获得成功，这也是保障其投资的较好方法。

（3）天使投资一般以个人投资的形式出现，其投资行为是小型的个人投资行为，对被投资项目的考察和判断程序相对简单，且时效性较强。

（4）天使投资一般只对规模较小的项目进行较小资金规模的投资。

因此，我们可以知道天使投资针对初创型企业，机构或个人可以通过资金、实物、技术等方式进行投资；拟投资企业处于发展初期，且投资风险较高。这样，尽职调查的重要性越发凸显，因此在天使投资尽职调查中，更应抓住重点分析。针对天使投资，在尽职调查的重要性和可量化方面应突出四方面内容：团队/创始人、市场及商业环境、产品和技术、盈利预测和财务状况，如图 10－2 所示。就重要性而言，对于团队/创始人的尽职调查最为重要，下面将侧重介绍天使投资尽职调查的特点。

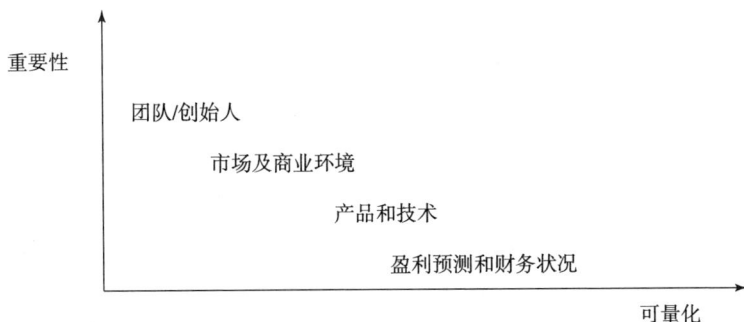

图 10－2　天使投资的尽职调查

10.2.3　天使投资尽职调查的关注要点

（1）团队/创始人。

如果创业团队比较小，投资人可约见每位成员，调查每位团队成员的智力、忠诚度、优点、弱点、团队合作和管理风格等。一个功能不健全的团队，或者在关键时刻不能专注的团队会极大地影响企业的执行效率。投资人还需了解创业者的信用问题、是否存在未了结的诉讼、偿付能力等情况。

（2）市场及商业环境。

被投资公司需要保证产品具有用户购买的潜力。投资人可从被投资公司的市场人群参考表中找一些潜在的客户，与他们谈话，并了解市场情况。投资人也可联系相关行业的技术人士和业务人士，从专业的角度评价市场需要。

（3）产品和技术。

技术调查通常是从工程技术人员和产品营销人员开始的。投资人可评估被投资公司创立的进程或评估产品。投资人的目标是尽可能严格地要求产品所具有的功能和质量，并保证整个团队的研发以及管理过程将来能实现。另外，投资人还需要确认知识产权情况。

（4）盈利预测和财务状况。

投资人可查验公司已有的融资和股权情况，拟定市场投资表。针对已发生业务的公司，可根据资产负债表、利润表和现金流量表评价公司的发展能力。

10.2.4　天使投资尽职调查的主要内容

初创型企业没有走上正轨，各项财务数据不完善等，使得天使投资往往带有很强的主观性。企业的发展在不同阶段的考察标准不一样，每一个考察者的标准也不一样。在企业初创期，重要的是人，所以天使投资尽职调查应重点关注对人的调查，并在此基础上展开其他方面的调查。

（一）访谈

访谈包括创始人（或 CEO）访谈、核心团队访谈、员工访谈、主要客户访谈、主要供应商及合作伙伴访谈。

1. 创始人（或 CEO）访谈

（1）在正式以及比较随意的情况下分别与创始人（或 CEO）访谈，了解创始人（或 CEO）各个方面表现是否一致，有无比较大的变化或不稳定情况。

（2）了解创始人（或 CEO）对企业未来的规划，考虑其长期规划能力与格局。

（3）了解创始人（或 CEO）对核心团队以及员工的态度，考察其是否能知人用人，是否具有领导力，是否具有良好的沟通能力。

（4）详细了解创始人（或 CEO）的经历与背景、资源等，谨慎判断其自身各方面条件是否足以支撑企业未来的长远发展。

（5）了解创始人（或 CEO）对自己优缺点的评价，判断创始人（或 CEO）是否具有自我认识的能力，以及随着企业的发展创始人（或 CEO）是否具备自我提升的能力。

（6）了解创始人（或 CEO）的财务情况，是否在其他企业任职，是否具有其他企业的股权，判断创始人（或 CEO）未来是否能全身心投入企业运作，是否存在可能的债务危机。

2. 核心团队访谈

（1）了解核心团队成员的详细背景与经历、专业能力、学习能力，判断是否与企业发展相匹配。

（2）了解核心团队成员对创始人（或 CEO）的看法与认可度，考量创始人（或 CEO）是否具有人格魅力与领导力。

（3）了解核心团队之间的评价，判断核心团队成员之间的关系以及沟通状况，能力是否具有互补性。

（4）了解核心团队成员因何种缘由加入企业，判断核心团队成员对企业或创始人的忠诚度。

3．员工访谈

（1）对管理层以外的员工进行随机或不经意的访谈，了解员工对管理层、企业文化、企业业务及未来发展、自身待遇的真实想法，了解企业是否具有凝聚力。

（2）观察员工情绪状态，衡量员工的稳定性以及对企业的认可度，是否有意愿支持企业的长期发展。

4．主要客户访谈

至少访谈 3 家主要客户。

（1）了解企业产品质量和受欢迎程度，了解企业真实的销售情况、竞争对手情况以及企业的优劣势。

（2）了解客户自身的地位和经营情况，侧面判断企业的市场地位以及市场需求的潜力和可持续发展程度。

（3）了解主要客户的发展规划，判断是否与企业的发展方向一致。

5．主要供应商及合作伙伴访谈

至少访谈 3 家主要供应商或合作伙伴。

（1）了解企业的采购量，判断企业的真实产量及生产周期，从侧面了解行业竞争格局。

（2）了解供应商及其合作伙伴对企业的认可度，判断是否可以保持长期稳定的供货或合作关系，判断是否存在潜在的供应链风险。

（二）公司业务

1．产品技术

（1）研究企业的产品性质，是必需品、可替代品，还是奢侈品，是能解决重要的问题，还是起辅助性的作用。

（2）研究企业产品在市场的存在价值，是具有不可替代性，还是具有较多的竞争产品。

（3）详细了解客户的需求以及所处行业的需求，判断产品是否能满足客户的需求。

（4）了解产品的核心特点和优势所在，判断产品与替代品比较是否具有明显竞争力。

（5）了解产品的研发周期以及未来的迭代速度，判断未来产品是否能保持竞争优势。

（6）了解企业技术的来源以及研发过程，判断企业技术是否真实来自企业自身的团队，企业是否具备持续研发能力。

2. 行业

宏观经济环境的尽职调查可从政治、经济、人口、社会文化、技术五个方面对宏观经济环境进行调查和分析。

行业及行业竞争情况的尽职调查，可从供应商、购买者、替代品、现有竞争、潜在竞争五方面对目标企业所处行业及目标企业的行业竞争地位进行调查和分析。

（1）调查该行业或市场是否具有广阔发展前景、国家政策支持、较大的成长空间和较高的增长率，判断是否存在政策风险及行业一般风险。

（2）调查行业中是否有龙头企业，行业中是否有已经上市的企业。

（3）市场占有率，是指企业在运作的市场上或企业产品在市场上所占有的百分比，能反映企业对市场的控制能力。了解企业市场占有率的变化趋势可以预测企业的发展前景。（注：企业的预期市场占有率若低于 20%，则企业缺乏足够的市场竞争力，不具备投资价值。）

3. 市场

（1）询问企业主要的市场营销渠道及其效果，未来是否可以拓展新的营销渠道。

（2）了解企业的销售策略及其效果，未来如何进一步提升销售水平。

（3）了解企业的销售成本和销售效率，是否有途径以低成本获取用户。

（4）了解企业的销售队伍配置与销售人员能力素质，是否能高效地推进企业的销售工作。

（5）企业的销售环节与竞争对手相比，是更好还是更糟，如何改进。

4. 竞争

（1）梳理相关市场中的竞争格局和主要竞争对手有哪些，了解竞争对手的主要产品和市场份额。

（2）通过各种方式和途径对竞争企业进行考察、访谈或从第三方（例如行业协会、共同客户、供应商等）了解，对比市场中的各种竞争力量及其竞争优劣势。

（3）了解企业在目前市场中是否具有竞争优势地位，未来是否能保持或获取竞争优势地位；了解企业的竞争壁垒有哪些，竞争壁垒的高度以及被超越需要的时间。

（4）了解企业的主要竞争优势有哪些，从规模、成本、商业模式、管理、人才等方面判断。

5．合作伙伴

（1）了解企业的主要客户有哪些，主要客户的自身经营情况是否会对企业未来的生产与采购产生重大影响。

（2）了解主要客户的采购数量和金额，该采购量占其自身采购量的比例以及占企业生产量的比例，判断企业的客户是否过于集中或过于分散，分析企业对主要客户的依赖程度及议价能力。

（3）了解企业的主要供应商有哪些，主要供应商的自身经营情况是否会对企业未来的生产与采购产生重大影响。

（4）了解企业从主要供应商采购的数量和金额，该采购量占其自身采购量的比例以及占企业生产量的比例，判断企业的供应商是否过于集中或过于分散，分析企业对主要供应商的依赖程度及议价能力。

（三）融资计划

（1）详细了解企业的资金需求和资金使用计划，并逐项判断是否合理。

（2）了解企业吸纳投资后股权结构以及出让投资方的股权比例、估值金额以及其估值依据，判断是否合理，并进行必要的谈判。

（3）了解企业希望投资者介入公司管理的程度，是否定期向投资者提供相关报告和资金支出预算。

（4）了解企业未来的投资回报计划与退出规划，若是并购退出，需提供未来可能的收购方的潜在收购意向。

（四）财务状况

1．财务管理

（1）检查企业财务制度是否健全，会计标准是否合规，财务报表是否完备并经过审计。

（2）检查企业税务登记及缴纳文件，判断是否存在依法纳税方面的问题，是否符合税收优惠与减免的条件。

（3）了解企业财务人员配置是否合理，能力是否符合需求，工作内容是否符合制度规定。

（4）仔细研究企业未来 3 年的财务预测，了解财务预测的依据，判断其业务增长性及财务预算的合理性。

（5）检查企业是否有过往负债、担保、抵押等情况。

2. 财务指标

（1）销售收入。了解企业主营业务产生的直接销售收入及其增长率，以衡量企业整体的规模及未来的发展趋势。

（2）应收账款周期。了解企业应收账款的回收周期大约多长，尤其是大客户的回收周期，判断企业是否存在账期长、回款难的问题，未来是否存在资金链方面的风险。

（3）毛利率。毛利率是销售收入扣除直接销售成本和生产成本后相较销售收入的比例，能直观地反映企业的收入水平和盈利能力。

（4）净利润。净利润是销售收入减去销售成本、经营成本、税收成本等留存的收益，能直接地反映企业的经营管理效率和最终的盈利能力。

（5）经营活动净现金流。经营活动净现金流是企业在一个会计期间（年度或月度，通常是指年度）经营活动产生的现金流入与经营活动产生的现金流出的差额。这一指标能反映经营活动产生现金的能力，能直接地反映企业的资金管理能力以及潜在的资金链风险。

（五）法律状况

（1）检查企业法律文件是否真实有效、管理清晰、规范存档。

（2）检查企业产权是否清晰，包括专利、商标、房产等是否归属公司，有无存在纠纷或潜在纠纷的可能。

（3）企业生产经营是否符合环保要求，是否存在搬迁、处罚等隐患。

（4）核实企业是否存在过往诉讼或者正在进行的诉讼，是否对企业发展产生影响。

10.3 风险投资尽职调查

10.3.1 风险投资概述

风险投资（Venture Capital，VC）是指具备资金实力的投资者对具有专门技术能力的，并具备良好市场发展前景的，但缺乏启动资金的创业企业进行资助，帮助其实现创业梦，并承担创业阶段投资失败的风险的投资。投资者以投入的资金换得企业的部分股权，并以日后获得红利或出售该股权获取投资回报为目的。风险投资主要以资金方式进行，以期企业获得更高的收益率。相较于天使投资，风险投资的规模更大，拟投资企业也更为成熟，因此针对风险投资的尽职调查范围更大，其覆盖面和深度有所增加。

风险投资的特色在于投资者甘冒高风险以追求高投资报酬，并将退出风险企业所收回的资金继续投入具有"高风险、高科技、高成长潜力"等特点的高风险企业，以实现资金的循环增值。

风险投资的特征是投资对象为处于创业期的中小型企业，而且多为高新技术企业；投资期限至少3年，投资方式一般为股权投资，通常占拟投资企业30%左右股权。投资者一般积极参与拟投资企业的经营管理，提供增值服务。由于风险投资的投资目的是追求超额回报，当拟投资企业增值后，投资者会通过将企业上市、收购、兼并或其他股权转让方式撤出资本，实现增值。

10.3.2　风险投资尽职调查技巧

（一）尽职调查清单先行

为了避免遗漏调查内容，列出调查清单，比如可对需调查内容进行分类：公司主体情况、股东情况、资质和行政许可情况、盈利和业绩情况（重大经营合同）、固定资产情况、无形资产情况、员工情况（薪酬、社会保险以及核心员工名单）、违法和诉讼情况等。财务与法律尽职调查清单可以统一制作也可分别制作，但业务尽职调查清单和技术尽职调查清单通常是独立的。

（二）强调重要性原则

尽职调查前，应清楚在本次投资中最看重的拟投资企业的价值是什么，再分析这种价值如何在各个方面体现，把需要调查的具体内容列入上述各个方面的尽职调查清单中。

比如：看重团队，就重点调查核心人员履历、劳动合同期限、竞业限制条款、期权等方面；看重技术壁垒，就重点调查专利、软件等无形资产的相关权属证书，及商业秘密的保护措施等方面；看重用户群，就重点调查商标注册证书、用户的具体统计方法和数值定义等方面。

（三）有效防范风险

尽职调查的作用之一就是合理分析和了解风险，并有效防范风险。调查时应该尽量了解拟投资企业的商业模式中容易发生的风险是什么，再将可能诱发这些风险的因素列入上述各个方面的明细清单。比如，若有构成滥用用户数据侵犯隐私的风险，就重点看拟投资企业经营中是否有适当的个人数据使用协议，是否在搜集和传播个人数据时对用户有足够的提示；若有构成侵犯著作权的风险，就重点看拟投资企业的行为是否符合"避风港"等免责机制；若有用户退费的风险，就重点看用户协议中是否有明确的约定或者企业是否有产品退换机制、收购兼并或其他股权转让方式撤出资本。

10.3.3 风险投资尽职调查的内容

（一）公司背景调查

1. 公司历史沿革调查

（1）调查目标。

了解公司历史上的重大事件，检查其对公司的发展沿革和公司文化形成的重大影响。

（2）调查程序。

①获取公司所在行业管理体制历次改革的有关资料，调查行业管理体制的变化对公司的影响。

②获取公司历次产品、技术改造、管理能力等方面的变动及获奖情况的有关资料，判断公司核心竞争力在行业内地位的变化。

③调查公司历史上有重大影响的人事变动，判断核心管理者的去留以及可能对公司产生的重大影响。

④审查公司是否存在重大的违反法律法规行为以及受到重大处罚的情况，判断其影响是否已经消除。

2. 股东变更情况调查

（1）调查目标。

①调查股东变更是否符合有关法律法规的规范。

②调查公司股东变更的行为和程序是否合法、规范。

（2）调查程序。

①编制公司股本结构变化表，检查公司历次股份总额及其结构变化的原因以及对公司业务、管理和经营业绩的影响。

②取得公司的股东名册，查看发起人或股东人数、住所、出资比例是否符合法律、法规和有关规定。

③追溯调查公司的实质控制人，查看其业务、资产情况是否对公司的供产销以及市场竞争力产生直接的或间接的影响。

④检查公司自然人持股的有关情况，关注其在公司的任职及其亲属的投资情况；如果单个自然人持股比例较大，还应检查是否存在其他人通过此人间接持股的情况，而可能引起股权纠纷。

⑤检查公司是否发行过内部职工股，是否有工会持股或职工持股会持股的情况。

⑥调查公司的股份是否由于质押或其他争议而被冻结或被拍卖而发生转移，并导致股权结构发生变化。

⑦获取公司与股本结构变化有关的验资、评估和审计报告，审查公司注册资本的增减变化以及股本结构变化的程序是否合乎法律规范。

3．公司治理结构调查

（1）调查目标。

①调查公司章程及草案是否合法合规。

②股东大会、董事会、监事会的设立、运作的实质性判断。

③调查董事、监事、高级管理人员任职及变动是否合法合规。

（2）调查程序。

①查阅股东大会的会议记录、董事会的会议记录，确定公司章程及草案的制定和修改过程是否履行了法定程序，其内容是否与《公司法》等相抵触。

②确认公司是否具有健全的股东大会、董事会、监事会的议事规则及其合规性。

③查阅公司历次的股东大会、董事会、监事会的会议记录，确认其决议内容，尤其是确认董事会的对外担保、重大投资、融资及经营决策是否符合公司章程的规定；通过会议记录了解公司重要管理人员的变化。

④确认董事、经理是否挪用公司资金或者将公司资金借贷给他人；是否以公司资产为本公司的股东或者其他个人债务提供担保；是否自营或者为他人经营与公司同类的业务或者从事损害公司利益的其他活动。

⑤考察公司高级管理人员的激励与约束机制，如设置股票期权，判断这些机制是否有利于吸引人才、保持高级管理人员的稳定。

4．组织结构调查

（1）调查目标。

①全面了解公司主要股东（追溯到实质控制人）及整个集团的所有相关企业的业务和财务情况，查找可能产生同业竞争和关联交易的关联方。

②了解公司内部组织结构模式的设置对公司实现经营管理目标的影响。

（2）调查程序。

①画出整个集团的组织架构图，标明各经营实体之间的具体组织联系。

②画出公司组织结构设置图，并以实线和虚线标明各机构之间的权力和信

息沟通关系，分析其设计的合理性和运行的有效性。

③与管理层有关人员进行讨论，进一步获得公司组织结构设置方面、运行方面情况的资料。

5. 管理团队调查

（1）调查目标。

①调查主要管理层（包括董事会成员、监事会成员、总裁、副总裁以及财务总监等高级管理人员）是否正直、诚信。

②调查主要管理层是否具有与公司发展需要相匹配的开拓精神和经营管理能力。

③了解关键管理人员的选聘、考核和离职情况及其程序是否合法。

④了解公司与主要管理人员有关的激励和约束机制，以及其对公司经营和长远发展的影响。

（2）调查程序。

①取得主要管理人员学历和从业经历简况，对核心人员要取得其详细资料，尤其要关注主要成员在本行业的执业经验和记录。

②与公司主要管理人员就公司文化、竞争对手、个人发展与公司发展的关系等主题进行单独的会谈。

③调查过去 3 年中公司关键管理人员离职的情况，调查其辞职的真实原因。

④调查公司董事是否遵守竞业禁止的规定。

⑤与公司职员进行交流，获取其对管理团队以及公司文化贯彻情况的直观感受。

⑥调查公司内部管理制度规定、年度经营责任书，了解公司是否制定经济责任考核体系以及考核体系的落实情况。

⑦了解公司为高级管理人员制定的薪酬方案、股份持有方案及其变动情况。

⑧调查主要管理者是否不适当地兼职，并说明必要的兼职是否会对其工作产生影响。

（二）行业和经营调查

1. 行业及竞争者调查

（1）调查目标。

①调查公司所处行业的现状及发展前景。

②调查公司提供的产品（服务）较同行业可比公司的竞争地位。

③调查公司主要经营活动的合法性。

（2）调查程序。

①查阅权威机构（如国家发展改革委、商务部、行业协会、国务院发展研究中心或其他研究机构）的统计资料和研究报告，调查公司所处行业国内外的发展现状与前景，分析影响其行业发展的有利、不利因素。

②调查公司所处行业内企业是否受到国家宏观调控。如果受到，判断其产品定价是否受到限制，是否享受优惠政策。

③了解公司所处行业的进入壁垒，包括规模经济、资本投入、技术水平、环境保护或行业管理机构授予的特许经营权等方面，分析其对公司核心竞争力的影响。

④了解公司所处行业的整体特征，是属于资金、技术还是劳动密集型产业；了解该行业对技术（或对资金、劳动力等要素）的依赖程度、技术的成熟度；了解该行业公司是否需要大量的研究开发支出、巨额的广告营销费用；了解应收账款周转是否过慢、产品价格的变动特征、出口占总销售的比例等等。

⑤调查公司近 3 年内销售产品所处的生命周期阶段，是处于导入期、成长期、成熟期还是处于衰退期，调查公司产品的寿命。

⑥查阅国家的产业结构调整政策、公司相关财务资料和发展规划文件，获取或编制公司最近几个会计年度主要产品产销量明细表，了解公司产品结构；了解公司未来产品结构调整的方向。

⑦查阅权威机构的研究报告和统计资料，调查影响公司产品需求的相关因素以及产品需求的变化趋势，分析未来几年该产品的需求状况、市场容量；获取公司所处行业中该产品的现有生产能力、未来几年生产能力的变化数据；所处行业是否因过多受到国家政策、技术进步、可替代产品的冲击等外部因素影响而具有明显的脆弱性。

⑧对公司产品价格变动做出预测。

⑨调查可替代产品的价格和供应状况，调查公司产品目前或在可合理预计的将来多大程度上受到同类进口产品的冲击。

⑩对公司现有与潜在的竞争者进行调查，包括但不限于整个产品市场容量、竞争者数量、公司与市场竞争者各自的市场份额；对公司与竞争者的比较应包括相对产品质量、相对价格、相对成本、相对的产品形象及公司声誉等。对公司目前、未来的市场地位做出描述和判断。

⑪利用各大证券报、主要证券类网站披露的公开信息，与已上市公司进行比较分析。选择 5～10 家产品结构、生产工艺与被调查公司相同的公司，以这些

公司近几年的数据为基础，至少在生产能力、生产技术的先进性、关键设备的先进性、销售收入、销售的地理分布、主要产品销售价格与主营业务利润率、行业平均销售价格与主营业务利润率等方面进行比较。

2. 采购环节业务调查

（1）调查目标。

①调查公司供应方市场、采购政策及主要的供应商。

②调查公司采购业务涉及的诉讼及关联交易。

（2）调查程序。

①调查供应方市场的竞争状况，判断是否存在特许经营权等方面因素使得供应方市场有较高的进入壁垒。

②与采购部门人员、主要供应商沟通，调查公司生产必需的原材料、重要辅助材料等的采购是否受到资源或其他因素的限制。

③了解公司主要的供应商（至少前 5 名），计算最近 3 个会计年度公司向主要供应商的采购金额，占公司同类原材料采购金额、总采购金额的比例，是否存在严重依赖个别供应商的情况。

④与采购部门人员、主要供应商沟通，调查公司主要供应商与公司的地理距离，分析最近几年原材料成本构成，关注运输费用占采购成本的比重。

⑤与采购部门人员沟通，了解公司是否建立了供应商考评制度。

⑥调查公司与主要供应商的资金结算情况，了解是否及时结清货款，是否存在以实物抵债的现象。

⑦查阅权威机构的研究报告和统计资料，调查公司主要原材料的市场供求状况，查阅公司产品成本计算单，定量分析主要原材料、动力涨价对公司生产成本的影响。

⑧与采购部门与生产计划部门人员沟通，调查公司采购部门与生产计划部门的衔接情况，关注是否存在严重的原材料缺货风险，是否存在原材料积压风险。

⑨与主要供应商、公司律师沟通，调查公司与主要供应商之间是否存在重大诉讼或纠纷。

⑩如果存在影响成本的重大关联采购，判断关联采购的定价是否合理，是否存在大股东与公司之间的利润输送或资金转移的现象。

3. 生产环节业务调查

（1）调查目标。

①调查公司生产工艺、生产能力、实际产量。

②调查公司生产组织、保障。

③成本分析。

④调查公司生产的质量控制、安全、环保。

（2）调查程序。

①调查公司生产过程的组织形式，是属于个别制造或小批量生产、大批量生产或用装配线生产，还是用流水线生产等。

②了解公司各项主要产品生产工艺，获取公司产品生产工艺流程图。调查公司在所处行业中工艺、技术方面的领先程度。

③调查公司主要产品的设计生产能力、最近几个会计年度的实际生产能力以及主要竞争者的实际生产能力，进行盈亏平衡分析，计算出盈亏平衡时的产量，并与各年的实际产量比较。

④与生产部门人员沟通，调查公司生产各环节中是否存在瓶颈，是否存在某种原材料的供应、部分生产环节的生产不稳定或生产能力不足而制约公司生产能力的情况。

⑤与生产部门人员沟通，调查公司的生产是否受到能源、技术、人员等客观因素的限制。

⑥采用现场勘察的方法，调查公司主要设备的产地、购入时间，机器设备是否处于良好状态，预计尚可使用的时间，现有的生产能力及利用情况，了解是否有大量闲置的设备和生产能力。

⑦调查公司是否存在设备抵押贷款的情形。如有，查阅或查询借款合同的条款及还款情况，判断逾期债务是否会对公司的生产保障构成影响。

⑧制造成本的横向比较。查阅公司历年来产品成本计算单、同类公司数据，分析公司较同行业可比公司在成本方面的竞争地位。

⑨制造成本的纵向比较。获取或编制公司最近几个会计年度主要产品（服务）的毛利率、贡献毛利占当期主营业务利润的比重，分析公司主要产品的盈利能力；如果某项产品在销售价格未发生重大变化时，毛利率出现异常，分析单位成本中的直接材料、直接人工、燃料及动力、制造费用等成本要素的变动情况，确认成本是否真实发生。

⑩与公司质量管理部门人员沟通、实地考察、查阅公司内部生产管理规定，调查公司的质量控制政策、质量管理的组织设置及实施情况。

⑪调查公司保障安全生产的措施，成立以来是否发生过重大的安全事故。

⑫了解公司生产工艺中"三废"的排放情况，查阅省一级的环境保护部门出具的函件，调查公司的生产工艺是否符合有关环境保护的要求，调查公司最近 3 年是否发生过环境污染事故，以及是否存在因环保问题而被处罚的情形。

⑬查阅省一级的质量技术监督部门文件，调查公司产品是否符合行业标准，是否因产品质量问题受过质量技术监督部门的处罚。

4. 销售环节业务调查

（1）调查目标。

①调查公司营销网络的建设及运行情况。

②调查公司产品商标的权属及合规性。

③调查公司销售回款、存货积压情况。

④调查公司销售业务涉及的诉讼及关联交易。

（2）调查程序。

①了解公司的分销渠道。自营零售的，调查公司销售专卖店的设置；通过批发商进行销售的，调查经销或代理协议，判断是否全部委托销售代理而导致销售失控。

②查阅国家知识产权局商标局 中国商标网相关信息，调查公司是否是其主要产品的商标注册人。

③查阅国家质量技术监督部门或省一级的质量技术监督部门的证明或其他有关批复，调查公司的产品质量是否执行了国家标准或行业标准，近 3 年是否因违反有关产品质量和技术监督方面的法律、法规而受到处罚。

④是否存在假冒伪劣产品，打假力度如何。

⑤调查公司的主要竞争者及各自的竞争优势，从权威统计机构获取公司产品与其主要竞争者产品的市场占有率资料。

⑥获取或编制公司近几个会计年度各项产品占销售总收入比重明细表、各项产品产销率明细表。

⑦获取公司近几个会计年度对主要客户（至少前 5 名）的销售额、占年度销售总额的比例及回款情况；调查其客户基础是否薄弱，是否过分依赖某一客户而连带受到客户所受风险的影响；分析其主要客户的回款情况，以及是否存在以实物抵债的现象。

⑧获取近几个会计年度按区域分布的销售记录，分析公司销售区域局限化现象是否明显，产品的销售是否受到地方保护主义的影响。

⑨调查是否存在会计期末销售收入异常增长的情况。通过追查至会计期末

大额的收入确认凭证、审阅复核会计师期后事项的工作底稿等，判断是否存在虚开发票、虚增收入的情形。

⑩调查是否存在异常大额的销售退回情况。查阅销售合同、销售部门与客户对销售退回的处理意见等资料，判断销售退回的真实性。

⑪测算公司最近几个会计年度的应收账款周转率，调查公司坏账、呆账风险的高低情况。

⑫对于销售集中于单个或少数几个大客户的情况，需追查销货合同、销货发票、产品出库单、银行进账单，或以函证的方法确定销售业务发生的真实性。如果该项销售系出口，需追查出口报关单、结汇水单等资料，以确定销售业务发生的真实性。

⑬查阅会计师的工作底稿，调查是否存在大量的残次、陈旧、冷背、积压的存货；与会计师沟通存货跌价准备是否足额计提；计算公司最近几个会计年度产成品周转率，并与同行业可比公司比较。

⑭抽查部分重大销售合同，检查有无限制性条款，如产品须经安装或检修、有特定的退货权、采用代销或寄销的方式。

⑮调查关联销售的情况。如果存在对主营业务收入有重大贡献的关联销售，抽查不同时点的关联销售合同，获取关联销售的定价数据，分析不同时点的销售价格的变动，并与同类产品当时的市场公允价格比较。如果存在异常，分析其对收入的影响，分析关联销售定价是否合理，是否存在大股东与公司之间的利润输送或资金转移的现象。

5．技术与研发调查

（1）调查目标。

①调查公司专利、非专利技术。

②调查公司研发机构、人员、资金投入。

③调查公司正在研发的项目。

（2）调查程序。

①了解公司的行业技术标准，是否有国家标准、国际标准。

②调查公司核心技术的选择。调查公司较同行业其他公司在技术方面的领先程度。关注其核心技术是否为其他新技术所取代。

③获取公司专利技术、非专利技术等权利证书、在有权管理部门的登记文件以及相关协议，了解公司的专利技术、非专利技术有哪些。了解公司和新技术的来源，是属于自主开发、股东投资，还是属于购买或及拥有使用权。调查

公司基于上述技术拥有的权限，关注公司是否存在与上述技术相关的重大纠纷，核心技术是否超过法律保护期限。

④了解公司是否建立了相应的机制，保障与主要产品生产相关的非专利技术不被泄露。

⑤了解研发机构设置，获取公司目前的研发人员构成、近几年来用于研究开发的研发支出占销售收入的比重等数据。

⑥了解公司是否存在与科研院所的合作开发。若有，调查有哪些机构，合作项目有哪些，以及合作方式、合作项目的进展情况。

⑦了解公司研究人员的薪酬情况，包括公司核心技术人员的薪酬水平、公司主要竞争者（国内外公司）同类技术人员的薪酬水平。了解公司研究人员历年来的流失情况，公司是否实行了包括股权激励在内的其他激励措施。

⑧调查公司新产品研究开发周期（从产品开发到进入市场的周期），主要研发项目的进展情况，并对项目的市场需求做出描述。

（三）法律调查

1. 独立性调查

（1）调查目标。

调查公司与具有实际控制权的法人或其他组织及其关联企业是否做到人员、财务、机构、业务独立以及资产完整。

（2）调查程序。

①公司的业务是否独立于股东单位及其他关联方。

获取股东单位及其他关联方的营业执照、公司与关联方签订的所有业务协议，检查公司与关联方的业务是否存在上下游关系。

②公司是否具有独立完整的供应、生产、销售系统。

第一，调查公司的部门设置，检查原材料采购部门、生产部门、销售部门是否与关联方分开，检查发起人与关联方的采购人员、生产人员、销售人员是否相互独立，有无兼职现象。

第二，检查所有采购、销售或委托加工协议，确认是否存在委托关联方采购、销售或加工的情况。

第三，获取公司的采购、销售账户，检查原材料的采购、货物销售是否与关联方账务分离。

③如供应、生产、销售环节以及商标权等在短期内难以独立，检查公司与控股股东或其他关联方是否以合同形式明确双方的权利义务关系。

第一，获取公司与控股股东或其他关联方签订的以下协议：综合服务协议、委托加工协议、委托销售协议、商标许可协议、其他业务合作或许可协议。

第二，上述合同是否明确了双方的权利义务。

④拥有的房产及土地使用权、商标、专利技术、特许经营权等无形资产的情况。获取不动产权证证书、商标注册证明、专利证书、特许经营证书等，检查其所有人、使用者是否合法。

⑤公司有无租赁房屋、土地使用权等情况，租赁是否合法有效。

检查有关房屋、土地的不动产权证，有租赁情况的，要对相关租赁协议进行检查。

⑥检查主要设备的产权归属。

检查固定资产账户，对其产权归属进行调查，并调查有无抵押发生。

⑦是否存在产权纠纷或潜在纠纷。

⑧公司对其主要财产的所有权或使用权的行使有无限制，是否存在主要财产被担保或者其他权利受限制的情况。

⑨是否存在混合经营、合署办公的情况。

⑩控股股东和政府部门推荐董事和经理人选是否通过合法程序进行，公司董事长是否不由主要股东或控股股东法定代表人兼任，公司经理、副经理、财务负责人、营销负责人、董事会秘书等高级管理人员是否在本单位领取薪酬，是否不在股东单位兼职。

⑪公司是否已按有关规定建立和健全了组织机构，是否与控股股东相互独立。

⑫公司是否设立了独立的财务会计部门，是否建立了独立的会计核算体系和财务管理制度（包括对子公司、分公司的财务管理制度）。

⑬是否存在控股股东违规占用（包括无偿占用和有偿使用）公司的资金、资产及其他资源的情况，如存在，需要说明原因。

⑭公司是否独立在银行开户，是否存在与控股股东共用银行账户的情况。

⑮公司是否存在将资金存入控股股东的财务公司或结算中心账户的情况。

⑯检查控股股东的财务公司或结算中心账户，检查公司与控股股东的往来账项。

⑰获取公司与控股股东的税务登记证明，检查公司是否依法独立纳税。

⑱与财务部门有关人员进行沟通，检查公司有关财务决策制度，判断公司是否能够独立做出财务决策，是否存在控股股东干预公司资金使用的情况。

2. 同业竞争调查

（1）调查目的。

调查公司是否存在同业竞争，是否采取了有效措施避免同业竞争。

（2）调查程序。

①检查公司与控股股东及其子公司的经营范围是否相同或相近，是否在实际生产经营中存在同业竞争。

②如存在或可能存在同业竞争，公司是否采取了以下有效措施避免同业竞争。

第一，签署有关避免同业竞争的协议及决议，需审查该协议或决议有无损害公司利益的条款。

第二，调查有无其他有效的避免同业竞争的措施。如：针对存在的同业竞争，通过收购、委托经营等方式，将相竞争的业务纳入公司的措施、竞争方将业务转让给无关联的第三方的措施；公司放弃与竞争方存在同业竞争业务的措施；竞争方就解决同业竞争，以及今后不再进行同业竞争做出的有法律约束力的书面承诺。

③审阅公司的股东协议、公司章程等文件，检查是否有在股东协议、公司章程等方面做出避免同业竞争的规定。

3. 关联方及关联交易调查

（1）调查目的。

①调查关联交易是否公允，是否损害公司及其他股东的利益。

②调查关联交易是否履行了法定批准程序。

（2）调查程序。

①关联方及其与公司之间的关联关系调查。检查所有关联方，主要包括：公司能够直接或间接地控制的企业、能够直接或间接地控制公司的企业、与公司同受某企业控制的企业、合营企业、联营企业、主要投资者个人或关键管理人员或与其关系密切的家庭成员、受主要投资者个人或关键管理人员或与其关系密切的家庭成员直接控制的其他企业。获取公司的主要采购、销售合同，检查公司的主要采购、销售合同的合同方是否是关联方。

②调查公司与关联企业是否发生以下行为：购买或销售商品、购买或销售除商品以外的其他资产，提供或接受劳务、代理、租赁，提供资金（包括以现金或实物形式的贷款或权益性资金）、担保和抵押、管理方面的合同、研究与开发项目的转移、许可协议、关键管理人员报酬。

③检查关联交易的详细内容、数量、金额；调查关联交易是否必要；该关联交易是否能够对公司产生积极影响；关联交易的内容、数量、金额，以及关联交易占同类业务的比重。

④调查关联交易定价是否公允，是否存在损害公司及其他股东利益的情况；如该交易与第三方进行，其交易价格如何，检查关联价格与市场价格（第三方）的差异及原因。

⑤检查关联交易协议条款，审查其内容是否公允合理，有无侵害公司利益的条款。

⑥对关联交易的递增或递减做出评价，并分析原因，获取为减少关联交易签订的协议、承诺或措施，检查这些承诺或措施的可行性。

⑦了解公司是否为控股股东及其他关联股东提供担保。

4. 诉讼、仲裁或处罚调查

（1）调查目标。

①调查公司是否存在诉讼、仲裁或行政处罚事项。

②调查上述事项对公司财务状况、经营成果、声誉、业务活动、未来前景的影响。

（2）调查程序。

①调查是否具有对公司财务状况、经营成果、声誉、业务活动、未来前景等可能产生较大影响的诉讼或仲裁事项。

②如果有上述事项，需调查提起诉讼或仲裁的原因，诉讼或仲裁请求，可能出现的处理结果或已生效法律文书的执行情况，以及对公司财务状况、经营成果、声誉、业务活动、未来前景等可能产生的较大影响。

（四）资产调查

（1）调查目标。

了解并核实固定资产、在建工程和无形资产。

（2）调查程序。

①了解固定资产规模、类别，并核实期末价值。

a. 取得最近三年及最近一个会计期末"固定资产""累计折旧"账户资料及"固定资产减值准明细表"，并与会计报表核对是否相符。

b. 调查房屋及建筑物的成新度、产权归属。

c. 调查机器设备成新度、技术先进性、产权归属。

d. 了解有无设置抵押的固定资产，并与了解到的借款抵押进行核对。

e. 了解并描述计提折旧的方法，并将本期计提折旧额与"制造费用明细表"中的"折旧"明细项核对，确定是否相符。

f. 了解并描述固定资产减值准备计提方法，判断减值准备计提是否充分。

②了解在建工程规模，若规模较大，则需要进一步调查在建工程价值、完工程度，判断完工投产后对生产经营的影响。

③了解并核实无形资产入账依据及价值的合理性。

a. 取得无形资产清单及权属证明。

b. 调查每项无形资产来源。

c. 判断各项无形资产入账及入账价值的合理性。

④关注与生产密切相关的土地使用权、商标权、专利技术等无形资产权利状况。

（五）财务调查

1. 销售环节财务调查

（1）调查目标。

①了解并核实各期主营业务收入、主营业务成本、主营业务利润的真实性。

②了解并核实各期期末因销售活动产生的债权债务余额。

（2）调查程序。

①主营业务收入、主营业务成本、主营业务利润调查。

取得最近三年及一期主营业务收入、成本和毛利明细表，并与最近三年及一期利润表核对，确定是否相符。

价格调查：取得产品价格目录，了解主要产品目前价格及其最近三年价格变动趋势，搜集市场上相同或相似产品价格信息，并与本企业进行比较。

单位成本调查：比较各期之间主要产品单位成本变化幅度。对较大幅度的变动（变动幅度 >10%），应询问原因并核实。

销售数量调查：比较各期之间主要产品销售数量的变动比率。对较大幅度的变动（变动幅度 >10%），应询问原因并核实。

毛利率调查：比较各期之间主要产品毛利率的变动比率。若变动幅度较大（变动幅度 >10%），应询问原因并核实；与行业平均的毛利率进行比较，若发现异常，应询问原因并核实。

主要客户调查：取得最近三年主要产品的主要客户统计表，了解主要客户，检查主要客户中是否有关联方，对异常客户进一步进行详细调查。

②应收票据、应收账款、坏账准备、预收账款调查。

取得最近三年及最近一个会计期末"应收票据""应收账款""坏账准备""预收账款"余额明细表，检查大额应收票据、预收款项、应收账款的客户是否为主要客户明细表中的主要客户；若不是公司的主要客户，则应结合销售结算方式，询问原因。

结合销售核算方式，判断各客户账龄是否正常，对异常情况，查明原因；对长期挂账款项，判断可回收性。

了解最近三年坏账准备计提方法是否发生变化，并了解变化的原因；结合账龄分析判断坏账准备计提是否充分。计算应收账款周转率，与同行业可比公司进行比较，出现异常情况，需进一步调查原因。

③销售费用调查。

计算各期之间销售费用变化比率，结合销售收入的变动幅度，分析销售费用变动幅度是否正常，对异常情况，应询问原因并核实。

2. 采购与生产环节财务调查

（1）调查目标。

①了解企业生产能力利用率、产销比率。

②了解并核实各期期末存货价值。

③了解并核实各期期末采购活动产生债权债务的余额。

④了解并核实各期期末应付工资及福利费。

（2）调查程序。

①了解最近三年及一期主要产品生产能力利用率、产销比率，初步判断生产经营情况是否正常。

取得最近三年及一期主要产品的生产能力、产量、销量统计表。

结合产量，判断生产设备利用情况及产成品库存，计算产销比率。

②了解并核实各期期末存货价值，为核实年销售总成本提供依据。

③了解并核实各期期末采购活动产生债权债务的余额。抽查因采购原材料而发生的大额债权债务的对应方是否是本公司的主要客户，若不是，应抽查采购合同，了解业务发生的原因，判断是否正常。对其他大额长期挂账款项，要查明原因。

④了解并核实各期期末应付职工薪酬。

⑤分析最近三年及一期资产负债表中"长期待摊费用""待处理财产损溢"金额是否异常，若异常，进一步核实。

3. 投资环节财务调查

（1）调查目标。

①了解并核实各会计期末长期投资余额、减值准备。

②了解并核实各会计期间投资收益的真实性。

（2）调查程序。

取得最近三年及一期长期股权投资、减值准备及投资收益明细表，关注大额及异常投资收益；对现金分得的红利，关注是否收现，有无挂账情况。

4. 融资环节财务调查

（1）调查目标。

①了解债务融资的规模、结构。

②了解权益融资。

（2）调查程序。

①取得最近三年及一期短期及长期借款增减变动及余额表，并与会计报表核对是否相符。

②取得最近三年及一期应付债券明细表，并与会计报表核对是否相符。

③取得财务费用明细表，以贷款合同规定的利率进行复核。

④取得最近三年及一期长期应付款及专项应付款明细表，与会计报表核对是否相符。

⑤取得最近三年及一期所有者权益增减变动及余额表，与各年增资、配股情况和各年利润分配方案相核对。

5. 税务调查

（1）调查目标。

①调查公司执行的税种和税率。

②调查公司执行的税收及财政补贴优惠政策是否合法、真实、有效。

③调查公司是否依法纳税。

（2）调查程序。

①查阅税法、公司的营业执照等文件，或与公司财务部门人员访谈，调查公司及其控股子公司所执行的税种（包括各种税收附加费）、税基、税率，调查其执行的税种、税率是否符合现行法律、法规的要求。

②调查公司是否经营进口、出口业务，查阅关税等法规，调查公司所适用的关税、增值税以及其他税种的税率。

③如果公司享有增值税减免税政策，查阅财政部、国家税务总局发布的相关法规或文件，调查公司提供的产品（服务）享受的税收优惠是否合法、合规、真实、有效，该项税收优惠的优惠期有多长。

④如果公司享有所得税减免的优惠政策或其他各种形式的财政补贴，查阅有关部门的法规或文件，调查该政策是否合法、合规、真实、有效，优惠期有多长。

⑤获取公司最近几个会计年度享受的税务优惠、退回的具体金额，依据相关文件，判断其是属于经常性损益，还是非经常性损益，测算其对公司各期净利润的影响程度。

⑥查阅公司最近三年的增值税、所得税以及适用的其他税种及附加费的纳税申报表、税收缴款书等文件，调查公司最近三年是否依法纳税。

⑦获取公司所处管辖区内的税务机关发布的证明，调查公司是否存在偷、漏税情形，是否存在被税务部门处罚的情形，是否拖欠税金。

⑧如果公司组织形式发生变化，如外资企业转变为内资企业，检查是否补足了以前减免的税款。

6．或有事项调查

（1）调查目标。

①调查或有事项的具体情况。

②判断上述事项对公司财务状况、经营成果、声誉、业务活动、未来前景等可能产生的影响。

（2）调查程序。

①调查公司因诉讼或仲裁情况可能引起的或有负债，引证诉讼专题。

②如果公司对售后商品提供担保，参照历史情况，估量顾客提出诉求的可能性。

③公司为其他单位的债务提供担保，调查提供担保的债务数额，是否承担连带责任，是否采取反担保措施，估算或有负债金额，确认公司是否以公司资产为本公司的股东、股东的控股子公司、股东的附属公司或者个人债务提供担保。

④环境保护的或有负债。

查阅公司有关环境保护方面的批文，明确是否达到环境保护的相关标准。

调查公司是否有污染环境的情况发生。

测算公司可能发生的治理费用数额或者可能支付的罚金数额。

（六）发展规划与财务预测调查

1．公司发展规划调查

（1）调查目标。

调查公司未来几年的发展规划。

（2）调查程序。

①取得公司所提供的商业计划书，或直接要求拟投资公司提供未来3～5年的发展规划，获知公司未来几年的发展目标、发展方向、发展重点、发展措施。

②取得公司计划投资项目的可行性研究报告，评估报告的可行性。

2. 公司财务预测调查

（1）调查目标。

调查公司在未来几年的发展目标、发展规模、发展速度等。

（2）调查程序。

①取得公司所提供的商业计划书，或直接要求拟投资公司提供未来3～5年的财务预测表，获知公司未来几年的财务发展目标、发展规模、发展速度。

②以销售为起点，核实公司所提供的各项预测指标制定的依据。

③根据公司所处的外部环境，调查公司各项指标实现的可能性。

④根据公司的经营管理水平与生产经营的其他条件，判断公司各项指标实现的可能性。

10.4 私募股权投资尽职调查

10.4.1 私募股权投资概述

私募股权投资（Private Equity，PE）从投资方式角度看，是指通过私募形式对私有企业，即非上市企业进行的权益性投资。

在交易实施过程中，私募股权投资会附带考虑退出机制，即通过公司首次公开发行股票、兼并与收购或管理层收购等方式退出获利。简单地讲，私募股权投资就是投资者寻找优秀的高成长性的未上市公司，向其注资，获得其一定比例的股份，推动公司发展、上市，此后通过转让股权获利。

私募股权投资的特点为对非上市公司的股权投资，因流动性差被视为长期投资，所以投资者会要求高于公开市场的回报。因为所投资的公司没有上市交易，所以就没有现成的市场供非上市公司的股权出让方与购买方直接达成交易。

私募股权投资通常以基金作为资金募集的载体，由专业的基金管理公司运作，如凯雷集团、KKR、黑石集团和红杉资本等国际知名投资机构，它们旗下都运行着多只私募股权投资基金。私募股权投资包括Pre – IPO投资，Pre – IPO基金的投资具有风险小、回收快的优点，并且在企业股票受到投资者追崇的情况下，可以获得较高的投资回报。

10.4.2　私募股权投资尽职调查特殊关注

私募股权投资最佳的退出机制就是拟投资企业成功上市。私募股权投资尽职调查不仅要关注普通企业尽职调查所要关注的问题，而且有其特殊性，例如拟投资企业的持续盈利能力、关联交易、企业合并过往等，都不同于其他类型的对外投资尽职调查。

（1）持续盈利能力。

如果一个项目三年内要上市，投资前尽职调查应关注其是否有上市的硬伤或者可能造成上市推迟的问题。私募股权投资非常看重公司的盈利能力和成长性，如果公司最近三年及一期（主板、中小板）或最近两年及一期（创业板）的财务报表显示其盈利多且呈稳步上升趋势，则可忽略一些较小的问题。

（2）关联交易。

证监会关注公司过往的关联交易是否必要、公允，程序是否规范，关联交易发生频率是否呈降低的趋势。关联交易并非 IPO 前可突击解决的问题，须详细核查，识别公司的所有的关联方，判断其是否和关联方有过交易。对于民营企业，尤其要注意隐藏的关联关系。

（3）同业竞争。

不仅要关注控股股东、实际控制人和公司的同业竞争，对于持股 5% 以上或对公司有重大影响的股东，要关注其是否和公司有业务趋同状况，一般需要出具不竞争承诺函。目前证监会很难接受"同业但不竞争"的解释。若有同业竞争，解决方法是转让股份或收购。

（4）外商投资企业。

外商投资企业可以在我国上市，但如有境外母公司从事相关业务，可能存在潜在的同业竞争及独立性问题，从而给上市造成障碍。

（5）企业合并。

如果拟投资企业在上市前有收购计划，投资人要重点关注该收购计划是否会对公司上市进程造成影响。非同一控制下的合并与同一控制下的合并会因收购标的占公司特定财务指标的不同比例导致对上市时点安排产生不同的影响。

（6）国资程序。

如果拟投资企业有部分资产是从国有企业收购的，但未充分履行国资程序，可要求补办相关国资，流程补足评估价格和当时交易价格之间的差价流失，并请国资主管部门确认没有国有资产流失，以确认不产生被追责的风险。否则考虑剥离这部分资产。

（7）上市公司出售。

如果拟投资企业曾经从上市公司购买过资产，要核查交易是否经过上市公司董事会或股东大会的批准，是否构成关联交易；如是，核查关联方企业是否系上市公司近期募资所得投入的资产方，是否回避。另外，还需要关注拟投资企业是否可以再次上市。

（8）上市前应规范事宜。

可在上市前规范整改的问题，包括治理结构、股份代持、出资瑕疵、土地使用手续合规性、税收优惠的可持续性、股东和董监高资格等，亦需关注不阻碍上市的重大问题。

10.4.3　私募股权投资尽职调查主要内容

私募股权投资尽职调查的主要内容与风险投资尽职调查的主要内容存在较多相似之处。尽职调查是为了帮助企业对拟投资企业加深了解，减少信息不对称带来的弊端，合理有效地防范投资风险，以实现企业价值最大化的目标。而私募股权投资尽职调查相对于风险投资尽职调查，目标性更强，大多以上市为标准对拟投资企业进行评估分析。下面针对私募股权投资尽职调查主要内容有选择性地介绍，不赘述之前风险投资中反复提及的内容。

（一）公司基本情况

公司基本情况包括以下方面：公司基本资料、历史沿革、公司控股东与其他主要股东或实质控制人的基本情况、公司架构、公司组织机构设置、员工情况。

（二）公司财务状况

1. 公司最近两年经审计的财务报告（如有）或财务报表

（1）公司的资产负债表。

（2）公司的现金流量表。

（3）公司的利润表。

（4）公司的其他财务报告或报表。

2. 公司重要资产情况

公司重要资产包括土地、房屋、设备（含车辆）等。

（1）公司开户银行、银行账号等。

（2）公司所有的房屋产权证明。

（3）公司所有的不动产权证。

（4）公司所有的其他形态资产所有权证明。

3．公司借款以及对外提供的抵押、担保情况

（1）抵押担保的情况。如有，需提供担保合同。公司为其他企业、事业单位的债务担保。如有，需提供相关协议。

（2）公司借款与银行间关于销售的信贷安排等。

4．重大合同

公司正在履行或即将履行的标的金额在人民币 500 万元以上的重大合同。

5．税务情况

（1）公司需要缴纳的税种和税费的资料，依法应缴纳的税种名称、税率等，包括但不限于增值税、所得税等。

（2）公司税务登记证明、公司历年完税证明和最近两年实际纳税情况说明。

（3）公司享受的税收优惠及税务部门的批准文件。

（4）公司最近三年是否受到税务部门处罚。如有，需说明并提供处罚凭证。

（三）公司近三年重组和产权界定情况

（1）重组过程及重组方案。

（2）相应审计报告、评估报告。

（3）法律意见书，相关的董事会、股东会决议文件。

（4）股权、产权交割凭证。

（5）政府相关批复。

（四）公司高级管理人员与核心技术人员

高级管理人员与核心技术人员简历与基本情况。

（1）高级管理人员指总经理、副总经理、财务负责人、技术负责人和董事会秘书等。

（2）上述人员的基本情况包括姓名、性别、国籍和是否有在境外的永久居留权，年龄、学历、职称，曾经担任的重要职务及任期，主要工作经历及在企业的现任职务和兼任其他单位的职务，核心技术人员的主要成果及获得的奖项。

（3）董事长、监事会主席及总经理、技术负责人在最近 24 个月内变动的经过及原因。

（五）诉讼及行政处罚

（1）公司过去三年中，所发生的诉讼、仲裁以及它们的结果和对公司经营状况的影响。

（2）公司所涉及的现有或经合理预期可能产生的诉讼、仲裁、行政处罚或其他纠纷的情况。

（六）拟投资企业本轮融资及上市计划调查

1. 与本轮融资有关事项调查

拟投资企业与本轮融资有关事项调查，其目标是获知拟投资企业所提出来的与本轮融资有关的事项。通过拟投资企业所提供的商业计划书或与公司领导人交流，获知与本轮融资有关的以下信息。

（1）本轮融资是股份转让，还是增资扩股，或二者兼而有之。

（2）企业价值的估计、本轮融资的金额、所占的投资比例。

（3）拟引入的投资者的数量，对投资者的具体要求，目前已接触过的、有倾向性的投资者。

（4）募投项目及资金的具体用途。

（5）本轮融资时间计划。

（6）融资后的管理制度安排及人事安排。

（7）信息披露的程度及具体措施。

（8）拟投资企业能够接受的对赌协议的内容。

（9）是否有管理层或核心技术人员的股权激励计划及具体内容。

2. 未来上市计划调查

未来上市计划调查的调查目标是获知拟投资企业的上市计划及已做的工作。通过拟投资企业所提供的商业计划书，或与公司领导人交流，获知以下与上市有关的情况。

（1）上市的时间进度计划。

（2）上市地点的选择及理由。

（3）已经接触的、有倾向性的中介机构，是否与其签订意向书或协议，是否已经支付部分款项。

（七）其他资料

其他资料包括以下内容：公司规章和管理制度；公司自成立以来历次股东大会、董事会、监事会决议；公司历年来取得的各种荣誉称号及其依据；公司的对外宣传资料；其他中介机构出具的相关分析报告等。

第 11 章　其他常见尽职调查

11.1　新三板尽职调查

11.1.1　新三板尽职调查概念

新三板尽职调查所指尽职调查是基于主办券商的角度开展的，尽职调查以有利于投资者做出投资决策为目的，使其有理由相信：①公司符合《全国中小企业股份转让系统业务规则（试行）》规定的挂牌条件；②公开转让说明书中所披露的信息真实、准确和完整。

项目小组的尽职调查可以在注册会计师、律师等外部专业人士意见的基础上进行，如果认为外部专业人士发表意见所基于的工作不够充分，或对专业人士的意见有疑义，项目小组应进行独立调查。

11.1.2　新三板尽职调查主要内容和方法

一、业务调查

业务调查主要包括分析公司所处细分行业的情况和风险，调查公司商业模式、经营目标和计划。公司的商业模式是指公司如何使用其拥有的关键资源，通过有效的业务流程，形成一个完整的运行系统，并通过这一运行系统向客户提供产品或服务，满足客户需求并向客户提供价值，从而获得收入、利润和现金流。

（一）行业研究

通过搜集与公司所处行业有关的行业研究或报道，与公司管理层交谈，比较市场公开数据，搜集行业主管部门制定的发展规划、行业管理方面的法律法规及规范性文件，以及主办券商内部行业分析师的分析研究等方法，审慎、客观分析公司所处细分行业的基本情况和特有风险（如行业风险、市场风险、政

225

策风险等）。行业研究涉及内容包括但不限于以下方面。

（1）行业所处的生命周期和行业规模。

（2）行业与行业上下游的关系（行业价值链的构成）。

（3）行业的竞争程度及行业壁垒。

（4）国家对该行业的监管体制和政策扶持或限制，以及产业政策对该行业的影响。

（5）影响该行业发展的有利和不利因素。

（二）公司产品考察

通过与公司管理层交谈、实地考察公司产品或服务、访谈公司客户等方法，调查公司产品或服务及其用途，了解产品种类、功能或服务种类及其满足的客户需求。公司产品考察涉及内容包括但不限于以下方面。

（1）产品或服务的种类。

（2）调查每种产品的功能和用途以及特定消费群体，或服务所满足的客户需求及特定消费群体。

（3）每种产品的技术含量（所应用的关键技术及所达到的技术指标）或服务的质量。

（4）每种产品或服务是否向消费者提供保障（售后服务等）。

（5）报告期内各期每种产品或服务的规模，需求状况及其对价格的影响。

（6）各类产品或服务在公司业务中的重要性，包括在销售收入及利润中的比重，在行业中所占的市场份额和变动趋势。

（7）公司对提高现有产品或服务质量、增强竞争力等方面将采取的措施以及公司新产品或服务种类的开发计划。

（三）关键资源调查

通过实地考察、与管理层交谈、查阅公司主要知识产权文件等方法，结合公司行业特点，调查公司业务所依赖的关键资源。关键资源调查涉及内容包括但不限于以下方面。

（1）公司独特的、可持续的技术优势（包括分析主要产品或服务的核心技术、可替代性以及核心技术的保护措施等）。

（2）研发能力和技术储备（包括分析公司的研发机构和研发人员情况、研发费用投入占公司业务收入的比重、自主技术占核心技术的比重等）。

（3）商标、专利、非专利技术等无形资产的数量、取得情况、实际使用情况、使用期限或保护期、最近一期期末账面价值、存在纠纷情况等。

（4）取得的业务许可资格或资质情况。

（5）特许经营权（如有）的取得、期限、费用标准。

（6）提供产品或服务时所使用主要设备和固定资产的情况。

（7）公司高级管理人员与核心技术（业务）人员的简要情况，主要包括：姓名、国籍等基本信息；职业经历（参加工作以来的职业及职务情况）；曾经担任的重要职务及任期，现任职务及任期；根据其业务经历、行业或专业背景，评价高级管理人员的经验和能力，整体评价整个管理团队是否有互补性。

（8）调查公司管理层及核心技术（业务）人员的薪酬，持股情况和激励政策（包括股权激励）。最近两年上述人员的主要变动情况、原因和对公司经营的影响，了解公司为稳定上述人员已采取或拟采取的措施，并评价管理层及核心技术（业务）人员的稳定性。

（9）公司的员工情况，主要包括：员工人数、年龄和工龄结构、任职分布、学历学位结构、地域分布等。

（10）其他体现所处行业或业态特征的资源要素。

（11）在公司所处细分行业中，从公司的技术优势、产品的技术指标或服务的标准要求、研发投入能力和技术储备、专利数量等方面，分析公司与竞争对手及潜在竞争对手之间的优劣势。如果竞争对手的信息不存在，可分析公司与行业平均水平相比的优劣势。

（四）公司业务流程调查

通过查阅公司业务制度、实地考察公司经营过程涉及的业务环节、对主要供应商和客户访谈等方法，结合公司行业特点，了解公司关键业务流程。公司业务流程调查涉及内容包括但不限于以下方面。

（1）供应链及其管理，公司对供应商的依赖程度及存在的经营风险。

（2）主要产品的生产流程或服务流程、生产工艺、质量控制、安全生产等。

（3）营销体系，包括销售方式、是否有排他性销售协议等壁垒、市场推广计划、客户管理、公司对客户的依赖程度及存在的风险。

（4）核心产品或服务的研发流程、周期以及更新换代计划。

（5）根据产业链分工情况，调查公司是否将营运环节交给利益相关者，如有，阐明其合作关系或商业联盟关系以及风险利益分配机制。

（6）重要资本投资项目（如规模化生产、重要设备投资等）的投资流程，包括投资决策机制、可行性和投资回报分析等。

（7）其他体现所处行业或业态特征的业务环节。

（五）公司收益情况调查

通过查阅商业合同、走访客户和供应商等方法，结合对公司产品或服务、关键资源和关键业务流程的调查，了解公司如何获得收益。公司收益情况调查涉及内容包括但不限于以下方面。

（1）收入构成情况，包括产品或服务的规模、定价方式和依据；收入变化情况和影响其变化的原因。

（2）成本结构及其变动情况和变动原因。

（3）分析每种产品或服务的毛利率及其变动趋势和变动原因。

（4）公司的现金流情况，尤其是与经营活动有关的现金流量，即经营活动产生的现金收入是否能抵补有关支出。

（5）在公司所处的细分行业中，分析比较公司与竞争对手之间在产品或服务分布、成本结构、营销模式和产品或服务毛利率等方面的优劣势，并预估公司在细分行业的发展趋势（主要地区或市场的占有率及其变化）。如果竞争对手的信息不存在，可分析公司与行业平均水平相比的优劣势。

（六）公司趋势调查

通过与公司管理层交谈，查阅董事会会议记录、重大业务合同等方法，结合公司所处行业的发展趋势及公司目前所处的发展阶段，了解公司整体发展规划和各个业务板块的中长期发展目标，分析公司经营目标和计划是否与现有商业模式一致，揭示公司业务发展过程中的主要风险（区别一般风险和特殊风险）及风险管理机制。

二、公司治理调查

（一）了解"三会"

通过查阅公司章程，了解公司组织结构，查阅股东大会、董事会、监事会（以下简称"三会"）有关文件，调查公司"三会"的建立健全及运行情况，说明上述机构和人员履行职责的情况，关注公司章程和"三会"议事规则是否合法合规、是否建立健全投资者关系管理制度、是否在公司章程中约定纠纷解决机制。

（二）董事会对治理机制的评估

公司董事会对公司治理机制进行讨论评估，内容包括现有公司治理机制在给股东提供合适的保护以及保证股东充分行使知情权、参与权、质询权和表决权等权利方面所发挥的作用、所存在的不足及解决方法等。

（三）公司治理机制调查

（1）是否依据有关法律法规和公司章程发布通知并按期召开"三会"；会议

文件是否完整，会议记录中时间、地点、出席人数等要件是否齐备，会议文件是否归档保存；会议记录是否正常签署。

（2）董事会和监事会是否按照有关法律法规和公司章程及时进行换届选举。

（3）董事会是否参与了公司战略目标的制定，检查其执行情况；董事会对管理层业绩进行评估的机制和执行情况。

（4）涉及关联董事、关联股东或其他利益相关者应当回避的，公司是否建立了表决权回避制度，检查其执行情况。

（5）监事会是否正常发挥作用，是否具备切实的监督手段，包括职工代表监事履行职责的情况。

（6）"三会"决议的实际执行情况，未能执行的会议决议，相关执行者是否向决议机构汇报并说明原因。

（四）公司股东调查

（1）通过查阅公司股权结构图、股东名册、公司重要会议记录、决议以及公司历次股权变动的相关文件，调查公司的股权结构、股东持股比例（包括直接和间接持股比例），以及直接或间接持股是否存在质押或其他有争议的情况，判断公司控股股东及实际控制人。

（2）通过查阅具有资格的中介机构出具的验资报告、咨询公司律师或法律顾问、询问管理层和会计人员、到工商行政管理部门查询公司注册登记资料，调查公司股东的出资是否及时到位，出资方式是否符合有关法律、法规的规定。通过查阅资产评估报告、询问资产评估机构等方法，对以实物、工业产权、非专利技术、土地使用权等非现金资产出资的，调查所使用的评估方法与评估值的合理性。

（3）调查公司股东之间是否存在关联情况，股东中是否有专业投资机构以及其参与公司治理的情况。

（4）调查公司管理层及核心技术人员的持股情况和所持股份的锁定情况。

（五）公司董事、监事调查

调查公司董事、监事的简要情况，主要包括：姓名、国籍及境外居留权、性别、年龄、学历、职称；职业经历（参加工作以来的职业及职务情况）；曾经担任的重要职务及任期；现任职务及任期；本人及其近亲属持有公司股份的情况；是否存在对外投资与公司存在利益冲突的情况。

（六）独立性调查

（1）通过查阅公司组织结构文件，结合公司的采购、生产和销售记录考察公司的供、产、销系统，分析公司是否具有完整的业务流程、独立的生产经营场所，以及供应、销售部门和渠道。通过计算公司的关联采购额和关联销售额分别占公司当期采购总额和销售总额的比例，分析是否存在影响公司独立性的重大或频繁的关联方交易，判断公司业务独立性。

（2）通过查阅相关会议记录、资产产权转移合同、资产交接手续和购货合同及发票，确定公司固定资产权属情况。通过查阅不动产权证等权属证明文件，了解公司的房产、土地使用权、专利与非专利技术及其他无形资产的权属情况。关注金额较大、期限较长的其他应收款、其他应付款、预收及预付账款产生的原因及交易记录、资金流向等，判断公司资产独立性。

（3）调查公司最近两年内是否存在资产被控股股东、实际控制人及其控制的其他企业占用，或者为控股股东、实际控制人及其控制的其他企业提供担保的情形。调查公司为防止股东及关联方资金占用或者转移公司资金、资产及其他资源的行为所采取的措施和相应的制度安排。对不存在以上情形的，应取得公司的说明，并根据调查结果判断公司资产独立性。

（4）通过查阅股东单位员工名册及劳务合同、公司工资明细表、公司福利费缴纳凭证，与管理层及员工交谈，取得高级管理人员的书面声明等方法，调查公司高级管理人员从公司关联方领取报酬及其他情况，调查公司员工的劳动、人事、工资报酬以及相应的社会保障是否完全独立管理，判断其人员独立性。

（5）通过与管理层和相关业务人员交谈，查阅公司财务会计制度、银行开户资料、纳税资料等方法，调查公司会计核算体系、财务管理和风险控制等内部管理制度的建立健全情况，并判断公司财务独立性。

（6）通过实地调查、查阅股东大会和董事会决议关于设立相关机构的记录、查阅各机构内部规章制度，了解公司的机构是否与控股股东完全分开且独立运作，是否存在混合经营、合署办公的情形，是否完全拥有机构设置自主权等，判断其机构独立性。

（七）同业竞争调查

通过询问公司控股股东、实际控制人，查阅营业执照，实地走访生产或销售部门等方式，调查公司控股股东、实际控制人及其控制的其他企业的业务范围，从业务性质、客户对象、可替代性、市场差别等方面判断是否与公司从事相同、相似业务，从而构成同业竞争。对存在同业竞争的，要求公司就其合理性做出解释，并调查公司为避免同业竞争采取的措施以及做出的承诺。

（八）政策制定执行情况调查

调查公司对外担保、重大投资、委托理财、关联方交易等重要事项的政策及制度安排，调查决策权限及程序等规定，并核查最近两年的执行情况，包括对上述事项的决策是否符合股东大会、董事会的职责分工，对该事项的表决是否履行了公司法和公司章程规定的程序，以及决策是否得到有效执行。

取得管理层就公司对外担保、重大投资、委托理财、关联方交易等事项的说明，判断是否符合法律法规和公司章程的规定，及其对公司影响的书面声明。

（九）管理层诚信调查

调查公司管理层的诚信情况，取得经公司管理层签字的关于诚信状况的书面声明，书面声明至少包括以下内容。

（1）最近两年内是否因违反国家法律、行政法规、部门规章、自律规则等受到刑事、民事、行政处罚或纪律处分。

（2）是否存在因涉嫌违法违规行为处于调查之中，尚无定论的情形。

（3）最近两年内是否对所任职（包括现任职和曾任职）公司因重大违法违规行为而被处罚负有责任。

（4）是否存在个人负有数额较大债务到期未清偿的情形。

（5）是否有欺诈或其他不诚实行为等情况。

通过查询中国人民银行征信中心、工商行政管理部门的企业信用信息系统等公共诚信系统，咨询税务部门、公司贷款银行等部门或机构，咨询公司律师或法律顾问，查阅相关记录以及其他合理方式，核实公司管理层是否存在不诚信行为的记录，评价公司管理层的诚信状况。

三、公司财务调查

（一）内部控制五要素调查

通过考察控制环境、风险识别与评估、控制活动与措施、信息沟通与反馈、监督与评价等基本要素，评价公司内部控制制度是否充分、合理、有效。通过与公司管理层及员工交谈、查阅公司规章制度等方法，调查公司是否建立会计核算体系、财务管理和风险控制等制度，确保公司财务报告真实可靠及行为合法合规。

通过与公司管理层及员工交谈，查阅董事会、总经理办公会等会议记录，查阅公司规章制度等方法，评价公司是否有积极的控制环境。具体包括考察董事会是否负责批准并定期审查公司的经营战略和重大决策、确定经营风险的可接受水平；考察高级管理人员是否执行董事会批准的战略和政策，以及高级管理人员和董事会间的责任、授权和报告关系是否明确；考察管理层是否促使公司员工了解公司内部控制制度并在其中发挥作用等。

通过与公司管理层交谈、查阅公司相关规章制度和风险评估报告等，考察管理层为识别和评估对公司实现整体目标有负面影响的风险因素所建立的制度或采取的措施，评价公司风险识别与评估体系的有效性。

通过与公司管理层及主要业务流程所涉及部门的负责人交谈，查阅业务流程相关文件，了解业务流程和其中的控制措施。控制措施包括授权与审批、复核与查证、业务规程与操作程序、岗位权限与职责分工、相互独立与制衡、应急与预防等措施。

项目小组应选择一定数量的控制活动样本，采取验证、观察、询问、重新操作等测试方法，评价公司的内部控制措施是否有效实施。

通过与公司管理层和员工交谈，查阅公司相关规章制度等，评价信息沟通与反馈是否有效。具体包括公司是否建立了能够涵盖其全部重要活动，并对内部和外部信息进行搜集和整理的有效信息系统，以及公司是否建立了有效的信息沟通和反馈渠道，确保员工能充分理解和执行公司政策和程序，并保证相关信息能够传达到应被传达到的人员。

通过与公司管理层及内部审计部门交谈，采用询问、验证、查阅内部审计报告和监事会报告等方法，考察公司内部控制监督和评价制度的有效性。

（二）财务风险调查

调查公司在报告期内的主要会计政策和会计估计是否有针对性地结合了公司的业务特点，是否起到有效防范公司特有财务风险的作用。

在上述调查基础上，听取注册会计师意见，评价公司现有内部控制制度在合理保证公司遵守现行法律法规、提高经营效率、保证财务报告的可靠性等方面的效果，关注内部控制制度的缺陷及其可能导致的财务和经营风险。

根据经审计的财务报告，分析公司最近两年及一期的主要财务指标，并对其进行逐年比较。财务指标主要包括毛利率、净资产收益率（包括扣除非经常性损益后净资产收益率）、基本每股收益、稀释每股收益、每股净资产、每股经营活动产生的现金流量净额、资产负债率（以母公司报表为基础）、流动比率、速动比率、应收账款周转率和存货周转率等。除特别指出外，上述财务指标应以合并财务报表的数据为基础进行计算。相关指标的计算应执行证监会的有关规定。在此基础上，分析公司的盈利能力、长/短期偿债能力、营运能力及获取现金能力，综合评价公司财务风险和经营风险，判断公司财务状况是否良好。各项财务指标与同行业公司平均水平相比有较大偏离的，或各项财务指标及相关会计项目有较大变动或异常的，应分析原因并进行重点调查。

根据经审计的财务报告，对公司收入、成本、费用的配比性进行分析性复核。通过分析公司收入、成本、费用的变动趋势、比例关系等，比较同行业其他公司的情况，评价公司收入与成本、费用，成本、费用与相关资产摊销等财务数据之间的配比或勾稽关系是否合理。对明显缺乏合理的配比或勾稽关系的事项，应要求公司管理层做出说明。

（三）应收账款调查

调查公司应收款项的真实性、准确性、完整性和合理性。查阅公司应收账款明细资料，结合公司行业特点和业务收入状况等因素，评价应收账款余额及其变动是否合理。抽查大额应收账款，调查其真实性、收回可能性及潜在的风险。

取得公司其他应收款明细资料，了解大额其他应收款的形成原因，分析其合理性、真实性、收回可能性及潜在的风险。

核查大额预付账款产生的原因、时间和相关采购业务的执行情况。调查应收票据取得、背书、抵押和贴现等情况，关注由此产生的风险。

分析公司应收款项账龄，评价账龄的合理性，了解账龄较长款项的形成原因及公司采取的措施，查核公司是否按规定提取坏账准备、提取是否充分。

（四）存货调查

调查公司存货的真实性、准确性、完整性和合理性。通过查阅公司存货明细资料，结合生产循环特点，分析原材料、在产品、产成品余额之间的比例及其变动是否合理。通过实地查看存货，评估其真实性和完整性。

分析比较公司存货账龄，评价账龄是否合理，了解是否有账龄较长的存货，查核公司是否按规定提取存货跌价准备、提取是否充分。

（五）公司投资调查

调查公司投资的真实性、准确性、完整性和合理性。通过与公司管理层及相关负责人交谈，了解公司投资的决策程序、管理层对投资风险及其控制所采取的措施，重点关注风险较大的投资项目。

采用与公司管理层交谈，查阅股东大会、董事会、总经理办公会等会议记录，查阅投资合同，查阅账簿、股权或债权投资凭证等方法，调查公司长/短期投资的计价及收益确认方法是否符合会计准则的相关规定。

关注公司对纳入合并财务报表范围子公司的投资核算方法是否恰当。听取注册会计师的意见，关注影响子公司财务状况的重要方面，评价其财务报表信息的真实性。

调查公司固定资产和折旧的真实性、准确性、完整性和合理性。

（六）固定资产与折旧调查

通过查阅公司经审计的财务报告，询问会计人员，了解公司固定资产的计价政策、固定资产折旧方法、固定资产使用年限和残值率的估计，评价相关会计政策和估计是否符合会计准则的相关规定。通过查阅账簿、实地查看等方法，考察公司固定资产的构成及状况。

根据公司固定资产折旧政策，对固定资产折旧进行重新计算。分析累计折旧占固定资产原值的比重，判断固定资产是否面临淘汰、更新、大修、技术升级等情况，并评价其对公司财务状况和持续经营能力的影响程度。

关注公司购建、处置固定资产等是否履行了必要的审批程序，手续是否齐全。

（七）无形资产调查

调查公司无形资产的真实性、准确性、完整性和合理性。

通过查阅公司经审计的财务报告、询问会计人员，了解公司无形资产的计价政策、摊销方法、摊销年限，评价相关会计政策和估计是否符合会计准则的相关规定，判断其合理性。

通过查阅投资合同、资产评估报告、资产权属证明、账簿等方法，对股东投入的无形资产，评价无形资产的入账价值是否有充分的依据，关注投资方取得无形资产的方式是否合法。对公司购买的无形资产，关注出售方与公司是否存在关联方关系，无形资产定价是否合理。对公司自行开发的无形资产，关注其确认时间和价值是否符合会计准则的相关规定。

关注处置无形资产是否履行了必要的审批程序，手续是否齐全。当预计某项无形资产已经不能带来经济效益时，关注公司是否已将该项无形资产的账面价值予以转销。

（八）资产减值准备情况调查

调查公司资产减值准备的真实性、准确性、完整性和合理性。

通过查阅公司经审计的财务报告、询问会计人员等方法，了解公司各项资产减值准备的计提方法是否符合会计准则的相关规定，依据是否充分，比例是否合理。

采用重新计算、分析等方法，考察公司资产减值准备的计提情况是否与资产质量状况相符。

关注公司资产减值准备的计提、冲销和转回等是否履行了必要的审批程序，计提方法和比例是否随意变更，金额是否异常，分析是否存在利用资产减值准备调节利润的情形。

（九）历次评估情况调查

通过查阅公司董事会决议、相关的资产评估报告，与公司相关业务人员交谈，咨询专业资产评估机构等方法，调查公司自成立之日起的历次资产评估情况。具体包括资产评估的原因及相关用途；资产评估机构的名称及主要评估方法，资产评估前的账面值，评估值及增减情况，增减变化幅度较大的，应说明原因。

（十）应付账款调查

调查公司应付款项的真实性、准确性、完整性和合理性。

查阅公司应付账款明细资料，结合公司行业特点和业务状况等因素，评价应付账款余额及其变动是否合理。抽查大额应付账款，调查其真实性、产生的原因和时间，以及相关采购业务的执行情况。核查应付票据的产生以及票据的利息核算，关注由此产生的风险。

分析公司应付账款和其他应付款账龄的合理性，了解账龄较长款项的形成原因及公司采取的措施。

（十一）收入调查

调查公司收入的真实性、准确性、完整性和合理性。

通过询问会计人员，查阅银行存款、应收账款、收入等相关账簿，查阅公司销售商品或提供劳务的合同与订单、发出商品或提供劳务的凭证、收款凭证、发票、关税等完税凭证、销售退回凭证等，了解公司的收入确认会计政策是否符合会计准则的相关规定。

核查公司是否虚计收入、是否存在提前或延迟确认收入的情况；了解公司收入构成，分析公司产品的价格、销量等影响因素的变动情况，判断收入是否存在异常变动或重大变动，并调查原因。关注公司销售模式对其收入确认的影响及是否存在异常。

（十二）成本调查

调查公司成本的真实性、准确性、完整性和合理性。

通过查阅公司的生产流程管理文件和财务文件，与公司业务人员、会计人员访谈等方法，了解公司生产经营各环节的成本核算方法和步骤，确认公司的成本核算方法是否与业务情况相符，报告期内是否发生变化。取得公司主要产品或服务的成本明细表，分析产品或服务的单位成本构成情况，并结合公司生产经营情况、市场和同行业企业情况（如原材料市场价格、燃料和动力的耗用量、员工工资水平等），判断公司成本的合理性；关注公司是否存在未及时结转成本的情况。

（十三）费用调查

调查公司广告费、研发费用、利息费等费用项目的真实性、准确性、完整性和合理性。

通过查阅重要广告合同、付款凭证等方法，分析广告费的确认时间和金额是否符合会计准则的相关规定，关注公司是否存在提前或延迟确认广告费的情况。

通过查阅账簿、凭证方法，询问相关业务人员等方法，调查公司是否存在将研究费用资本化的不合理情况。

通过查阅资本支出凭证、利息支出凭证、开工证明等资料，现场查看固定资产购建情况，重新计算利息费用等方法，调查公司利息费用资本化的情况是否符合会计准则的相关规定。

对计入当期损益的利息费用，通过查阅借款合同、资金使用合同、利息支出凭证，重新计算等方法，调查公司利息费用是否真实、完整，关注逾期借款利息、支付给关联方的资金使用费等，评价公司是否存在财务费用负担较重的风险以及有关利息费用支付合同的有效性和公允性。

（十四）非经常性损益调查

调查公司非经常性损益的真实性、准确性、完整性和合理性。

取得公司非经常性损益明细表，计算非经常损益及其占利润总额的比例。对非经常性损益占利润总额比例较高的，应通过查阅相关事项法律文件、审批记录、账簿、凭证、合同等方法，分析相关损益同公司正常经营业务的关联程度以及可持续性，判断其对公司财务状况和经营成果的影响。

（十五）股利政策调查

调查公司最近两年的股利分配政策、实际股利分配情况以及公司股票公开转让后的股利分配政策。

（十六）合并财务报表调查

调查公司合并财务报表。

通过查阅公司及其子公司经审计的财务报告，结合对公司投资事项的调查，了解公司与其子公司的股权关系，调查公司合并范围的确定及变动是否合理、公司与其子公司会计期间和会计政策是否一致及不一致时的处理是否符合相关规定、尽职调查所涵盖期间内合并范围是否发生变动，评价公司合并财务报表合并抵销的内容和结果是否准确。

对于纳入合并范围的子公司，应对其财务状况按照本指引的要求一并进行调查。

（十七）关联方及关联关系调查

调查公司的关联方、关联方关系及关联方交易，说明相应的决策权限、决策程序、定价机制等情况，并根据交易的性质和频率，分别评价经常性和偶发性关联交易对公司财务状况和经营成果的影响。

通过与公司管理层交谈、查阅公司股权结构图和组织结构图、查阅公司重要会议记录和重要合同等方法，确认公司的关联方及关联方关系。

通过与公司管理层、会计机构和主要业务部门负责人交谈、查阅账簿和相关合同、听取律师及注册会计师意见等方法，调查公司关联方交易的以下内容。

（1）决策是否按照公司章程或其他规定履行了必要的审批程序；定价是否公允，与市场独立第三方价格是否有较大差异。如有，管理层应说明原因。

（2）来自关联方的收入占公司主营业务收入的比例、向关联方采购的金额占公司采购总额的比例。

（3）关联方的应收、应付款项余额分别占公司应收、应付款项余额的比例是否较大，关注关联方交易的真实性和关联方应收款项的可收回性。

（4）关联方交易产生的利润占公司利润总额的比例是否较大。

（5）关联方交易有无大额销售退回情况。如有，关注其对公司财务状况的影响。

（6）是否存在关联关系非关联化的情形。例如，与非正常业务关系单位或个人发生的偶发性或重大交易，缺乏明显商业理由的交易，实质与形式明显不符的交易，交易价格、条件、形式等明显异常或显失公允的交易，应当考虑是否为虚构的交易、是否实质上是关联方交易、该交易背后是否还有其他安排。

（7）关联方交易存在的必要性和持续性，以及减少和规范关联方交易的具体安排。

（十八）审计意见及事务所变更调查

核查注册会计师对公司财务报告的审计意见。

通过查阅审计报告，核实注册会计师对公司财务报告出具的审计意见类型。如审计意见为带强调事项段的无保留意见，应要求公司董事会和监事会对审计报告涉及事项的处理情况做出说明，并关注该事项对公司的影响是否重大、影响是否已经消除、违反公允性的事项是否已予纠正。公司最近两年更换会计师事务所的，项目小组应通过咨询会计人员、查阅会议记录、取得公司管理层说明等方法，调查公司更换会计师事务所的原因、履行审批程序情况，以及前后任会计师事务所的专业意见情况等。

四、公司合法合规调查

（一）股权情况调查

（1）通过查阅公司的设立批准文件、营业执照、公司章程、工商变更登记资料、工商年检等文件，判断公司设立、存续的合法性，核实公司设立、存续是否满两年。

（2）调查公司历次股权变动的情况，包括转让协议、转让价格、资产评估报告（如有）、新股东所取得的各种特殊权利（如优先清算权、优先购买权、随售权等）、此次转让后变更的公司章程以及董事会的变化情况。

（二）公司设立及存续情况调查

主办券商应对有限责任公司整体变更为股份有限公司（以下简称"改制"）进行重点调查。调查内容包括：查阅公司改制的批准文件、营业执照、公司章程、工商登记资料等文件，判断公司改制的合法合规性；查阅审计报告、验资报告等，调查公司改制时是否以变更基准日经审计的原账面净资产额为依据，折合股本总额是否不高于公司净资产；通过咨询公司律师或法律顾问、查阅董事会和股东会决议等文件，调查公司最近两年内主营业务和董事、高级管理人员是否发生重大变化，实际控制人是否发生变更，如发生变化或变更，判断对公司持续经营的影响。

（三）重大违法违规调查

调查公司最近两年股权变动的合法合规性以及股本总额和股权结构是否发生变化。通过咨询公司律师或法律顾问，查阅已生效的判决书、行政处罚决定书以及其他能证明公司存在违法违规行为的证据性文件，判断公司是否存在重大违法违规行为。通过询问公司管理层，查阅公司档案，向税务部门查询等，了解公司是否有违法违规记录。

通过与公司股东或股东的法定代表人交谈、查阅工商变更登记资料等，调查公司股份是否存在转让限制的情形，并取得公司股东或股东的法定代表人的股份是否存在质押等转让限制情形、是否存在股权纠纷或潜在纠纷的书面声明。

（四）财产合法性调查

调查公司主要财产的合法性，是否存在法律纠纷或潜在纠纷以及其他争议。

通过查阅公司房产，土地使用权、商标、专利、版权、特许经营权等无形资产，以及主要生产经营设备等主要财产的权属凭证、相关合同等资料，咨询公司律师或法律顾问的意见，必要时进行实地查看，重点关注公司是否具备完整、合法的财产权属凭证，商标权、专利权、版权、特许经营权等的权利期限情况，判断是否存在法律纠纷或潜在纠纷。

（五）重大债务调查

调查公司的重大债务，重点关注将要履行、正在履行以及虽已履行完毕但可能存在潜在纠纷的重大合同的合法性、有效性，是否有因环境保护、知识产权、产品质量、劳动安全、人身权等原因产生的债务，以及公司金额较大的其他应付款是否因正常的生产经营活动发生、是否合法。

（六）纳税情况调查

调查了解公司的纳税情况是否符合法律、法规和规范性文件的要求。

通过询问公司税务负责人，了解公司及其控股子公司执行的税种、税率，查阅公司的纳税申报表、税收缴款书、税务处理决定书或税务稽查报告等资料，关注公司纳税情况是否符合法律、法规和规范性文件的要求，公司是否存在拖欠税款的情形，是否受过税务部门的处罚。

通过查阅公司有关税收优惠、财政补贴的依据性文件，判断公司享受优惠政策、财政补贴是否合法、合规、真实、有效。

（七）环境保护产品质量、技术标准调查

调查公司环境保护和产品质量、技术标准是否符合相关要求。

通过询问公司管理层及相关部门负责人、咨询公司律师或法律顾问、取得公司有关书面声明等，关注公司生产经营活动是否符合环境保护的要求，是否受过环境保护部门的处罚。

公司产品是否符合有关产品质量及技术标准，是否受过产品质量及技术监督部门的处罚。

（八）其他调查

通过对公司控股股东、实际控制人、董监高、核心技术（业务）人员访谈，询问公司律师或法律顾问，核查公司是否存在违约金或诉讼、仲裁费用的支出。通过走访公司住所地的法院和仲裁机构等方法，调查公司是否存在重大诉讼、仲裁和其他重大或有事项，分析该等已决和未决诉讼、仲裁与其他重大或有事项对公司的重大影响，并取得管理层对公司重大诉讼、仲裁和其他重大或有事项情况及其影响的书面声明。

11.2 房地产信托尽职调查

11.2.1 房地产信托尽职调查概念

房地产信托尽职调查是指业务人员遵循审慎稳健、实事求是的原则，通过实地考察、查看、查询等方法，对申请立项的房地产信托项目之影响业务安全性的因素进行全面调查，并确认借款人、担保人等交易合作方（下称"交易对手"）提供信息真实性的过程。

为进一步规范房地产信托业务的操作规程，提高房地产信托项目尽职调查工作的准确性、有效性和全面性，防范和控制业务风险，相关部门根据《中华人民共和国公司法》《中华人民共和国信托法》《信托公司管理办法》，制定了《房地产信托业务尽职调查工作指引》。

11.2.2 房地产信托尽职调查基本要求

（1）房地产项目尽职调查实行项目小组制，每组人数须为 2 人以上。项目小组成员应具备法律、财务、房地产行业等方面的相关知识。项目小组亦可根据需要外聘会计师事务所、律师事务所等中介机构一同参与尽职调查。

（2）项目小组对拟投资的房地产开发项目（以下简称"目标项目"）调查和交易对手资料的验证应以实地直接调查为主，间接调查为辅。尽职调查工作方式包括但不限于现场核查，法律文件审查，财务凭证审验，函证，人员询问笔录，网络查询，以及审核第三方会计师、律师和评估师出具的报告或意见书等。具体形式包括以下方面。

①与交易对手管理层（包括董事、监事及高级管理人员，下同）座谈。

②查阅交易对手之工商登记资料、重要会议记录、重要合同、账簿、审计报告、凭证等。

③实地察看重要实物资产。

④通过比较、重新计算等方法对财务数据进行分析，从中发现问题，并掌握产生这些问题的原因。

⑤询问交易对手相关人员。

⑥与会计师事务所、律师事务所等中介机构合作，充分听取专业人士的意见。

⑦以面谈、发函询证等方式向包括交易对手之客户、债权人、行业主管部门、同行业其他公司及金融机构等在内的第三方就有关问题进行查询。

⑧通过网络、报刊、电台等渠道查询社会公开信息。

⑨其他可以采用的方式和措施。

（3）项目小组应根据交易对手及目标项目特点，对相关风险点进行重点调查。

（4）项目小组进行尽职调查时，应对尽职调查工作留痕，认真做好记录并由随行人员签字。记录方式包括但不限于对交易对手的证照原件、主要资产进行复印、扫描、现场拍照等方式。前述资料应作为尽职调查报告的附件。

（5）项目小组应根据尽职调查情况出具尽职调查报告。尽职调查报告应列明尽职调查工作的内容以及结论。

11.2.3　房地产信托尽职调查主要内容和方法

（一）交易对手基本情况调查

1. 交易对手设立、变更情况及开发资质调查

项目小组应通过查阅交易对手的设立批准文件、营业执照、房地产开发资质证书、公司章程（包括历次章程修正案）等文件资料，核查交易对手设立程序、合并及分立情况、工商变更登记、年度检验、房地产开发资质等级等事项，对交易对手的设立、存续、变更、经营情况的合法性做出判断。因资料不全、不符、真伪不明，导致无法做出判断时，应到工商管理部门进行核查。

对于系非企业的或境外设立的交易对手，项目小组应调查是否依其注册地法律有效成立及存续，核实其主体资格。如该交易对手为担保人，应调查其是否具备担保资格，必要时可委托交易对手所在地律师进行调查，出具相关法律意见。根据交易对手注册地的法律法规，项目小组还须进行其他相关的合规性调查。

2. 交易对手发起人出资情况调查

项目小组应通过查阅交易对手的营业执照、发起协议、验资报告、历次股东会决议、章程修正案、发起人的营业执照或身份证明文件等有关资料，核查发起人是否已足额缴纳出资、出资是否符合法律规定、是否存在抽逃资金等情况。如发起人未足额缴纳出资，应进一步了解未足额缴纳的原因、是否已构成违法违约。如发起人以实物、知识产权、土地使用权等非货币资产出资，应核查资产的产权过户情况，并查阅资产评估报告，分析资产产权的合法性及评估结果的合理性。

3. 交易对手股权结构、下属企业及股东背景调查

项目小组应通过查阅交易对手的营业执照、历次股东会决议、章程修正案、审计报告等资料，及与金融机构、交易对手之同行业机构、行业主管部门、法定代表人、高管进行访谈，核查交易对手的股权结构（股东名称、出资金额、出资方式、持股比例）、下属企业的情况（控股 50% 以上的子公司名称、注册资本、控股比例、主营业务）及股东背景，了解有关直接持股和间接持股的情况。对于交易对手股东背景，必须追溯到交易对手的最终股东，了解最终股东对交易对手的持股状况和控制程度。如交易对手系民营、私营或集体企业，还要关注其创业、发展和经营的历史。

4. 交易对手团队及自然人保证人调查

项目小组应取得交易对手实际控制人、核心管理人员（法定代表人、董事长、总经理、财务经理等）或自然人保证人的个人简历，以及中层管理人员的素质结构，全部员工的概况等资料。对交易对手实际控制人、法定代表人或自然人保证人，项目小组应通过工商档案、网络、交易对手之同行业机构、行业主管部门等相关渠道查询其个人身份证明的真实性。

（二）交易对手经营状况调查

1. 交易对手管理层经营目标、经营理念调查

项目小组可通过与公司管理层访谈，查阅股东大会、董事会、监事会、总经理办公会会议记录等方法，了解交易对手长/短期经营目标、拟采取的措施及其对公司经营和财务状况的影响。考察管理层的经营理念与风险意识，关注影响公司经营的重要决策及公司战略可感知的优劣势是否与目前的市场趋势完全一致，关注交易对手管理层的行业经验及是否采取前瞻性判断及行动。

2. 交易对手的项目运营及开发能力调查

项目小组可通过网络、交易对手之同行业机构、行业主管部门等相关渠道，查阅交易对手的审计报告等资料，了解交易对手所开发楼盘历史情况及交易对手品牌市场效应情况，包括所开发楼盘的规模、定位、市场反应、利润率等情况以及交易对手的知名度、市场份额、美誉度等情况，以评估交易对手的项目运营水平及开发能力。

3. 交易对手的资产质量及区域多元化调查

项目小组可通过与公司管理层访谈、查阅相关权属资料等方法，了解交易对手的土地储备情况及构成主营业务收入（或投资收益）来源的开发项目情况，关注土地储备及项目的类型、地理位置、区域优势及增/贬值幅度，并对土地储

备及构成主营业务收入（或投资收益）来源的项目按类别分析其投资回报或未来销售前景，评估交易对手资产的流动性、区域组合的有效性及获得高增值土地的能力。

4．交易对手的新项目开发及重大投资情况调查

项目小组可通过查阅股东大会、董事会、监事会、总经理办公会会议记录、财务报告等方法，了解交易对手新产品（新项目）开发及重大投资情况，并与公司管理层访谈，了解交易对手对新项目开发的态度、发展战略是否基于新项目开发而制定、被执行战略是否在公司以往业绩被证实的区域或领域内完成，评估交易对手对新项目开发的投机成分、新项目开发风险是否有限、风险存在多大敞口及新项目开发失败对交易对手的财务影响。

5．交易对手的管理能力调查

项目小组可通过与公司管理层访谈，查阅股东大会、董事会、监事会、总经理办公会会议记录、财务报告等方法，了解交易对手财务集约化管理水平及内控机制，包括公司重大决策是否经过充分科学论证并达到预期目标、管理层是否团结协作、公司组织机构是否健全及合理、信用管理体系及业务监控机制是否完备、战略收益是否高于执行的潜在成本，并着重关注交易对手有无重大决策失误、是否缺乏权力制衡机制、员工满意度是否较低、资金管理及使用是否粗放并导致浪费、主要客户是否违约并产生重大财务影响等情况。

6．交易对手的行业地位调查

项目小组可通过网络、交易对手之同行业机构、行业主管部门等相关渠道，了解交易对手所开发项目在区域行业内的竞争地位、排名，以及交易对手在所在区域或全国范围内房地产行业的综合实力排名。

（三）交易对手财务状况调查

1．交易对手的财务数据调查

项目小组应取得交易对手最近三年及一期的财务报表，并关注是否经审计、审计机构名称、审计意见类型等信息。

若交易对手不能出具审计报告，可根据评估及决策需要，安排必要的专项审计。

如审计意见为非标准无保留意见，应要求公司董事会和监事会对审计报告涉及事项处理情况做出说明，并关注该事项对公司的影响是否重大、影响是否已经消除、违反公允性的事项是否已经予以纠正。

交易对手最近两年更换会计师事务所的，项目小组应通过咨询会计人员、查阅会议记录、取得公司管理层说明等方法，了解交易对手更换会计师事务所的原因。

对于境外设立的交易对手，必要时项目小组可聘请交易对手所在地会计师事务所或其他中介机构进行财务、资产评估、审计。

2．交易对手的财务指标调查

项目小组应根据经审计的财务报告或最近时点财务报表，分析交易对手主要财务指标，调查相关财务风险。

（1）计算交易对手主营业务利润率、净资产收益率、资产负债率、流动比率、速动比率、应收账款周转率和存货周转率等指标，分析交易对手的盈利能力、长/短期偿债能力及营运能力。各项财务指标与房地产行业平均水平相比有较大偏离的，或各项财务指标及相关会计项目有较大变动的，应要求交易对手做出说明。

（2）分析交易对手现金及现金等价物净增加额和经营活动产生的现金流量净额，重点关注经营活动创造现金的充分性和稳定性，评估交易对手是否经营正常。

（3）取得交易对手存货、应收账款和其他应收款明细资料，结合房地产行业特点，分析比较交易对手存货、应收账款和其他应收款账龄，评价存货、应收账款和其他应收款余额及其变动是否合理，了解账龄较长的存货、应收款项的形成原因及交易对手采取的措施。

（4）取得交易对手短期负债和长期负债明细资料，查阅借款合同，了解各项借款的保证条款，查看银行贷款卡相关信息，分析目前交易对手的负债与资产以及在本次融资后的负债结构和总规模与总资产的配比情况，分析负债对交易对手经营和现金流量的影响。

3．交易对手关联方交易及非经常性损益调查

项目小组应通过查阅审计报告，与公司管理层访谈，查阅公司股权结构图和组织结构图、重要会议记录和重要合同等方法，了解交易对手生产经营中存在的关联方交易及非经常性损益事项，了解具体方式、途径及对公司经营的影响程度，对交易对手的盈利能力做出实质性判断。

4．交易对手资金结构和融资渠道调查

项目小组应分析交易对手现金流量流入流出结构，包括交易对手经营、投资、筹资活动的现金流入比及流出比，评价交易对手融资及销售渠道是否畅通、是否存在资金缺口。了解交易对手现有资金结构、融资渠道、未来资金需求及融资计划，评估资金缺口是否可以得到解决及融资能力对公司经营的影响。

5. 交易对手收入调查

项目小组应分析交易对手各类产品（或项目）近三年的收入（或投资收益）及其在全部收益中的比重、交易对手之主要客户或市场分布等情况，了解交易对手的收入来源，评估交易对手未来的收入是否可靠及稳定。

6. 交易对手的重大债务调查

项目小组应通过查阅财务报表、审计报告以及中国人民银行企业信用信息基础数据库系统，查阅相关合同、董事会决议等方式，调查交易对手债务状况，重点关注将要履行、正在履行以及虽已履行完毕但可能存在潜在纠纷的重大合同的合法性、有效性，判断交易对手与关联方之间是否存在重大债权债务关系，金额较大的其他应收款、其他应付款的合法性和真实性。对于对交易对手偿债能力及担保能力有重大影响的重大债务事项，应进行函证核实。

7. 交易对手对外担保的调查

项目小组应通过查阅审计报告以及中国人民银行企业信用信息基础数据库系统，与交易对手的法定代表人及授权代表进行访谈，查阅交易对手董事会和股东大会的会议记录和与保证、抵押、质押等担保事项有关的重大合同，统计交易对手对外担保的金额及其占净资产的比例。

重点关注对交易对手偿债能力或担保能力有重大影响的担保事项，评价交易对手履行担保责任的可能性及金额，必要时应了解被担保方的偿债能力及反担保措施。

（四）交易对手法律状况调查

1. 交易对手重大违法违规行为调查

项目小组应通过与交易对手法定代表人、高管进行访谈，查阅档案，向主管部门及社会公开信息查询等多种方式，了解交易对手是否有违法违规记录。

对交易对手法定代表人、高管、自然人保证人，应通过中国人民银行个人征信系统核查是否存在不良记录。

2. 交易对手主要资产的合法性调查

项目小组应通过查阅财产权属凭证、购置文件等资料的方式，对交易对手主要资产，包括但不限于房屋、机器设备等实物资产及专利权、特许经营权等无形资产，进行财产权属的合法性及完备性核查。对于对交易对手偿债能力及担保能力有重大影响的核心资产，应向土地、房产、工商、知识产权等管理部门核实。

3. 交易对手重大诉讼、仲裁及未决诉讼、仲裁情况调查

项目小组应通过社会公开信息查询，与交易对手的法定代表人、高管、法

务人员、律师或法律顾问访谈，查阅公司的重大合同、董事会会议记录等方式获取交易对手已有及或有诉讼及仲裁事项信息。对已存在并可能对交易对手偿债能力或担保能力产生重大影响的事项，应取得律师或法律顾问的专业意见及相关证据。

（五）担保财产的调查

1. 担保财产价值调查

项目小组可查阅担保财产价值评估报告，或在必要时委托第三方对担保财产进行价值评估，以了解担保财产价值。同时应在对担保财产（包括但不限于抵押物、质物）进行合法性调查的基础上，进一步了解担保财产有无出租、抵押、质押、查封、留置、优先权、限制流通等权利限制，并评估权利限制对担保价值的影响。

2. 担保财产流动性调查

项目小组可通过向行业内专家或第三方专门机构咨询等方式，判断担保财产的稀缺性及流动性，以评估担保财产的市场前景和变现风险。

3. 担保登记及处置方式调查

项目小组可通过向登记主管部门、行业内专家或律师事务所等第三方机构咨询等方式，了解办理担保登记及对担保财产进行处置的方式、要求、流程及所需时间，以评估担保的可行性。

11.2.4　房地产信托尽职调查工作监督

（1）部门领导及其授权的人员负责对尽职调查工作进行监督和评估。

（2）经批准立项的项目，项目小组提出项目审议申请时，应当同时提交相应阶段的尽职调查报告及相关底稿文件。

（3）部门领导及其授权的人员有权要求项目小组对未尽事宜重新或进一步履行尽职调查责任。

（4）项目发生重大事项变化，项目小组应及时报告，由部门领导及其授权的人员决定是否继续执行。

11.2.5　房地产信托尽职调查档案管理

尽职调查工作应形成底稿（格式见表 11-1），底稿体现的内容具体包括但不限于：尽职调查的各种书面记录文件、会议记录、开发项目或交易对手的有关政府批准文件、法律文件、制度文件、财务资料、承诺文件、合同文件、行业调查资料、诉讼等重大事项的有关文件，必须妥善保管。

《尽职调查报告》应当与底稿体现的内容完全一致，并以底稿为依据。

表 11-1　尽职调查工作底稿

项目名称：　　　　　　　编号：

调查地点		调查时间	
合作方人员			
调查方法			
调查过程及内容			
调查结论			
其他应说明的事项			
附件	（尽职调查取得的相关资料，直接附在底稿后）		

调查人员：（签字）

11.3　公司债券承销业务尽职调查

11.3.1　公司债券承销业务尽职调查概念

公司债券承销业务尽职调查是指承销机构及其业务人员勤勉尽责地对发行人进行调查，以了解发行人经营情况、财务状况和偿债能力，并有合理理由确信募集文件真实、准确、完整以及核查募集文件中与发行条件相关的内容是否符合相关法律法规及部门规章规定的过程。

为规范承销机构开展公司债券承销业务，促进承销机构做好尽职调查工作，中国证券业协会根据《公司债券发行与交易管理办法》《公司债券承销业务规范》等相关法律法规、规范性文件和自律规则，制定《公司债券承销业务尽职调查指引》。法律法规、自律组织等对公司债券承销业务尽职调查工作另有规定的应当从其规定。

11.3.2　公司债券承销业务尽职调查基本要求

（1）承销机构应当建立健全内部控制制度，确保参与尽职调查工作的业务人员能够恪守独立、客观、公正的原则，具备良好的职业道德和专业胜任能力。

（2）尽职调查过程中，对发行人发行的募集文件中无中介机构及其签名人员专业意见支持的内容，承销机构应当在获得合理的尽职调查材料并对各种尽职调查材料进行综合分析的基础上进行独立判断。

（3）对发行人发行的募集文件中有中介机构及其签名人员出具专业意见的内容，承销机构应当结合尽职调查过程中获得的信息对专业意见的内容进行审慎核查。对专业意见存有异议的，应当主动与中介机构进行协商，并可以要求其做出解释或出具依据；发现专业意见与尽职调查过程中获得的信息存在重大差异的，应当对有关事项进行调查、复核，并可以聘请其他中介机构提供专业服务。

（4）尽职调查工作完成后，承销机构应当撰写尽职调查报告。同时，承销机构应当建立尽职调查工作底稿制度，工作底稿应当真实、准确、完整地反映尽职调查工作。

（5）尽职调查工作底稿及尽职调查报告应当妥善存档，保存期限在公司债券到期或本息全部清偿后不少于五年。

11.3.3　公司债券承销业务尽职调查内容和方法

一、基本方法

承销机构开展尽职调查可以采用查阅、访谈、列席会议、实地调查、信息分析、印证和讨论等方法。

二、主要内容

公开发行公司债券的，尽职调查内容包括但不限于以下方面。

（一）调查发行人基本情况

调查发行人基本情况的主要内容包括但不限以下方面。

1. 历史沿革、股权结构、控股股东及实际控制人

承销机构应当查阅发行人工商登记文件、股权结构图、股东名册，了解发行人设立及最近三年内实际控制人变化情况、重大资产重组情况及报告期末的前十大股东情况。相关重大资产重组涉及资产评估事项的，应当简要查阅资产评估报告。

承销机构应当调查发行人的控股股东及实际控制人的基本情况（包括证监会证券期货市场失信信息公开查询平台、中国人民银行征信中心、国家企业信用信息公示系统、国家税务总局的重大税收违法失信案件信息公布栏、中国执行信息公开网显示的该控股股东或实际控制人的诚信状况）及变更情况。实际控制人应当调查到最终的国有控股主体或自然人为止。

若发行人的控股股东或实际控制人为自然人，承销机构应当调查其简要背景、与其他主要股东的关系及直接或间接持有的发行人股份/权被质押或存在争议的情况，及该自然人对其他企业的主要投资情况。

若发行人的控股股东或实际控制人为法人，承销机构应当调查该法人的名称及其主要股东，包括但不限于该法人的成立日期、注册资本、主要业务、主要资产情况、最近一年合并财务报表的主要财务数据（注明是否经审计）、所持有的发行人股份/权被质押或存在争议的情况。

2．发行人对其他企业的重要权益投资

承销机构应当查阅发行人对其他企业的重要权益投资情况，包括主要子公司以及其他有重要影响的参股公司、合营企业和联营企业的基本情况、主营业务、近一年的主要财务数据（包括资产、负债、所有者权益、收入、净利润等）及其重大增减变动的情况及原因。

3．经营范围及主营业务

承销机构应当查阅发行人的营业执照、从事业务需要的许可资格或资质文件（如有），了解发行人所从事的主要业务、主要产品（或服务）的用途、所在行业状况及发行人面临的主要竞争状况、经营方针及战略。

承销机构应当结合行业属性和企业规模等，通过访谈等方式，了解发行人的经营模式，调查发行人的采购模式、生产或服务模式和销售模式。

承销机构应当关注发行人对供应商和客户的依赖程度，以及供应商和客户的稳定性。承销机构应当调查与发行人业务相关的情况，包括但不限于报告期业务收入的主要构成及各期主要产品或服务的规模、营业收入，报告期内主要产品或服务上下游产业链情况。

承销机构应当了解报告期内主要产品（服务）的产能、产量、销量、销售收入变动情况、原材料及能源供应变动情况。

4．公司治理及内部控制

承销机构应当查阅发行人公司章程、会议记录、会议决议等，咨询律师或法律顾问，了解发行人的组织结构。查阅发行人治理有关文件，了解发行人现任董事、监事、高级管理人员的基本情况（至少包括姓名、现任职务及任期、从业简历、兼职情况、持有发行人股份/权和债券的情况），了解董事、监事、高级管理人员的任职是否符合《公司法》及《公司章程》的规定。查阅发行人股东会或股东大会（或者法律法规规定的有权决策机构）、董事会（如有）、监事会（如有）的议事规则，关注发行人法人治理结构及相关机构最近三年内的运行情况。

承销机构应当查阅发行人会议记录、规章制度等，访谈管理层及员工，咨询审计机构，了解发行人会计核算、财务管理、风险控制、重大事项决策等内部管理制度的建立及运行情况。

承销机构应当调查发行人与控股股东、实际控制人在业务、资产、人员、财务、机构等方面的独立性，发行人的关联方、关联关系、关联交易及关联交易的决策权限、决策程序、定价机制，最近三年内是否存在资金被控股股东、实际控制人及其关联方违规占用，或者为控股股东、实际控制人及其关联方提供担保的情形。

（二）调查发行人财务会计信息

1. 调查基本范围

承销机构应当查阅发行人最近三年及一期的资产负债表、利润表及现金流量表，发行人编制合并财务报表的，承销机构应当查阅合并财务报表和母公司财务报表。最近三年及一期合并财务报表范围发生重大变化的，承销机构应当调查合并财务报表范围的具体变化情况、变化原因及其影响。对于最近三年内进行过导致公司主营业务和经营性资产发生实质变更的重大资产购买、出售、置换的发行人，承销机构应当查阅重组完成后各年的资产负债表、利润表、现金流量表，以及重组前一年的备考财务报表和备考报表的编制基础等最近三年及一期的财务报表。承销机构应当查阅发行人最近三年及一期的主要财务指标以及发行人管理层做出的关于发行人最近三年及一期的财务分析的简明结论性意见，调查发行人资产及负债结构、现金流量、偿债能力、近三年的盈利能力、未来业务目标以及盈利能力的可持续性。

2. 比较分析

承销机构应当对发行人最近三年及一期的主要会计数据和财务指标进行比较，对发生重大变化的应当进行分析。

（1）分析报告期内各期营业收入的构成及比例，分析营业收入的增减变动情况及原因。

（2）分析报告期内各期主要费用（含研发）及其占营业收入的比重和变化情况。

（3）分析报告期内各期重大投资收益和计入当期损益的政府补助情况。

（4）分析报告期内各期末主要资产情况及重大变动分析。

（5）分析报告期内各期末主要负债情况。有逾期未偿还债项的，应当说明其金额、未按期偿还的原因等。

承销机构应当分析发行人最近一个会计年度期末有息债务的总余额、债务期限结构、信用融资与担保融资的结构等情况，以及发行公司债券后公司资产及负债结构的变化。

3．会计师事务所意见

会计师事务所曾对发行人最近三年财务报告出具非标准无保留意见的，承销机构应当查阅发行人董事会（或者法律法规及公司章程规定的有权机构）关于非标准无保留意见审计报告涉及事项处理情况的说明以及会计师事务所及注册会计师关于非标准无保留意见审计报告的补充意见。

4．或有信息

承销机构应当调查发行人可能影响投资者理解公司财务状况、经营业绩和现金流量情况的信息，并加以必要的说明。

承销机构应当查阅发行人财务报表附注中的资产负债表日后事项、或有事项及其他重要事项，包括对公司财务状况、经营成果、声誉、业务活动、未来前景等可能产生较大影响的诉讼或仲裁、担保等事项。

承销机构应当查阅发行人截至募集说明书签署之日的资产抵押、质押、担保和其他权利限制安排，以及除此以外的其他具有可以对抗第三人的优先偿付负债的情况。

（三）调查发行人资信情况

承销机构可以通过查阅纳税凭证、借款合同与还款凭证等资料、咨询律师或法律顾问以及查询公共诚信系统（如证监会证券期货市场失信信息公开查询平台、中国人民银行征信中心、国家企业信用信息公示系统、国家税务总局的重大税收违法失信案件信息公布栏、中国执行信息公开网）、中国裁判文书网等的方式，了解发行人的诚信状况，调查发行人获得主要贷款银行的授信情况、使用情况。了解发行人近三年与主要客户发生业务往来时，是否有严重违约现象。了解发行人近三年发行的债券、其他债务融资工具以及偿还情况，以及本次发行后的累计公司债券余额及其占发行人最近一期净资产的比例。如曾对已发行的公司债券或其他债务有违约或延迟支付本息的事实，承销机构应当调查相关事项的处理情况和对发行人的影响。

承销机构应当重点关注发行人最近三年的流动比率、速动比率、资产负债率、利息保障倍数、贷款偿还率、利息偿付率等财务指标。

（四）调查债券评级情况

承销机构应当对评级机构出具的评级报告内容进行核查，并结合尽职调查情况进行验证。发行人最近三年内因在境内发行其他债券、债务融资工具进行资信评级且主体评级结果与本次评级结果有差异的，应当予以重点关注。

1. 调查募集资金用途

募集资金用于项目投资、股权投资或收购资产的，承销机构应当调查拟投资项目的基本情况、股权投资情况、拟收购资产的基本情况。

募集资金运用于涉及立项、土地、环保等有关报批事项的，承销机构应当核查取得的有关主管部门批准的情况。

募集资金用于补充流动资金或者偿还银行贷款的，承销机构应当调查补充流动资金或者偿还银行贷款的金额和对公司财务状况的影响。

2. 调查债券增信措施及相关安排

提供保证担保的，且保证人为法人或其他组织，承销机构应当查阅保证人有关资料，调查保证人情况，包括但不限于以下方面。

（1）基本情况（属融资性担保机构的，核实其业务资质）。

（2）最近一年及一期财务报告，重点关注净资产、资产负债率、净资产收益率、流动比率、速动比率等主要财务指标。

（3）资信状况，包括证监会证券期货市场失信信息公开查询平台、中国人民银行征信中心、国家企业信用信息公示系统、国家税务总局的重大税收违法失信案件信息公布栏、中国执行信息公开网显示的该保证人的诚信状况。

（4）累计对外担保余额。

（5）累计担保余额及其占净资产比例。

（6）偿债能力分析。

提供保证担保，且保证人为自然人，承销机构应当调查保证人与发行人的关系、保证人的资信状况、代偿能力、资产受限情况、对外担保情况以及可能影响保证权利实现的其他信息。

提供保证担保，且保证人为发行人控股股东或实际控制人的，承销机构还应当调查保证人所拥有的除发行人股权外的其他主要资产，以及该部分资产的权利限制及是否存在后续权利限制安排。

（五）调查担保合同或担保函

承销机构应当取得债券担保合同或担保函，核查担保合同或担保函内容是否包括下列事项，并就相关担保合同或担保函的责任条款与担保人进行确认：

（1）担保金额。

（2）担保期限。

（3）担保方式。

（4）担保范围。

（5）发行人、担保人、债券受托管理人、债券持有人之间的权利义务关系。

（6）反担保和共同担保的情况（如有）。

（7）各方认为需要约定的其他事项。

（六）调查抵押或质押担保

发行人提供抵押或质押担保的，承销机构应当查阅、比较分析有关资料，了解担保物情况，包括但不限于担保物名称、账面价值、评估值、担保范围，担保物金额与所发行债券面值总额和本息总额之间的比例，担保物的评估、登记、保管和相关法律手续的办理情况，以及后续登记、保管和发生重大变化时的安排。同一担保物上已经设定其他担保的，还应当核查已经担保的债务总余额以及抵/质押顺序。

（七）调查除保证、抵押、质押以外的增信方式

采用限制发行人债务和对外担保规模安排、对外投资规模，限制发行人向第三方出售或抵押主要资产，设置债券回售条款，设置商业保险等商业安排，设立偿债专项基金等其他方式进行增信的，承销机构应当调查增信措施的具体内容、相关协议的主要条款、实现方式、相应风险以及相关手续的办理情况等事项。

（八）调查偿债计划及保障措施

承销机构应当调查发行人制定的具体偿债计划及保障措施。发行人设置专项偿债账户的，承销机构应当调查该账户的资金来源、提取的起止时间、提取额度、提取金额、管理方式、监督安排及信息披露等内容。

承销机构应当调查发行人构成违约的情形、违约责任及其承担方式以及公司债券发生违约后的诉讼、仲裁或其他争议解决机制。

（1）承销机构应当核查发行人与本次发行有关的中介机构及其负责人、高级管理人员及经办人员之间存在的直接或间接的股权关系或其他重大利害关系情况。

（2）承销机构应当核查公司债券发行是否履行了相关法律法规及公司章程规定的内部决策程序。

（3）承销机构应当核查募集文件中与发行条件相关的内容是否符合相关法律法规及部门规章规定。

承销机构应当查询国家企业信用信息公示系统、中国执行信息公开网、中国裁判文书网以及工商、税务、海关、国土、环保、安全生产等主管部门门户网站等，核查发行人最近三年内是否存在违法违规及受处罚的情况。

承销机构应当通过对照相关主管部门关于地方政府融资平台的界定标准，结合股东资质、收入来源、承担项目类型、融资用途等因素综合分析，核查发行人是否为地方政府融资平台。

如有特定行业主管部门出具的监管意见书，承销机构应当查阅其内容。

（4）根据尽职调查内容及过程，承销机构应当对发行人存在的主要风险及应对措施进行核查。

承销机构应当遵循重要性原则，核查发行人披露的可能直接或间接影响债券偿付的因素，包含发行人自身、担保或其他增信措施（如有）、外部环境、政策等相关风险等，核查发行人针对风险已采取的具体措施。

承销机构应当询问管理层，咨询审计机构、律师或法律顾问，调查发行人是否存在重大仲裁、诉讼和其他重大事项及或有事项，并分析该等已决或未决仲裁、诉讼与其他重大事项及或有事项对发行人的重大影响。

（5）承销机构应当核查债券持有人会议规则及债券受托管理协议内容是否符合《公司债券发行与交易管理办法》及证监会、相关自律组织业务规则的规定。

11.3.4　公司债券承销业务尽职调查工作底稿与尽职调查报告

1. 尽职调查工作底稿

尽职调查工作底稿应当内容完整、格式规范、记录清晰、结论明确。工作底稿应当有调查人员及与调查相关人员的签字。

尽职调查工作底稿应当有索引编号。相互引用时，应当交叉注明索引编号。

2. 尽职调查报告

尽职调查报告应当说明尽职调查涵盖的期间、调查内容、调查程序和方法、调查结论等。

尽职调查报告应当对发行条件相关的内容是否符合相关法律法规及部门规章规定、是否建议承销该项目等发表明确结论。对于非公开发行公司债券，承销机构应当对承接项目是否属于负面清单发表明确意见。

尽职调查人员应当在尽职调查报告上签字，并加盖公章和注明报告日期。

11.4　银行间债券市场非金融企业债务融资工具主承销商尽职调查

11.4.1　银行间债券市场非金融企业债务融资工具主承销商尽职调查概念

银行间债券市场非金融企业债务融资工具主承销商尽职调查，是指主承销商及其工作人员遵循勤勉尽责、诚实信用原则，通过各种有效方法和步骤对企业进行充分调查，掌握企业的发行资格、资产权属、债权债务等重大事项的法律状态和企业的业务、管理及财务状况等，对企业的还款意愿和还款能力做出判断，以合理确信企业注册文件真实性、准确性和完整性的行为。

为规范银行间债券市场非金融企业债务融资工具主承销商对拟发行债务融资工具的企业（以下简称"企业"）的尽职调查行为，提高尽职调查质量，中国银行间市场交易商协会根据中国人民银行《银行间债券市场非金融企业债务融资工具管理办法》及中国银行间市场交易商协会（以下简称"交易商协会"）相关自律规则，制定《银行间债券市场非金融企业债务融资工具主承销商尽职调查指引》。

11.4.2　银行间债券市场非金融企业债务融资工具主承销商尽职调查基本要求

（1）主承销商应按要求对企业进行尽职调查，并撰写企业债务融资工具尽职调查报告（以下简称"尽职调查报告"），作为向交易商协会注册发行债务融资工具的备查文件。

（2）主承销商应根据要求，制定完善的尽职调查内部管理制度。

（3）主承销商应遵循勤勉尽责、诚实信用的原则，严格遵守职业道德和执业规范，有计划、有组织、有步骤地开展尽职调查，保证尽职调查质量。

（4）主承销商开展尽职调查应制定详细的工作计划。工作计划主要包括工作目标、工作范围、工作方式、工作时间、工作流程、参与人员等。

（5）主承销商开展尽职调查应组建尽职调查团队。调查团队应主要由主承销商总部人员构成，分支机构人员可参与协助。

11.4.3 银行间债券市场非金融企业债务融资工具主承销商尽职调查内容

银行间债券市场非金融企业债务融资工具主承销商尽职调查内容包括但不限于以下方面。

（1）发行资格。

（2）历史沿革。

（3）股权结构、控股股东和实际控制人情况。

（4）公司治理结构。

（5）信息披露能力。

（6）经营范围和主营业务情况。

（7）财务状况。

（8）信用记录调查。

（9）或有事项及其他重大事项情况。

主承销商应保持职业怀疑态度，根据企业及其所在行业的特点，对影响企业财务状况和偿债能力的重要事项展开调查。

11.4.4 银行间债券市场非金融企业债务融资工具主承销商尽职调查方法

主承销商开展尽职调查可采用查阅、访谈、列席会议、实地调查、信息分析、印证和讨论等方法。

查阅的主要渠道如下。

（1）由企业提供相关资料。

（2）通过银行信贷登记咨询系统获得相关资料。

（3）通过工商、税务查询系统获得相关资料。

（4）通过公开信息披露媒体、互联网及其他可靠渠道获得相关资料。

访谈是指通过与企业的高级管理人员，以及财务、销售、内部控制等部门的负责人员进行对话和访谈，从而掌握企业的最新情况，并核实已有的资料。

列席会议是指列席企业有关债务融资工具事宜的会议。如：股东会、董事会、高级管理层办公会和部门协调会及其他涉及债务融资工具发行目的、用途、资金安排等事宜的会议。

实地调查是指到企业的主要生产场地或建设工地等业务基地进行实地调查。

实地调查的内容可包括生产状况、设备运行情况、库存情况、生产管理水平、项目进展情况和现场人员工作情况等内容。

信息分析是指通过各种方法对采集的信息、资料进行分析，从而得出结论性意见。

印证主要是指通过与有关机构进行沟通和验证，从而确认查阅和实地调查结论的真实性。

讨论主要是指讨论尽职调查中涉及的问题和分歧，从而使主承销商与企业的意见达成一致。

11.4.5　银行间债券市场非金融企业债务融资工具主承销商尽职调查工作底稿与尽职调查报告

主承销商应按照工作计划搜集详尽的资料，进行充分调查，编写工作底稿，并在此基础上撰写尽职调查报告。

尽职调查报告应层次分明、条理清晰、具体明确，突出体现尽职调查的重点及结论，充分反映尽职调查的过程和结果，包括尽职调查的计划、步骤、时间、内容及结论性意见。

尽职调查报告应由调查人、审核人和审定人签字。

主承销商应指派专人对已经注册的企业的情况进行跟踪，关注企业经营和财务状况的重大变化，并进行定期和不定期的调查。

主承销商应于每期债务融资工具发行前，撰写补充尽职调查报告，反映企业注册生效以来发生的重大变化的尽职调查情况。

11.5　项目尽职调查

11.5.1　项目尽职调查概念

项目尽职调查是公司项目风险管理的重要组成部分，指由项目组在项目正式实施前，对项目的可行性、可能存在的各种风险以及风险控制措施进行的论证、分析和评估工作。

11.5.2　项目尽职调查基本要求

（1）以"做成项目"为先导的尽职调查心态是不被允许的。

（2）充分重视、规范尽职调查，遵循勤勉尽责、诚实信用的原则，严格认真地执行监管机构和公司对尽职调查的各项要求，开辟多种渠道获取项目信息和独立的第三方证据，以有充分理由确信项目信息的真实、准确、完整、及时、相关，形成并妥善保管尽职调查工作底稿。

（3）强调对公司的实际控制人诚信状况、经营管理能力、财务状况和法律合规情况进行尽职调查。在尽职调查过程中，充分重视项目自身现金流，客观揭示项目的风险、瑕疵和企业与其他权利主体的利益冲突。

（4）股权投资类项目必须取得第三方独立财务状况尽职调查报告、律师尽职调查报告。

（5）在尽职调查过程中，可采取实地调查和非现场分析的方式，通过查阅、访谈、列席会议、实地查看、信息分析、印证、讨论、政府有关部门和其他金融机构查询、浏览媒体、聘用独立第三方中介机构等方法，充分了解调查对象的法律状况及其所面临的法律风险和问题，确认调查对象的真实性、合法性、合规性，对获得信息进行定量分析和定性研究。

（6）不同类型的项目在尽职调查范围、深度和重点方面会有所不同。确认具体项目的尽职调查范围、深度和重点方面时应以审慎为原则，应当与交易的性质和复杂程度、公司承担风险程度相适应。

（7）原则上法律尽职调查至少包括构成交易基础的法律问题、情况尚不明确的重要事项、可能对交易产生重大影响的法律事项等。

（8）公司对具体业务的尽职调查工作有具体规定和要求的，应遵守公司规定和要求。

11.5.3　项目尽职调查组织管理

（1）各部门负责人、项目组负责人同时作为项目尽职调查工作的第一责任人。项目组在进行项目尽职调查前应制定项目尽职调查工作计划，明确尽职调查工作的内容、人员分工、进度安排和质量要求。

（2）公司从事项目尽职调查的人员应具备相应的较完备的金融、法律、财务等专业知识，接受了相关培训，并能依诚信和公正原则开展工作。

（3）开展尽职调查工作要注意应用多种信息渠道（避免单一渠道），坚持以实地调查为基础、间接调查为辅助。间接调查渠道包括但不限于询问公司相关业务人员，听取公司核心技术人员和技术顾问以及有关员工的意见，听取专业人士意见，向公司客户、供应商、债权人、行业主管部门、行业协会、工商部门、税务部门、同行业公司等在内的第三方就有关问题进行广泛查询（如面谈、发函询证等），浏览网站、电视等公共媒体，访谈交易对手前高管、前注册会计师、前法律顾问等。调查人员对取得的信息进行合理采信，可通过外部合格的中介机构对获得数据的真实性进行核实，应主动向政府有关部门及社会中介机构索取相关资料，以验证关系人所提供数据的真实性。在实地调查中坚持实行双人经办制度和关系人回避制度。

（4）项目组应指派专人负责尽职调查的档案管理，对所有访谈记录、会议纪要、企业提供的各类书面材料、第三方证据以及尽职调查阶段性和结论性材料应及时归档立卷。

（5）项目组应独立完成，或者在第三方协助下主导完成尽职调查工作。如果在尽职调查中聘用评估机构出具相关资产、信用的评估报告，应符合公司对会计师、律师的聘用管理相关制度。

（6）项目组可以合理采信第三方已经完成的尽职调查结果，并根据实际需要在此基础上进行补充尽职调查。尽职调查过程中，项目组可对第三方尽职调查结果进行合理质疑，比照所列的调查内容和方法，判断第三方意见所基于的工作是否充分。对于认为第三方意见所基于的工作不够充分的，或对第三方意见有疑义的，项目组应补充进行相应调查。项目组采信第三方已经完成的尽职调查结果，应对所采信内容负责。

（7）在项目组的组织安排下，原则上可由外部律师等第三方相对独立地完成法律尽职调查工作。项目组应评估律师法律尽职调查工作的充分性、审慎性，判断律师法律尽职调查结果和法律意见的可采信度，对存在疑义的重要事项应要求律师补充调查或自行进行相应调查，形成《法律尽职调查报告》。项目组认可律师法律尽职调查结果的，应对其认可的内容负责。

11.5.4　项目尽职调查内容要求

一、业务尽职调查

业务尽职调查应当至少包括以下内容。

（一）交易对手的基本情况（以下以交易对手为公司进行相关内容表述）

1. 项目基本情况、项目来源、客户需求、项目基本模式、项目进展情况等

2. 项目关系人基本情况

项目关系人包括资金使用人（或被投资人）、资金运用担保人（保证人、抵押人、质押人等）、股权投资事务转委托管理人（或服务商）等，调查并报告以下信息。

（1）基本情况。

公司性质、历史沿革、经营范围（主营业务）、股东结构（集团结构）、股东情况、注册资本、验资报告、外部监管体系、公司组织结构和管理架构、内部控制体系、历史经营业绩、历史资信记录、历史及目前是否存在重大问题（民间融资、重大损失、安全事故等）、专项经营资质、高管人员情况、公司战略、经营风格和理念、核心竞争力、行业排名位置、公司业绩分析、公司发展趋势等。

（2）交易对手（非国有企业）实际控制人情况。

实际控制人姓名、年龄、性别、国籍、户口所在地、居住地地址、手机号、直系亲属情况、工作及教育履历，银行及商业信用记录与违约记录，当前负债明细表，个人财产清单，关于还款意愿、经营理念、经营规划、管理方式的第三方（包括但不限于金融机构、政府部门、同行业竞争对手、员工）评价情况，个人健康状况，涉及黄赌毒、刑事处罚、诉讼、纠纷及被调查情况等。在设计交易结构及制作法律文件时，应加强对实际控制人的法律约束。

（二）交易对手经营分析

主要产品及生产基地、各产品主要客户、目前各类产品的产能及生产设施、过去三年的经营业绩及未来发展规划，集团公司应确定主要子公司按上述内容进行分析。

（三）交易对手所处行业市场分析

对交易对手所处的行业市场（对于多元化经营的企业，合理确定其重点行业）按照（四）中第（3）项内容进行分析评价。

（四）资金拟运用项目的可行性分析

（1）项目概况，包括项目背景、前期调查研究成果、项目地点、规模、类型、定位、建设年限、建设内容及规模、建设必要性、建设计划及进度、建设及生产采用的工艺、技术方案和装备水平、主要原辅材料年耗量、人员配置、项目施工单位、总投资额、资金使用计划和筹措方案、实际到位资金来源及使用情况、后续资金落实、项目可行性研究报告、主要技术经济指标、主要产品及市场前景、项目立项及环境影响评价等审批情况、有权部门对项目的批复等。

（2）项目的主要产品（或提供的服务）情况、生产经营计划和盈利模式。

（3）行业及产品市场分析。对项目所在的行业和市场的分析内容主要为：国家/地区的宏观经济走势、产业的总体背景、行业竞争的现状与预测、产品的产量与价格变化的情况。在国家/地区的宏观经济走势方面，主要分析宏观经济的周期、行业监管、政策导向等情况；在产业的总体背景方面，主要分析行业的类型，总体的供需矛盾及变化趋势；在行业竞争的现状与预测方面，主要分析竞争市场类型、竞争对手、替代产品、新加入竞争者、供货商与客户、公司应变对策；在产品的产量与价格变化方面，分析该产品的产能与价格的变化走势。综合以上各因素得出行业市场的总体评价。

（4）项目财务测算。根据上述项目概况、基本内容和项目未来前景，对项目自身的现金流状况进行预测。在现金流量表预测过程中，产品销售实现的现金流入应按产品明细分别预测，对销售单价、销售进度和回款进度等重要因素应根据经济环境、行业平均水平和公司自身实力确定，并在尽职调查报告中列明上述因素取值的确定依据和现金流汇总测算结果。

（5）项目可行性分析。根据上述预测结果，对项目资金使用计划及合理性、出资比例及能力、项目经济效益进行分析，重点关注现金流保障倍数、销售净利率、项目内部报酬率。

（6）项目敏感性分析、压力测试。对影响项目现金流状况的重大因素进行敏感性分析和压力测试。

（五）交易对手和拟合作项目的主要风险分析

分析风险种类、主要风险因素及其发生条件、发生概率、可能损失、公司目前应对措施。主要风险种类及分析方法如下。

1．市场及政策风险

应通过了解最新宏观调控政策、公司所在行业现状、公司所在区域对公司的影响，分析公司生产经营的主要风险，如销售订单量及价格变化、原材料成本上涨、人员流失、安全生产、环境保护、特许经营资格等方面的风险。根据最新的资金形势、利率及汇率政策变化，确定公司（高财务杠杆公司、出口公司等）的市场风险；根据资本市场表现，确定金融投资类公司的市场风险。

2．持续经营风险

了解公司行业属性、市场竞争状况、公司规模等情况，了解公司主营业务、经营模式、业务发展规划、对主要客户和供货商的依赖程度和技术优势，结合公司的管理层、业务团队和员工素质，判断上述情形的主要风险及对未来的影响。最近两年内已经或未来将发生经营模式转型的，应予以重点核查。了解公司的生产安全、产品安全等规章制度和采取的措施，并进行抽样验证，评价公司安全生产风险。

3．财务风险

根据现金流量表测算结果，确定可能影响项目现金流量情况的重大因素，如去化速度、销售价格、回款速度、成本上涨压力、其他融资渠道等，结合公司拟定的对策和当前的经济形势对项目现金流充足性和顺畅性进行风险分析。

4．法律合规风险

在对交易对手主体、项目、交易所涉具体资产的法律及合规情况进行尽职调查的基础上，结合交易结构设计，对上述内容中可能存在的风险进行识别和度量。

5．其他风险

应对项目实施过程中可能发生的其他风险进行识别、度量。

二、财务尽职调查

财务尽职调查应当至少包括以下内容。

（一）交易对手的内部控制调查

与公司管理层、主要业务负责人及员工交谈，查阅公司记录、规章制度、风险评估报告、业务流程相关文件等书面文件，听取注册会计师意见，评价公司现有内部控制制度对合理保证公司遵守现行法律法规、经营的效率和效果、财务报告的可靠性是否充分，关注内部控制制度的缺陷可能导致的财务和经营风险。

（二）交易对手的财务报告分析

原则上应至少取得最近三年及一期经审计的、完整的财务报告，根据注册会计师的声誉和财务报告质量判断是否需要聘请新的注册会计师出具审计报告。在可信赖的财务报告基础上，应综合运用总量分析、指标分析、结构分析、环比分析、趋势分析等多种分析手段，将分析结果与公司实际情况进行印证，形成公司整体财务状况评价。财务报告分析应包括但不限于下列内容。

1．基本财务情况

资产总额、负债总额、所有者权益总额、重大负债（银行借款、非金融机构借款、工程款、担保、付款承诺、出资承诺、重大或有负债）余额明细清单（包括债权人名称、利率、余额、债务期限、债务到期日、抵/质押措施、还款方式等）。

2．偿债能力分析

偿债能力分析包括但不限于分析下列财务指标：营运资本、流动比率、速动比率、资产负债率、净资产负债率（剔除导致经济利益流出可能性较小的负债，如房地产开发公司的预付账款）、利息保障倍数、现金流量债务比。对于大额债权及债务，走访或函证主要债权人及债务人，调查其真实性及潜在的风险。对于对外担保、对外承诺、可能的合同义务等，应通过询问公司主要负责人员、走访主要合同方、查看书面法律文件等方式分析公司对外履约的可能性。各项财务指标与同行业公司平均水平相比有较大偏离的，或各项财务指标及相关会计项目有较大变动异常的，应分析原因并调查。对于公司在引进境内外私募融资、大宗商品供销、投资交易金融产品等活动中，可能签署过较大金额的融资协议、长期购销协议、金融协议等，应详细审阅这些协议，评估其对交易对手财务状况的影响。

3. 资产管理能力分析

资产管理能力分析包括但不限于分析下列财务指标：应收账款周转率、存货周转率、资产周转率。在分析指标的基础上结合公司行业特点和业务收入状况等因素，评价应收账款余额及其变动是否合理，分析公司应收账款和其他应收款账龄，评价账龄是否合理，了解账龄较长应收款项的形成原因及公司采取的措施，查核公司是否按规定提取坏账准备、提取是否充分。各项财务指标与同行业公司平均水平相比有较大偏离的，或各项财务指标及相关会计项目有较大变动或异常的，应分析原因并调查。

4. 盈利能力分析

盈利能力分析包括但不限于分析下列财务指标：全年主营业务收入、净利润、息税前利润、利润表结构百分比变动、分产品及整体毛利率、销售利润率、资产利润率、权益净利率。对于公司的核心资产或规模较大的无形资产，应关注其溢价情况、是否存在潜亏情形等。各项财务指标与同行业公司平均水平相比有较大偏离的，或各项财务指标及相关会计项目有较大变动或异常的，应分析原因并调查。

5. 现金使用分析

从总量分析公司经营、投资、筹资等活动在年度内的活跃程度并及时发现公司现金流的非正常动向，分析这些非正常动向对公司经营、还款能力的影响。现金使用分析不仅要考虑整体净流量，还要进行结构分析和趋势分析，分析经营、投资、筹资活动对公司现金净流量的贡献，侧重分析并预测经营活动现金净流量对公司还款能力的影响，也要预测筹资、投资现金流出压力及筹资能力的强弱。将现金使用分析结果与公司财务报表进行印证。

6. 非经常性损益分析

计算非经常性损益及其占利润总额的比例，对非经常性损益占利润总额比例较大的，应通过查阅相关事项法律文件、审批记录、账簿、凭证、合同等方法，调查公司非经常性损益的真实性、准确性、完整性和合理性，分析相关损益同正常经营业务的关联程度以及可持续性，判断其对财务状况和经营成果的影响。

三、法律尽职调查

法律尽职调查应当至少包括以下内容。

（一）交易对手情况的法律尽职调查

（1）调查公司设立及存续情况。查阅公司的设立批准文件、营业执照、公司章程、工商变更登记资料、年度检验等足以判断公司是否合法设立、有效存续的证明文件。

（2）调查公司过往股权变动的合法合规性。查阅公司设立及股权变动时的批准文件、验资报告、股东股权凭证，核对公司股东名册、工商变更登记资料，对公司过往股权变动的合法、合规性做出判断。

（3）调查公司股权是否存在转让限制等受限情形。与公司股东或法定代表人交谈，取得其股权是否存在质押等转让限制情形，以及是否存在股权纠纷或潜在纠纷的书面声明。查阅工商变更登记资料等，核实公司股权是否存在转让限制等受限情形。根据项目所属行业，查阅当地政策，确认公司股权的转让是否受到当地政府政策的特殊限制。

（4）调查公司的实际控制关系，确认实际控制人及相关的关联方关系。查阅具有资格的中介机构出具的验资报告，咨询公司法务人员，询问管理层和会计人员，到工商行政管理部门查询公司注册登记资料。查阅公司股权结构图、股东名册、公司重要会议记录及会议决议，询问公司管理层，判断公司控股股东及实际控制人，确认公司的关联方关系。

（5）调查公司最近三年是否存在重大违法违规行为。咨询公司法务人员，查阅已生效的判决书、行政处罚决定书以及其他能证明公司存在违法违规行为的证据性文件，判断公司是否存在重大违法违规行为。询问公司管理层，查阅公司档案，向税务部门等查询，了解公司是否有违法违规记录。

（6）调查公司实际控制人、公司法定代表人及高管层的诚信情况。查询中国人民银行征信中心、工商行政管理部门的企业信用信息系统等公共诚信系统，咨询税务部门、公司贷款银行等部门或机构，咨询公司法务人员，查阅相关记录，核实其是否存在不诚信行为的记录，调查其是否存在违反行政、民事或刑事法律法规的情形及诉讼情况，分析对公司所产生的影响并揭示法律风险。

（7）调查公司治理机制的基本情况，确认项目所涉重要事项是否在公司内部决策和执行应履行的程序。咨询公司法务人员，查阅公司章程，了解公司组织结构，查阅股东会、董事会、监事会有关文件，与管理层交谈，查阅公司相关会议记录、决议，确认项目所涉重要事项的决策和执行是否履行了公司法和公司章程中规定的程序。

（8）调查公司主要财产的合法性，判断是否存在法律纠纷或潜在纠纷以及其他争议。查阅公司房产、土地使用权、商标、专利、版权、特许经营权等无形资产，以及主要生产经营设备等主要财产的权属凭证、相关合同等数据，咨询公司法务人员的意见，必要时进行实地查看，重点关注公司是否具备完整、合法的财产权属凭证，商标权、专利权、版权、特许经营权等的权利期限情况，判断是否存在法律纠纷或潜在纠纷。

（9）调查公司的重大债务情况。通过与公司管理层进行交谈，查阅相关合同、董事会决议，咨询公司法务人员等，调查公司债务状况。重点关注将要履行、正在履行以及虽已履行完毕但可能存在潜在纠纷的重大合同的合法性、有效性；是否有因环境保护、知识产权、产品质量、劳动安全、劳动争议等原因产生的债务；与关联方之间是否存在重大债权债务关系，公司金额较大的其他应付款是否因正常的生产经营活动发生，是否合法。

（10）调查公司对外担保情况。通过与公司管理层进行交谈，咨询公司法务人员，查阅股东会、董事会、监事会的决议，审查公司的担保合同、其他合同中的担保条款及其他相关合同，重点关注是否存在公司董事、经理以公司资产为本公司股东或董事、经理个人债务提供担保的情形。评价担保的合法性、分析公司履行担保责任的可能性及对公司财务状况的影响。

（11）调查公司的纳税情况。询问公司税务负责人，关注公司及其控股子公司执行的税种、税率是否符合法律、法规和规范性文件的要求。查阅公司的纳税申报表、税收缴款书、税务处理决定书或税务稽查报告等资料，关注公司是否存在拖欠税款的情形，是否受过税务部门的处罚。

（12）调查公司环境保护和产品质量、技术标准是否符合相关要求。询问公司管理层及相关部门负责人，咨询公司法务人员，取得公司有关书面声明等，关注公司生产经营活动是否符合环境保护的要求，是否受过环境保护部门的处罚，公司产品是否符合有关产质量及技术标准，是否受过产品质量及技术监督部门的处罚。

（13）调查公司是否存在重大诉讼、仲裁及未决诉讼、仲裁情况。询问公司管理层，咨询公司法务人员，取得管理层对公司重大诉讼、仲裁及未决诉讼、仲裁事项情况及其影响的书面声明。

（14）其他对公司的合法存续、估值判断有重大影响的情况。

（二）项目法律状况的尽职调查

（1）项目法律状况尽职调查主要是查明项目投资主体适格情况、项目立项获批情况、与项目建设进程有关的证照取得和行政认可情况等，揭示项目建设本身所存在的法律瑕疵和风险。

（2）国家对拟投资项目有投资主体资格和经营资质要求的，应调查投资主体的资格符合情况。

（3）调查项目建设经有权机构审批情况（包括项目立项的过程、依据等），判断项目建设是否符合国家产业政策、行业发展规划和区域经济发展规划等政策要求，是否履行了必要审批程序。对于国家有关部门规定实行审批制的项目，检查项目申报单位是否已获得有权部门对项目建议书和可行性研究报告的批复文件。

对于国家有关部门规定实行核准制的项目，检查项目申报单位是否已获得有权部门出具的核准受理通知书。

对于国家有关部门规定实行备案制的项目，检查项目申报单位是否完成可行性研究报告，或是否已获得国家有关部门对企业中长期发展建设规划的批准文件。

（4）项目拟争取享受国家或地方给予的优惠或扶持政策的，应调查分析项目受政策变化影响的程度和潜在的政策风险，调查有无证明项目符合政府相关政策的证明材料。

（5）调查项目所涉土地使用权合法取得的情况，有无政府土地部门的批准文件。

（6）调查项目环保方案获有权部门批准的落实情况，有无政府环保部门的批准文件。

（7）调查与项目建设进度相关的行政批准和许可事项的取得情况，可能涉及安全设施设计的批复文件、施工建设许可、工程质量监督、消防设施、竣工验收等，并分析影响情况。

（8）其他对项目合规判断及价值判断有重大影响的事项。

（三）资产法律状况的尽职调查

（1）资产法律状况尽职调查主要是界定资产的法律性质，披露资产所存在的法律瑕疵，揭示附随在资产上的风险。资产主要包括债权资产、股权资产、实物资产等。

（2）债权资产的法律尽职调查主要涉及以下事项：债务人主体资格及权利义务承继人；债权的效力；债权有无担保及担保的效力；债权的诉讼时效；债务人的财产状况，主要指财产权属、现状及瑕疵；对偿债能力的影响判断等。

（3）股权资产的法律尽职调查主要涉及以下事项：①股权资产的来源及权属。主要依据股权资产的权证或出资凭证、工商登记及变更材料、抵债协议、法院生效文书等获得或受让股权的相关法律文件来判断；②股权资产是否存在法律上的瑕疵。重点关注是否存在抵押、查封及出资不实等问题。

（4）实物资产的法律尽职调查主要涉及以下事项：实物资产的权属及来源；实物资产的租赁情况；实物资产是否存在的查封、抵押等限制、禁止转让等瑕疵；实物资产是否拖欠税费；实物资产权属变更登记是否存在风险等问题。

（5）其他能够对实物资产的权属、使用、收益产生影响的事项。

11.5.5　项目尽职调查结论

尽职调查负责人应将尽职调查内容、分析结果形成独立尽职调查报告，尽职调查报告应对上述内容进行评价并形成结论，并采用书面形式。

尽职调查报告应包括但不限于下列内容：

①报告主体：《项目尽职调查报告》。

②分报告：《项目法律尽职调查报告》《财务状况尽职调查报告》《资产评估报告》《信用评级报告》（或有），分报告的重要事实、主要数字、主要问题等内容应记录于报告主体中。

11.6　融资担保业务保前尽职调查

11.6.1　融资担保业务保前尽职调查概念

融资担保业务保前尽职调查是指担保机构依担保申请人（以下简称"客户"）申请，指派担保项目经办人对客户项目风险进行谨慎调查、全面评价、如实报告的行为（以下简称"尽职调查"）。

11.6.2　融资担保业务保前尽职调查基本要求

（1）尽职调查应当遵循全面、客观、审慎、高效的原则；尽职调查工作业务范围为担保机构所开展的所有融资担保业务，涵盖项目受理、项目初审、现场调查、项目评审等全过程。

（2）尽职调查要求坚持双人进行业务调查，按"四眼原则"独立履行职责，做到"两只眼睛看业务，两只眼睛看风险"，平等、客观、公正、完整地反映项目情况。调查过程及调查结果要形成书面报告和记录。为提高效率，避免重复劳动，调查人员应分别设立业务经理岗位和风险管理经理岗位（或称调查人员 A、B 角制度）。调查人员应针对具体项目，明确调查分工，形成协同合力，共同开展担保项目尽职调查工作，做到既相互沟通、协作，又相互监督。

（3）调查人员应当遵守法律、行政法规和公司规章制度，对公司负有忠实义务和勤勉义务。尽职调查要求调查人员遵循"诚实信用、勤勉尽责"的原则，依法依规忠实勤勉地按照本指引的规定对客户和业务进行信息搜集、资料核实、分析论证，并提出调查、核查意见和建议。

（4）尽职调查人员应具备的基本条件如下。

①具有分析和预测宏观经济的能力。

②熟悉担保业务和信贷融资业务。

③熟悉客户所在行业的情况。

④掌握财务基本知识，能够分析财务报表。

⑤有一定的企业经营管理和法律常识。

（5）对尽职调查人员的基本要求：

①廉洁奉公、恪尽职守、具备良好的职业素养和道德，对尽职调查的全面性、真实性、合法性负责。

②秉持全面、真实、审慎、高效原则，在尽职调查过程中不受任何因素干扰，独立履行职责。

③履行回避制度，对关系人主动申请回避。

④在尽职调查时尽量做到全面、细致，防止出现重大遗漏。

⑤为客户保密，不得将客户资料用于业务之外的任何领域。

11.6.3　融资担保业务保前尽职调查工作方法

尽职调查人员应采取现场与非现场相结合的形式履行尽职调查，形成书面报告，并对其内容的真实性、完整性和有效性负责。尽职调查包括但不限于实地调查、间接调查、分析论证、专家咨询。

（一）实地调查和间接调查

尽职调查应综合运用实地调查和间接调查手段，以实地调查为主，间接调查为辅。

（1）实地调查是指调查人员通过实地走访、面谈、账务核查等手段获取客户有关信息。

①实地走访。调查人员应通过实地调查，了解、核对企业经营场所、生产车间或施工现场以及主要固定资产、存货等真实情况，初步判断企业的生产能力、生产经营实际状况、项目施工进度等是否与账务反映相一致，是否与客户提供的担保申请资料相一致。

②面谈。调查人员应根据调查需要选择与企业主要管理人员或财务、生产、存货管理、销售等部门的负责人或工作人员交谈，了解客户基本情况。面谈过程中要注意倾听，可简单记录主要信息，要多问，客户回答含混的重要问题要注意跟进提问，以获取重要信息。面谈应在轻松和谐的氛围下进行，要注意观察客户回答问题时的表情和语气。

③账务核查。账务核查应以客户现金流为主线，结合客户生产经营及行业特点展开，包括但不限于以下内容：了解、判断客户的财务管理制度是否健全；了解、判断内控机制是否完善、有效；了解、判断客户的主要会计政策是否合理、是否发生重大变动；如有必要，应实地查阅客户有关财务报表和账簿，对关键财务数据要核实"账表、账账、账实"是否相符；对关键或异常会计科目或重大交易行为须与发票、出库单、发货单、银行入账单等原始凭证进行核对；对大额或异常应收款项或交易如存在疑问，应向客户的下游企业进行查询核实。

（2）间接调查是指调查人员通过有效手段从客户之外的第三方获取客户的有关信息。调查人员应通过报刊、互联网等公开媒体上有关客户的报道，重点查看有无关于客户的负面消息和新闻；通过查询中国人民银行征信中心，了解客户信用状况及信用记录；通过工商、房管、土地、税务、法院等有关行政主管机关、抵（质）押登记部门以及行业协会等社会中介机构，了解客户股权、资产等抵（质）押登记、涉诉、被执行、处罚或其他不良记录；通过向客户上下游企业（包括主要供应商和主要客户）和竞争对手咨询，从侧面了解客户的实力、生产、经营、信用、同业地位等状况。

（二）分析论证

调查人员要注重分析、判断，在获取完整、真实、有效的客户信息的前提下，通过财务分析和非财务分析等手段，对拟担保业务的必要性、可行性和风险程度进行分析和论证。既要关注客户现有生产、经营和财务情况，也要关注客户未来发展情况。调查人员应针对客户行业特点、资信及信用状况，分析、判断客户担保资金需求是否合理，预计未来现金流状况及可能发生的预期风险，并提出必要的风险防范和控制措施的建议。

（三）专家咨询

对关联企业多、情况复杂的大额担保等，可以视情况在调查过程中，向有关方面的专家咨询。

11.6.4 融资担保业务保前尽职调查工作底稿

尽职调查应建立工作底稿制度，力求真实、准确、完整地反映尽职调查工作。工作底稿内容至少应包括公司名称、调查时点或期间、计划安排、调查人员、调查日期、调查地点、调查过程、调查内容、方法和结论，以及其他应说明的事项。工作底稿应有调查人员及与调查相关人员的签字。工作底稿还应包括从客户或第三方取得并经确认的相关资料，除注明资料来源外，尽职调查人员还应实施必要的调查程序，形成相应的调查记录和必要的签字。

11.6.5 业务经理工作尽职要求

业务经理作为担保业务第一责任人，对担保项目尽职调查全面负责，包括项目受理、项目初审、现场调查、项目评审等。

一、项目受理

（1）业务经理通过与客户面谈，了解客户的基本情况。了解的内容包括：企业概况、历史沿革、实际控制人从业经历、原始资本积累过程、创办企业的缘由、商业（盈利）模式、资产规模、盈利情况、主要客户和供应商、比较竞争优势、借款用途、还款来源等。

（2）在面谈获取信息资料基础上，分析、判断客户是否符合受理条件。对符合受理条件的客户，可与其商谈初步反担保方案，并开具资料清单要求客户准备；对受理条件暂不成熟的客户，应及时予以合理回复。

（3）业务经理应收集的客户基本信息资料包括但不限于以下方面。

①年检合格的营业执照或事业单位法人证书。

②贷款卡。

③近一年税务部门纳税证明复印件。

④公司章程、股权证明、工商注册登记证明等。

⑤担保资金用途及还款来源证明，如年度生产经营计划、资金来源与使用计划、购销合同或其他经济、商务合同书及招投标协议等。

⑥法定代表人及主要股东、财务负责人个人简历、身份证（复印件）及银行征信记录。

⑦上月财务报表及近两年的财务报表（包括资产负债表、利润表、现金流量表）和财务报表编报说明、审计报告附注等。

⑧企业及主要股东报告期银行融资及对外担保情况；银行对账单及流水。

⑨企业与主要上下游企业签订的购销合同、合作协议及其他资料等。

⑩项目可行性研究报告、项目批准文件及工程进度情况等。

⑪国家规定的特殊行业，须提供有权部门颁发的认可证明，如工业产品生产许可证、安全生产许可证、危险化学品经营（使用）许可证（由安全生产监督管理部门颁发）、危险废物经营许可证（具体细分收集、贮存、处置综合经营许可证和收集经营许可证，由省环境保护厅颁发）、卫生许可证、消防安全许可证、爆炸物品销售许可证、采矿许可证、道路经营许可证、港口岸线使用证、木竹加工许可证、专利权等；相关认证认可制度，如家具生产企业需提供质量管理体系和环境管理体系认证证书、药品生产企业提供 GMP 认证、药品批发零售企业提供 GSP 认证等；相关经营资质，如成品油仓储零售经营资质、搅拌商品混凝土专业承包资质、建筑施工资质等级证书、综合布线资质证书等。

⑫按规定需取得环保许可证明的，必须提供有权审批部门出具的环保许可证明（如环评报告、排污许可证、危险固体废物经营许可证）等。

二、项目初审

客户资料审核要点包括但不限于以下方面。

1．非财务基础资料

（1）合规合法性。调查人员应亲自到银行打印客户及其主要关联方详细版贷款卡查询记录；审核客户产品是否符合国家行业产业政策（如是否为国家发展改革委下发的《产业结构调整指导目录》中的限制类和淘汰类企业）；生产规模是否达到相关行业准入条件（如《铁合金行业准入条件》《电解金属锰行业准入条件》《铅锌行业准入条件》）；环保是否达标，是否取得相关生产许可证明；近 3 年主要自然人股东或实际控制人出入境记录；查询了解客户及主要关联方是否存在股权、商标、专利、资产等被抵（质）押登记、涉诉（中国裁判文书网）、被执行（全国法院被执行人信息查询系统）及行政处罚事项以及这些事项对被担保人产生的影响等。调查人员应关注影响企业经营的主要因素（如采选企业关注环境影响评估与尾砂库，冶炼化工企业关注环境影响评估与排污，高新企业关注关键技术及相关人员，高危企业关注准入和保险，单一产品企业关注主要客户和供应商，新成立企业关注资本金来源、股东是否有相关行业背景等情况、是否具有持续出资实力、是否有对外投资等重大事项）。

（2）完整有效性。调查人员应审核客户提供的资料是否完整、是否加盖公章，应年检的是否已办理年检，是否在法律所规定的有效期内，各有关文件的相关内容是否一致，逻辑关系是否正确，企业成立批文、合同、章程、董事会决议、验资报告、立项批文等文件记载是否能证明其具备资格、是否合法。同时登录工商登记查询网站等审核客户极其重要关联方提供的资料是否全面、真实、有效。

2. 财务基础资料

调查客户资产负债表、利润表与现金流量表等报表之间、上下年度之间勾稽关系是否平衡、是否衔接，银行对账单及主要人员存折资金流动情况。调查人员应通过审查，初步分析客户财务状况是否与客户经营情况相匹配，是否有多套报表，或是虚假报表。调查人员应重点关注以下内容：资本金（到位和真实性，关注股东变动原因），资本公积（关注变动原因），银行负债（是否与经营规模匹配，长期负债形成原因，与信用记录是否一致），应付账款、其他应付款和应收账款、其他应收款（关注账龄、额度变化情况及大额挂账）、长期投资（关注所投资项目），固定资产（关注是否闲置）。

3. 担保及反担保资料

对反担保人（担保人）提供的文件资料的审核与以上两项基本相同，重点是审核反担保人（担保人）提供的反担保（担保）措施是否符合《担保法》和有关法律法规及相关抵（质）押登记管理办法的规定，抵押、质押物的权属是否明晰。

业务经理应认真审核客户资料，确保资料完整、真实、合法、有效。资料审核过程中发现的漏洞、疑点，以及需要进一步明确、补充、核实之处，应作为调查人员现场调查工作的重点。

三、现场调查

项目受理完成后，业务经理应会同风险管理经理明确分工，共同开展现场调查。业务经理应着手拟定调查提纲，确定现场调查时间、调查对象、调查内容、调查重点，做到有的放矢，带着问题去现场，保证调查工作有条不紊地开展。

调查提纲的确定应充分考虑以下因素：行业和区域的特点、生产经营模式、主要财务信息、客户和供应商的特点、经营特点与财务状况的信息对接、与内部人员的沟通等。

业务经理应通过客户内部走访，与生产、销售、综合等部门负责人员沟通，重点关注以下情况：企业是否正常运行、业务经营模式、设备利用率、生产经营现场是否规范、生产一线人员专业素质及技能情况、土地和厂房的权属（租赁还是自有）、库存管理及存货状况（关注生产日期，可抽查核实真实性）、企业周边环境及配套设施。

调查人员通过走、看、问、查等方式，现场确认客户提供的基础资料是否与原件相符，是否真实有效，考察、判断、印证客户有关资料记载和有关当事人情况介绍。

现场调查的主要内容包括但不限于以下方面。

1. 非财务因素调查

（1）人品。重点考核客户关键人员，如企业股东、实际控制人、经营决策人员和主要执行人员的品行（包括个人职业经历、人生观、价值观、财富观、受教育背景、婚姻状况、健康状况、主要对外投资情况等）、诚信度、融资动机，企业资本金来源，股东关系是否融洽，是否有民间融资等。

（2）产品。产品定位、产品研发、产品实际销售与潜在销售、库存变化（出入库日期、数量）、核心产品和非核心产品、对市场变化的应变能力、发展前景、竞争优势、盈利能力。

（3）生产。企业生产经营是否正常，生产记录是否连贯、完整，锅炉、食堂等辅助设施是否正常运转；设备利用情况（包括设计生产能力、实际生产能力和销售能力）；电费、水费缴纳情况；工资发放情况；主要客户和供应商、对其依赖程度等。

（4）行业。企业所属行业的产业政策、所处区域的区域经济政策、区域信用环境、所处行业的供求关系状况及变化趋势；企业在所处行业中的排名、市场占有率、竞争优势、发展前景等情况。

（5）其他。企业治理结构是否完善、内控及财务制度是否健全、是否挂靠或借牌经营、是否存在重大诉讼等。

2. 资信情况调查

（1）开户行及资金结算情况，包括账号、近期月均存款余额、银行评级等。

（2）近三年历史融资记录，应含借款、承兑汇票、信用证等所有融资，重点关注不良记录。

（3）对外担保记录，重点关注不良记录。

（4）纳税记录，核实近三年的纳税申请表、完税凭证，并可抽查纳税账户的扣款凭证。

（5）查询征信记录，重点关注不良记录。

（6）了解非正规金融渠道融资情况。

3. 财务因素调查

（1）核实财务报表的真实性。调查人员应持谨慎态度进行询问与核查，通过分析报表勾稽关系、审阅审计报告、复核重点会计科目等手段核实财务报表的真实性。调查人员可通过抽查几笔大额或异常会计凭证，查看记账凭证与下面的附件金额是否相符，附件是否为原件，是否有相关人员的签字，往来是否人为挂账等方式判断企业提供的财务报表是否真实。

（2）财务核查与分析。对企业资产负债表、利润表与现金流量表等报表之间的勾稽关系进行审核；对客户近年来银行信用还贷资金来源进行核查，核实是否存在拆借还贷续贷情况；对企业长/短期偿债能力、营运能力、盈利能力等核心指标与同业指标进行对比分析，判断是否保持在合理的水平；分析企业资产及负债结构是否合理，与前期相比是否发生重大变化、变化原因是否合理；分析未来可能对客户生产经营和财务状况产生重要影响的因素，合理预测客户未来现金流，对还款计划的合理性及可行性进行认定。

4. 担保用途调查

现场调查过程中，业务经理应重点关注对非财务因素和担保用途的调查。调查认定担保资金是否真正用于担保申请企业、用途是否属于营业执照所列范围，企业生产经营计划是否合理、有无真实交易背景、购销合同是否真实、担保资金额度和期限是否与企业的生产经营相匹配（一般商贸流通企业对外融资比例控制在年销售额的15%以内，生产型企业对外融资比例控制在年销售额的35%以内；项目贷款因企业未来市场前景存在较大不确定性，原则上仅限于介入固定资产投入已完成，补充部分配套流动资金即可有效释放产能的项目，并应重点关注项目未来现金流的预测和分析）。

5. 反担保措施调查

调查人员应调查反担保资产的权属情况、存放地点、使用状况、价值、灭失及损害风险等。主要反担保措施为保证反担保的，调查人员应重点调查反担保企业担保合法性、是否具备代偿能力（包括资信状况、经营能力、资产实力）、与客户的关联情况等。特别注意是否存在抵押物租借行为，防止第三方瓜分信贷资金。

四、项目评审

（1）分析论证。现场调查活动结束后，业务经理应在现场调查核实资料的基础上对项目进行全面的梳理，综合分析企业产品市场竞争能力、盈利能力、未来发展趋势。重点分析担保额度的合理性及偿贷、付息资金来源（可根据客户未来有效业务合同或近三年的主营业务收入增长率、盈利水平、生产经营周期以及宏观经济、行业发展趋势，合理预测客户担保期限内主营业务收入和盈利情况，判断担保额度的合理性及担保用途的真实性）、反担保措施能否有效督促企业还款、反担保方式的可操作性、反担保物变现难易程度、风险防范及化解措施，最终形成调查结论。

（2）业务经理认为项目可行的应着手撰写《担保业务调查评审报告》。评审报告应如实报告调查过程中所采取的调查方式、基本可以认定真实的相关资料及认定依据，对重要数据、重要问题（如重要资产、主营业务收入、利润等）的确认依据及方法是否真实或合理都应有明确的判断；对客户借款事由、还款来源、资产及负债、经营及现金流状况、企业负责人或主要股东个人信用情况进行分析，并对担保种类、金额、用途、期限、偿还方式、反担保措施等提出建议。对重大而又无法核实的数据或问题，也应明确原因并评估其对项目风险的影响程度。

11.6.6　风险管理经理工作尽职要求

风险管理经理协助业务经理完成担保项目尽职调查活动，在项目初审、现场调查、项目评审等过程中履行复核、检查、督促职责，对担保项目的全过程负责。

一、项目初审

风险管理经理对业务经理提交的客户基本信息资料进行复核、检查，综合分析比较相关资料，找出问题，确定现场调查重点。客户基本信息资料的审核要点与业务经理要求相同。

二、现场调查

风险管理经理应积极协助、配合业务经理，共同落实调查提纲确定的调查内容。风险管理经理应充分发挥专业素养和丰富工作经验优势，在现场调查过程中重点关注财务因素的调查。风险管理经理应全方位、多角度审视项目风险，注意信息链条的相互交叉印证，注重重大事项的核实，注重同质、同类企业的对比，通过核实、比较发现问题。现场调查事实不清、不全或分析认证过程存在明显缺陷，企业基本信息资料缺失、调查事实存在重大疑问的，应要求担保客户及时补充，并会同业务经理共同核实调查。

三、项目评审

（1）风险管理经理对业务经理提交的《担保业务调查评审报告》和附件资料进行复核、审查，出具独立的《担保业务审查意见》。风险管理经理的评审意见应包括项目调查中的重要信息补充说明，主要财务数据的核实、分析及结论，与业内同行的对比分析，项目比较优劣势分析，项目重大风险因素评价，反担保措施的有效性评价等。

（2）评审过程中，风险管理经理应重点关注调查程序、方法的合规性，关注担保项目合规合法性、安全性、流动性的分析和论证。既要做到全面客观、实事求是，又要揭示主要问题、潜在风险，独立、客观、公正地表达评审意见。

11.6.7　融资担保业务保前尽职调查工作的评价和问责

（1）担保机构应建立尽职调查工作评价制度及相应的问责与免责制度，明确规定各部门、岗位的职责和尽职要求，对违法、违规造成的风险进行责任认定，并按规定对有关责任人进行处理。

（2）尽职调查人员在其职责范围内，承担相应的履职责任。担保机构须配备专门人员对尽职调查流程的各个环节进行尽职评价，评价尽职调查工作人员是否尽职，确定尽职调查工作人员是否免责。

（3）尽职调查评价可采取现场或非现场的方式进行。尽职调查评价人员在评价中如发现重大违规行为，应立即报告。评价结束后应及时出具尽职调查工作评价报告。尽职调查评价人员发现的问题，应经过确认程序，责令相关部门或人员及时纠正。

（4）尽职调查人员尽职行为的认定标准如下。

①完整有效地履行尽职调查职责。

②严格按照规定的程序、内容和要求履行尽职调查职责。

③其他经担保机构最高管理层认定的尽职行为。

（5）尽职调查人员有以下行为者，根据未尽职程度给予相应的经济处罚和行政处分，情节严重触犯刑律的，依法追究其刑事责任。

①故意不尽职行为。如伙同或放任他人骗取担保；故意丢弃、毁损、涂改项目档案，导致追偿时单位权益受损或问责调查受阻。

②严重未尽职行为。如尽职调查报告反映的被担保人经营情况严重失实；被担保人明显存在风险隐患未能识别或发现后未及时上报；项目合同、协议、抵（质）押凭证等无效未能识别；抵（质）押物实际价值明显低于抵（质）押价值；丢失、毁损项目重要档案（如项目合同、协议、尽职调查报告等）。

③一般未尽职行为。如存在疏忽或失误，未完整有效地履行调查职责。

④担保机构最高管理层认定的其他未尽职行为。

DeepSeek

尽职调查操作手册

（随书赠阅）

一、为什么你需要 DeepSeek？

每天早上打开电脑，你是否总感觉时间不够用？邮件要回、报告要写、数据要分析、会议要准备 ... 这些重复性工作正在消耗你宝贵的时间和精力。在这个信息爆炸的时代，普通上班族正面临前所未有的效率挑战。

1 现代职场的高效需求

想象一下这些场景：

老板临时要一份市场分析，但你完全没时间从头研究；

收件箱堆满待回复邮件，每封都要斟酌措辞；

开完会还要花半小时整理会议记录。

这些工作都不难，但会占用你大量时间。调查显示，普通上班族平均每天要花 2 小时处理邮件，1.5 小时参加会议，1 小时整理文档，真正用于核心工作的时间不足 40%。

DeepSeek 能帮你自动完成这些重复劳动。比如市场部的李敏以前准备竞品分析需要 2 天，现在用 DeepSeek 1 小时就能完成初稿；财务主管王姐以前做月度报表要核对一整天，现在 AI 辅助检查 3 小时就能完成。

2 DeepSeek 是什么？

DeepSeek 是一个智能 AI 助手，就像你 24 小时在线的"数字同事"。它主要有三大功能：

（1）智能问答：从"如何写辞职信"到"最新财税政策解读"，都能给出专业回答。比如你可以问："帮我用专业但友好的语气写一封推荐新产品的邮件"，10秒就能得到完整内容。

（2）文档处理：能阅读PDF、Word、Excel等文件，帮你总结、改写或提取关键信息。比如上传一份20页的报告，让它提炼出3个核心观点。

（3）内容创作：可以快速生成邮件、报告、PPT大纲等。比如输入"帮我写一份清晰的工作周报"，立即就能得到结构完整的初稿。

3 本文能带给你什么

本指南将从最基础的注册开始，手把手教你使用DeepSeek。学完后你将能够：

（1）用AI处理日常文书工作，比如自动写邮件、生成报告

（2）快速完成数据分析，比如让AI帮你发现销售数据趋势

（3）即时获取专业知识，比如查询最新行业动态

无论你是刚入职的新人，还是资深专业人士，都能找到适合自己的应用场景。比如：

（1）行政人员可以用它自动整理会议记录；

（2）销售人员可以用它生成客户提案；

（3）财务人员可以用它处理报表数据。

4. 真实使用案例

让我们看几个真实案例：

（1）市场专员小张以前准备竞品分析需要 2 天，现在用 DeepSeek 1 小时就能完成初稿，效率提升 80%。

（2）HR 小李以前筛选 100 份简历要一整天，现在用 AI 辅助，2 小时就能完成初步筛选。

（3）项目经理老王每周要花 4 小时写项目报告，现在用 DeepSeek 生成初稿，只需 1 小时修改完善。

这些案例证明，DeepSeek 确实能帮助普通上班族大幅提升工作效率。在接下来的章节中，我们将详细介绍如何注册和使用这个强大的工具，让你的工作变得更轻松高效。

二、DeepSeek 基础入门：注册与界面介绍

1 如何注册 DeepSeek 账号

使用 DeepSeek 的第一步是注册账号，整个过程非常简单，只需要 2 分钟。目前 DeepSeek 提供网页版和手机 APP 两种使用方式。

（1）网页版注册

打开浏览器访问 DeepSeek 官网，点击右上角的"注册"按钮。你可以选择用手机号注册，或者直接使用微信、QQ 等第三方账号快速登录。注册完成后，系统会发送验证码到你的手机，输入验证码即可完成验证。

（2）APP 下载安装

在手机应用商店搜索"DeepSeek"，下载安装官方 APP。安装完成后打开应用，注册流程与网页版相同。建议上班族都安装手机 APP，这样随时随地都能使用。

小提示：首次注册后会赠送一定量的免费试用额度，足够你体验基础功能。如果需要更强大的功能，可以后续选择适合的付费套餐。

2 主界面功能概览

成功登录后，你会看到 DeepSeek 简洁明了的主界面。主要分为三个功能区：

我是 DeepSeek，很高兴见到你！

我可以帮你写代码、读文件、写作各种创意内容，请把你的任务交给我吧~

给 DeepSeek 发送消息

深度思考 (R1)　　联网搜索

（1）聊天对话区

这是最核心的功能区域，你可以在这里输入问题或指令，DeepSeek 会即时给出回答。比如输入"如何写工作周报"，就能获得详细的写作建议。

（2）文件上传区

点击"+"按钮，可以上传 PDF、Word、Excel 等文件让 AI 处理。例如上传一份会议记录 PDF，让 AI 帮你总结重点。

（3）历史记录区

这里保存了你所有的对话记录，方便随时查阅之前的问答内容。点击任意历史记录就能快速回到当时的对话。

3 个性化设置

为了让 DeepSeek 更符合你的使用习惯，建议进行一些基础设置：

（1）语言偏好设置

在账户设置中可以选择使用简体中文或英文界面。

建议选择"简体中文"，这样 AI 的回答会更符合中文表达习惯。

（2）主题切换

提供白天和夜间两种显示模式，长时间使用时可以切换成护眼的暗色主题。

（3）常用指令保存

对于经常使用的指令，比如"写周报"、"总结会议记录"等，可以保存为快捷指令，下次使用时一键调用。

4 常见问题解答

新手使用时可能会遇到一些小问题，这里列举几个常见情况及解决方法：

（1）登录失败

检查网络连接是否正常，如果使用手机号注册，确认输入的验证码是否正确。也可以尝试切换 WiFi/ 移动数据。

（2）文件上传失败

确保文件大小不超过限制（通常 100MB 以内），格式为支持的 PDF、Word、Excel 等。如果还是失败，可以尝试重新上传。

（3）回答不准确

尝试更清楚地表达你的问题，或者提供更多背景信息。比如把"帮我写报告"改成"帮我写一份关于第二季度销售情况的报告"。

现在你已经完成了 DeepSeek 的基础设置，下一章我们将重点介绍如何用它来处理日常工作信息，让你的效率得到质的提升。建议你先试着上传一份简单的文档，或者问一个工作相关的问题，亲身体验一下 AI 助手的强大功能。

三、高效信息处理：用 DeepSeek 快速获取知识

1 精准搜索技巧

在工作中，我们经常需要快速查找各种信息。DeepSeek 的智能搜索功能比传统搜索引擎更高效，关键在于掌握提问技巧。

（1）明确你的需求

不要问"市场分析怎么做"，而是问"如何做一份关于新能源汽车行业的市场分析报告"。越具体的问题，得到的回答越实用。

（2）使用场景化提问

比如："我要向老板汇报项目进度，需要包含哪些关键数据？"DeepSeek 会根据汇报场景给出针对性建议。

（3）要求结构化回答

可以加上"请分点列出"、"用表格形式展示"等要求。例如："请分三点说明提高工作效率的方法"。

2 整理与总结长文档

处理长篇报告、会议记录是很多上班族的痛点。DeepSeek 可以快速提炼关键信息。

（1）上传文档自动总结

将会议记录 PDF 拖入对话框，输入"请总结本次会议的三个关键决议"，30 秒就能得到清晰摘要。

（2）重点内容提取

对调研报告说："提取关于市场趋势的五个重要数据"，AI 会帮你标出核心数字。

（3）生成执行清单

输入"根据这份项目计划书，列出我本周需要完成的任务"，立即获得待办事项列表。

3 行业数据分析

（1）快速获取行业动态

问："最近三个月人工智能行业有哪些重要发展？"，DeepSeek 会整理最新资讯。

（2）竞品分析支持

输入"请分析 A 公司和 B 公司的主要产品差异"，获得对比表格。

（3）趋势预测

提问："根据近两年数据，预测下季度销售趋势"，AI 会结合历史数据给出专业判断。

4 知识库管理

（1）重要回答收藏

遇到有价值的回答，点击收藏按钮建立个人知识库。

（2）分类整理

创建不同文件夹，如"市场资料"、"产品知识"等，方便后续查找。

（3）定期回顾

设置每周提醒，复习收藏的重要内容，加深记忆。

5 **避免信息过载**

（1）设置信息过滤

告诉 AI："只需要提供近两年的数据"，避免过多历史信息干扰。

（2）要求精简回答

在问题后加上"请用 200 字以内回答"，获得简洁明了的回复。

（3）分阶段获取

复杂问题可以拆解，先问框架再问细节，避免一次性信息过多。

实际案例：市场专员小王需要准备行业报告。以前要花 3 天查阅资料，现在用 DeepSeek：

（1）先问"2023 年智能手机行业三大趋势"；

（2）再要求"用表格对比主要品牌市场份额"；

（3）最后"总结成 500 字的汇报要点"；

（4）整个过程只需 2 小时，效率提升 80%。

记住，DeepSeek 就像一位专业的研究助理，你问得越清楚，它回答得越精准。下一章我们将重点介绍如何用 AI 自动化处理办公文档，让你彻底告别重复性文书工作。

四、智能写作助手：提升文案与沟通效率

1 商务邮件优化

职场邮件是每天都要面对的沟通工具，但写出得体专业的邮件并不容易。DeepSeek 可以帮助你快速完成高质量的邮件写作。

（1）自动生成邮件初稿

遇到需要写邮件时，只需简单描述需求：

"请帮我写一封跟进客户会议的邮件，语气专业但友好，询问项目进展并提议下周再次沟通的时间"

（2）邮件语气调整

同一封邮件可以要求不同风格：

"请将这封邮件的语气调整为更正式 / 更亲切 / 更简洁"

AI 会根据你的需求调整用词和句式。

（3）多语言邮件支持

需要写英文邮件时：

"请将这封中文邮件翻译成专业的商务英语邮件"

销售代表林先生的实用案例：过去每封重要客户邮件都要反复修改，现在用 DeepSeek 生成初稿后再微调，邮件撰写时间从 20 分钟缩短到 5 分钟。

2 工作报告与提案撰写

无论是日常工作报告还是重要项目提案，DeepSeek

都能提供专业的写作支持。

（1）结构化框架生成

输入简单主题就能获得完整框架：

"请为'新产品市场推广方案'制作包含市场分析、目标群体、推广策略、预算分配等部分的提案框架"

（2）内容细节补充

有了框架后可以继续完善：

"请为'推广策略'部分补充 3 个具体的执行方案，每个方案不超过 200 字"

（3）数据可视化描述

对于包含数据的部分：

"请用通俗易懂的语言解释这份销售数据图表的主要发现"

市场总监王女士的使用心得：过去准备重要提案需要团队协作 3 天，现在用 DeepSeek 生成初稿后团队讨论修改，整体效率提升 60%。

3 社交媒体文案创作

在新媒体时代，吸引眼球的社交媒体文案成为必备技能。DeepSeek 可以帮助你快速产出优质内容。

（1）多平台适配

根据不同平台特点生成文案：

"请为这款新产品创作适合微信朋友圈、微博和小红书三个平台的推广文案，每篇不超过 100 字"

（2）热点借势创作

结合时事热点：

"请结合最近的环保热点，为我们的可降解产品创作3条社交媒体文案"

（3）多风格尝试

可以要求不同风格的文案：

"请为同一款产品创作正式版、幽默版和走心版三种风格的文案"

新媒体运营小张的实战经验：过去每天创作10条文案要花4小时，现在用 DeepSeek 辅助，2小时就能完成，互动率还提升了30%。

4 合同与法律文书

专业的法律文书要求严谨准确的表述，DeepSeek可以提供可靠的辅助。

（1）基础条款生成

输入关键信息就能获得专业文本：

"请起草一份房屋租赁合同，包含租金、租期、维修责任等基本条款"

（2）文书审核优化

将已有合同交给 AI 检查：

"请检查这份合同中的模糊表述，并提出更专业的修改建议"

（3）多版本管理

需要不同版本时：

"请根据这份主合同，分别生成简版和详细版两个版本"

法务助理陈小姐的使用技巧：现在处理常规合同初稿的时间缩短了70%，可以更专注处理复杂的法律问题。

5 技术文档与操作指南

清晰易懂的技术文档能大幅提升工作效率，DeepSeek可以帮助你轻松完成。

（1）流程文档编写

描述操作过程就能获得规范文档：

"请将这份软件安装流程整理成标准的操作指南，包含准备事项、安装步骤和常见问题"

（2）术语解释

让技术语言更易懂：

"请用非技术语言解释这个网络配置参数的作用"

（3）多格式输出

需要不同格式时：

"请将这份操作指南同时转换成Word文档和Markdown格式"

IT支持工程师老李的实用案例：过去编写一份系统操作手册要一周时间，现在用DeepSeek辅助，2天就能完成，用户反馈更易理解。

6 个性化写作风格培养

DeepSeek还可以帮助你发展和保持自己的写作风格。

（1）风格分析

上传你的代表性文档：

"请分析我这几篇文章的写作风格特点"

（2）风格模仿

需要保持风格一致时：

"请按照我平时的写作风格，完成这篇未写完的报告"

（3）风格转换

尝试不同风格：

"请将我这段文字改写成更生动活泼的风格"

专栏作家吴女士的经验分享：使用 DeepSeek 分析自己的写作特点后，她能够更稳定地保持专栏文章的风格一致性，读者反馈明显提升。

通过本章介绍的各种写作辅助功能，你可以大幅提升各类职场文案的撰写效率和质量。下一章我们将探讨如何用 DeepSeek 优化会议和时间管理，让你的工作日程更加高效有序。

五、会议与时间管理：让 AI 成为你的私人秘书

■1 会议全流程智能化管理

会议是职场中最耗时的活动之一。DeepSeek 可以帮你实现从会前准备到会后跟进的全流程智能化管理。

（1）智能议程生成

输入简单的会议主题，AI 就能帮你规划完整议程：

"请为'第三季度销售策略讨论会'制作一个 90 分钟的会议议程，包含市场分析、目标设定和行动计划三个主要环节"

（2）自动会议记录

会议进行时，可以实时录音并上传，会后输入：

"请将这段会议录音整理成正式会议纪要，突出关键决策和行动项"

（3）任务自动分配

会议结束后，让 AI 帮你明确责任：

"请从会议记录中提取所有行动项，并标明负责人和截止日期"

项目经理张先生的实用案例：过去组织一次跨部门会议要花费 3 小时准备和跟进，现在用 DeepSeek 辅助，全程只需 1 小时，会议效率提升 50%。

2 智能日程规划

合理的时间规划是高效工作的基础。DeepSeek 可以成为你的智能日程管家。

（1）待办事项优化

列出你的任务清单，让 AI 帮你优化：

"请帮我将以下 10 项工作按优先级排序，并建议今日最佳完成顺序"

（2）会议时间建议

需要安排会议时：

"请根据我和王总监、李经理三个人的日历，找出下周都有空的 2 小时时间段"

（3）日程平衡分析

定期让 AI 检查你的日程健康度：

"请分析我上周的时间分配情况，指出哪些类型的活动占比过高"

行政主管林女士的使用心得：过去每天要花 30 分钟规划日程，现在用 DeepSeek 的智能建议，5 分钟就能安排好一天工作，时间利用率提高 40%。

3 邮件与沟通管理

日常沟通占据了大量工作时间。DeepSeek 可以帮助你高效处理各类工作沟通。

（1）重要信息提取

面对大量沟通记录时：

"请从这 20 封往来邮件中，提取关于项目 A 的所有关键决策点"

（2）沟通模板生成

针对常见场景：

"请制作 5 个不同场景下的标准沟通话术模板"

（3）沟通效率分析

定期优化沟通方式：

"请分析我上周的邮件，指出哪些可以更简洁"

客户经理陈先生的实战经验：使用 DeepSeek 优化沟通方式后，他每天节省了 1 小时的邮件处理时间，客户响应速度也大幅提升。

4 任务执行与跟进

确保重要工作不遗漏是职场人士的基本功。DeepSeek 可以成为你的智能任务管家。

（1）任务分解

面对复杂项目时：

"请将这个市场推广项目分解为具体的可执行任务"

（2）进度跟踪

定期更新任务状态：

"请根据我提供的进度更新，重新调整剩余任务的优先级"

（3）风险预警

让 AI 帮你提前发现问题：

"请分析当前项目进度，预测可能出现的延误风险"

产品总监王女士的使用技巧：现在管理 5 个并行项目时，用 DeepSeek 的任务跟踪功能，再也不会遗漏重要节点，项目按时完成率提升 35%。

5 专注力管理

保持高效工作需要良好的专注力。DeepSeek 可以帮助你优化工作节奏。

（1）专注时段建议

根据你的工作习惯：

"请根据我过去一周的工作记录，建议最适合深度专注的时间段"

（2）休息提醒

设置智能提醒：

"请每隔 90 分钟提醒我休息 5 分钟，并建议简单的放松活动"

（3）干扰因素分析

找出影响效率的原因：

"请分析我今天的工作中断情况，指出主要干扰来源"

程序员小张的实用经验：使用 DeepSeek 的专注力管理建议后，他的编码效率提升了 25%，加班时间减少了 40%。

6 工作周报自动化

周报是很多职场人士的例行工作。DeepSeek 可以让这个过程变得轻松高效。

（1）数据自动汇总

整合多个数据源：

"请将我本周的销售数据、客户拜访记录和项目进度整合成周报初稿"

（2）亮点提炼

突出重要成果：

"请从我本周的工作记录中，提炼 3 个最重要的成果"

（3）下周计划生成

基于当前进展：

"请根据本周完成情况，制定下周的工作计划框架"

部门主管刘先生的案例分享：过去写周报要花 2 小时，现在用 DeepSeek 自动生成初稿后微调，20 分钟就能完成，还能确保不遗漏重要内容。

通过本章介绍的智能会议和时间管理技巧，你可以将 DeepSeek 变成得力的工作助手，大幅提升日常工作效率。下一章我们将探讨如何用 AI 处理数据分析工作，即使不懂技术也能获得专业的数据洞察。

六、数据分析与可视化：不懂编程也能用 AI

① 基础数据处理技巧

Excel 是职场中最常用的数据分析工具，但很多复杂功能让非专业人士望而却步。DeepSeek 可以让数据分析变得简单。

（1）数据清洗自动化

上传原始数据表格后：

"请检查这份销售数据表中的缺失值和异常值，并提出处理建议"

AI 会自动识别问题数据，并给出专业处理方案。

（2）常用公式生成

不懂复杂公式也没关系：

"请写一个 Excel 公式，计算各地区销售额的月环比增长率，结果以百分比显示"

DeepSeek 会给出可直接复制的完整公式。

（3）数据分类汇总

需要统计数据时：

"请按产品类别和地区两个维度，汇总这份销售数据的总金额和平均单价"

AI 会自动生成清晰的数据透视表。

财务助理小王的实用案例：过去处理月度销售报表要手动核对上千行数据，现在用 DeepSeek 辅助，工作时间从 8 小时缩短到 2 小时，准确率还更高了。

2 智能数据分析

DeepSeek 可以帮助你从数据中发现有价值的业务洞察。

（1）趋势分析

上传时间序列数据：

"请分析过去 12 个月的销售数据，指出主要的趋势特征和季节性规律"

AI 会识别出增长趋势、波动周期等关键模式。

（2）异常点检测

担心数据有问题时：

"请检查这份质量检测数据，标记出所有超出正常范围的异常值"

DeepSeek 会用专业统计方法识别真正异常。

（3）相关性分析

想了解因素间关系：

"请分析客户满意度评分与售后服务响应时间之间是否存在相关性"

AI 会计算相关系数并解释业务意义。

市场分析师张女士的使用心得：过去做数据分析要依赖 IT 部门，现在用 DeepSeek 可以自主完成 80% 的常规分析，决策速度大幅提升。

3 专业可视化呈现

数据可视化是呈现分析结果的关键。DeepSeek 可以帮你选择最合适的图表形式。

（1）图表类型推荐

不确定如何展示数据：

"这份包含产品、区域、销售额三个维度的数据，最适合用什么图表呈现？"

AI 会根据数据特征推荐柱状图、热力图等多种方案。

（2）图表制作指导

需要具体操作步骤：

"请给出在 Excel 中制作这个销售趋势折线图的详细步骤"

DeepSeek 会提供从数据准备到格式调整的完整指南。

（3）动态看板建议

要做复杂看板时：

"请设计一个包含销售趋势、区域分布和产品构成的交互式仪表板架构"

AI 会建议合理的布局和联动逻辑。

销售总监陈先生的实战经验：过去向管理层汇报要用 3 天准备数据图表，现在用 DeepSeek 辅助，1 天就能完成专业级的可视化报告。

4 预测与决策支持

DeepSeek 还能基于历史数据提供预测性分析，辅助业务决策。

（1）销售预测

输入历史数据：

"请根据过去 3 年的销售数据，预测下个季度的销售额，并给出预测依据"

AI 会建立预测模型并说明关键影响因素。

（2）库存优化

管理库存时：

"请分析过去一年的产品销售节奏，建议各类产品的最佳库存水平"

DeepSeek 会考虑季节性、周转率等多重因素。

（3）风险评估

面对不确定性：

"请基于市场变化趋势，评估我们新产品上市的 3 个主要风险点"

AI 会结合行业数据和业务逻辑提供专业分析。

运营经理林女士的案例分享：使用 DeepSeek 的预测功能后，她的库存决策准确率提高了 30%，滞销库存减少了 45%。

5 专业报告自动生成

将数据分析结果转化为专业报告是很多人的痛点。DeepSeek 可以一键生成完整报告。

（1）分析报告框架

不确定报告结构时：

"请为这份销售数据分析设计一个 10 页的报告框架，包含关键发现和建议"

AI 会提供逻辑清晰的专业框架。

（2）数据解读辅助

看不懂分析结果：

"请用通俗易懂的语言解释这个回归分析的主要结论"

DeepSeek 会把技术术语转化为业务语言。

（3）多版本输出

需要不同版本时：

"请根据同一份数据，分别准备给高管的技术版和给部门的简版报告"

AI 会自动调整内容的专业深度。

数据分析师老刘的使用技巧：现在 90% 的常规报告都能用 DeepSeek 生成初稿，他只需专注处理最关键的 20% 深度分析。

通过本章介绍的数据分析技巧，即使没有任何编程基础，你也能轻松完成专业级的数据处理工作。下一章我们将探讨如何用 DeepSeek 突破语言障碍，在国际业务中游刃有余。

七、跨语言工作：翻译与国际业务支持

1 高质量实时翻译

在国际商务环境中，语言障碍常常成为沟通的绊脚石。DeepSeek 的实时翻译功能可以帮你轻松跨越这道鸿沟。

（1）多语言即时互译

无论是邮件、文件还是即时消息，都可以快速翻译：

"请将这份中文产品说明翻译成英文，保持专业术语准确"

"将收到的日文询价邮件翻译成中文，重点标注客户的具体需求"

（2）语境适配翻译

不同于普通翻译软件的字面转换，DeepSeek 能理解上下文：

"请将这段商务对话翻译成英文，使用适合跨国企业沟通的正式语气"

AI 会调整用词和句式，确保翻译结果符合商务场景。

（3）专业领域优化

针对特定行业提供精准翻译：

"将这份医疗器械的技术文档从英文翻译成中文，

确保医学术语准确"

DeepSeek 会采用行业标准术语，避免常见翻译错误。

外贸专员李小姐的实战案例：过去处理英文邮件要反复查词典，现在用 DeepSeek 实时翻译，沟通效率提升 3 倍，客户响应速度明显加快。

2 外贸邮件与合同润色

国际商务文件需要符合目标语言的表达习惯和专业要求。DeepSeek 可以帮你产出地道的商务文本。

（1）邮件语气优化

让商务邮件更符合国际惯例：

"请将这封中文商务邮件改写成地道的英文版本，语气专业但友好"

AI 会调整句式结构，使用更符合英语习惯的表达。

（2）合同条款精准转换

法律文件翻译需要特别谨慎：

"请将这份中文采购合同翻译成英文版本，特别注意付款条款和违约责任部分的准确性"

DeepSeek 会保持法律术语的严谨性，避免歧义。

（3）多版本管理

需要不同语言版本时：

"请以这份中文合同为基础，同步生成英文和日文版本"

AI 会确保多语言版本内容一致，避免翻译偏差。

国际业务主管王总的经验分享：过去重要合同翻译要外包给专业公司，现在用 DeepSeek 完成初稿后只需请律师简单复核，成本降低 60%，周期缩短 80%。

3 海外市场调研

开拓国际市场需要快速获取和分析外文资料。DeepSeek 可以帮你突破语言限制。

（1）外文资料速读

面对大量外文信息时：

"请总结这篇 20 页的英文行业报告的核心观点，用中文列出 5 个关键发现"

AI 会快速提取核心内容，节省阅读时间。

（2）竞品信息收集

了解国外竞争对手：

"请从这 10 篇英文新闻报道中，提取 A 公司最新产品的技术特点和市场定位"

DeepSeek 会整理出结构化的竞品分析。

（3）趋势报告生成

综合多语言信息源：

"请基于最近三个月的中英日韩媒体报道，分析东南亚市场的消费趋势变化"

AI 会整合不同语言的信息，形成完整洞察。

市场调研经理张女士的使用心得：过去做国际市场分析要依赖翻译公司，现在用 DeepSeek 可以直接处理多语言资料，调研周期缩短 50%，成本降低 70%。

▍4 跨文化沟通建议

在国际商务中，语言只是基础，文化差异才是更大的挑战。DeepSeek 可以提供专业的跨文化指导。

（1）商务礼仪建议

准备国际会议时：

"下周将与德国客户进行视频会议，请提供需要注意的商务礼仪和文化差异"

AI 会列出具体的行为建议，从时间观念到沟通风格。

（2）文化禁忌提醒

避免无意冒犯：

"在给中东客户的新年贺信中，有哪些需要特别注意的文化禁忌？"

DeepSeek 会指出可能敏感的话题和表达方式。

（3）谈判策略优化

应对文化差异：

"与日本客户谈判时，有哪些不同于欧美客户的沟通技巧？"

AI 会分析不同文化背景下的谈判特点，提供实用建议。

国际业务发展总监陈先生的实战经验：使用 DeepSeek 的跨文化建议后，他与亚洲客户的谈判成功率提升了 40%，项目推进更加顺利。

通过本章介绍的多语言工作技巧，你可以轻松应对国际业务中的语言和文化挑战。下一章我们将探讨如何用 DeepSeek 进行个性化学习与技能提升，持续增强你的职场竞争力。

八、总结：开启你的高效职场新时代

❶ 核心功能场景回顾

经过前面章节的学习，相信你已经对 DeepSeek 的强大功能有了全面了解。让我们回顾几个最具代表性的应用场景，帮助你找到最适合自己的切入点。

（1）文档处理类工作

如果你每天要处理大量文书工作，可以优先尝试会议纪要自动生成、报告快速撰写、邮件智能优化等功能。行政助理小周就是通过自动会议记录功能，每周节省了 5 小时文书工作时间。

（2）数据分析任务

需要处理报表、分析数据的职场人士，可以重点使用数据清洗、可视化分析、趋势预测等功能。市场分析师王先生借助数据透视功能，将月度市场分析报告的制作时间缩短了 60%。

（3）跨部门沟通协作

经常需要跨团队协作的职场人士，可以尝试多语言翻译、沟通话术优化、项目进度自动跟踪等功能。项目经理李女士使用团队协作功能后，项目沟通效率提升了 40%。

❷ 制定个人使用计划

要让 DeepSeek 真正发挥价值，建议你制定一个循序渐进的实施计划。

（1）从痛点入手

先列出你最耗时的 3 项日常工作，比如：

- 每周五的部门周报
- 每日客户邮件回复
- 月度销售数据分析

（2）分阶段实施

建议的 3 个实施阶段：

第一阶段（1-2 周）：掌握 1-2 个核心功能

第二阶段（3-4 周）：扩展到常用工作场景

第三阶段（5-6 周）：实现深度工作流整合

（3）效果评估优化

每月进行一次使用效果评估：

- 记录节省的时间
- 分析质量提升情况
- 调整使用策略

人力资源总监张先生的实施经验：他先用 2 周时间熟练掌握招聘简历筛选功能，然后逐步扩展到员工培训方案制定，6 个月后整个 HR 部门的工作效率提升了 55%。

3 未来 AI 办公趋势展望

随着 AI 技术的快速发展，未来的工作方式将发生深刻变革。

（1）深度工作流整合

AI 将深度嵌入各类办公软件，实现真正的智能办公套件。比如在 Word 中直接调用 AI 辅助写作，在 Excel 中一键生成数据分析。

（2）个性化工作助手

AI 助手将越来越了解个人工作习惯，能够主动提供协助。比如自动识别你的工作节奏，在最需要的时候提供支持。

（3）人机协作新模式

人类负责创意和决策，AI 处理执行和优化，形成高效的人机协作模式。就像设计师专注创意构思，AI 负责处理技术实现。

数字化转型专家预测：未来 3 年内，AI 助手将帮助职场人士节省 40% 以上的例行工作时间，让人们可以更专注于创造性的工作。

4 分享你的成功案例

现在，我们邀请你成为 AI 高效办公的实践者和传播者。

（1）记录你的改变

在使用 DeepSeek 的过程中，建议你：

- 记录每个功能节省的时间
- 收集质量提升的证据
- 拍摄前后对比的工作场景

（2）与同事分享经验

可以组织小型分享会：

- 演示你最常用的 3 个功能
- 分享具体的使用技巧

- 解答同事的使用疑问

（3）参与社区互动

加入 DeepSeek 用户社区：

- 分享你的创新用法

- 学习他人的经验

- 共同推动产品优化

市场部团队的成功故事：在部门内部分享 AI 使用经验后，整个团队的工作效率在 3 个月内整体提升了35%，还获得了公司的创新奖励。

通过本指南的系统学习，你已经掌握了使用 DeepSeek 提升工作效率的核心方法。记住，AI 不是要取代你的工作，而是要让你从繁琐的重复劳动中解放出来，把更多精力投入到真正需要人类智慧的工作中。现在就开始你的 AI 高效办公之旅吧!